Aikido
e o Poder das Palavras

Editor: Adilson Silva Ramachandra
Editora de texto: Denise de C. Rocha Delela
Coordenação editorial: Roseli de S. Ferraz
Preparação de originais: Lucimara Leal
Produção editorial: Indiara Faria Kayo
Assistente de produção editorial: Estela A. Minas
Revisão: Liliane S. M. Cajado e Vivian Miwa Matsushita
Editoração eletrônica: Fama Editora

Dados Internacionais de Catalogação na Publicação (CIP)
(Câmara Brasileira do Livro, SP, Brasil)

Gleason, William
  Aikido e o poder das palavras / William Gleason; tradução Wagner Bull. — São Paulo : Pensamento, 2013.

  Título original: Aikido and words of power.
  Bibliografia
  ISBN 978-85-315-1822-5

  1. Aikidô 2. Aikidô — Aspectos psicológicos 3. Artes marciais I. Título.

  13-00913   CDD-796.8154

Índices para catálogo sistemático:
1. Aikidô : Artes marciais : Esportes 796.8154

William Gleason

Aikido
e o Poder das Palavras

Os Sons Sagrados do Kototama

Tradução:
Mestre Wagner Bull
6º Dan Aikikai Shihan

Editora
Pensamento
SÃO PAULO

Título do original: *Aikido and Words of Power.*

Copyright © 2009 William Gleason.

Copyright da edição brasileira © 2013 Editora Pensamento-Cultrix Ltda.

Publicado originalmente em inglês pela Destiny Books, uma divisão da Inner Traditions International, Rochester, Vermont.

Publicado mediante acordo com a Inner Traditions International.

Texto de acordo com as novas regras ortográficas da língua portuguesa.

1ª edição 2013.

Todos os direitos reservados. Nenhuma parte desta obra pode ser reproduzida ou usada de qualquer forma ou por qualquer meio, eletrônico ou mecânico, inclusive fotocópias, gravações ou sistema de armazenamento em banco de dados, sem permissão por escrito, exceto nos casos de trechos curtos citados em resenhas críticas ou artigos de revistas.

A Editora Pensamento não se responsabiliza por eventuais mudanças ocorridas nos endereços convencionais ou eletrônicos citados neste livro.

Ilustrações de Gareth Hinds
Caligrafia por Kazuaki Tanahashi
Pinturas em aquarela de Daniel do Amaral
Fotografias e demonstrações técnicas de Roy Katalan
Ukemi nas fotos de demonstrações técnicas por Jay Weik, Steven Rust, Gordon Fontaine e Josh Puskarich
Figura 1.9, na p. 58, de Koji Ogasawara, *Kototama Hyakushin* (Tóquio: Toyokan, 1969), 56
Figura 2.1, na p. 77, de Katsumi Sugita
Figura 2.2, na p. 80, de Matsuzo Hamamoto, *Bansei Ikkei no Genri to Hanya Shingo no Nazo* (Tóquio: Kasumigaseki, 1948), 211
Figura 4.31, na p. 181, de Cynthia Zoppa

Design de texto e *layout:* Jon Desautels

Design da capa: Jon Desautels

Imagem da capa é uma cortesia do autor

Para entrar em contato com o autor deste livro, envie uma carta endereçada ao autor para Inner Traditions • Bear & Company, One Park Street, Rochester, VT 05767, que encaminharemos a comunicação.

Para saber mais sobre Aikido no Brasil, contatar o Instituto Takemussu — Brazil Aikikai
Rua Mauro, 331 — São Paulo — SP, site: www.aikikai.org.br

Direitos de tradução para o Brasil
adquiridos com exclusividade pela
EDITORA PENSAMENTO-CULTRIX LTDA, que se reserva a
propriedade literária desta tradução.
Rua Dr. Mário Vicente, 368 — 04270-000 — São Paulo, SP
Fone: (11) 2066-9000 — Fax: (11) 2066-9008
E-mail: atendimento@editorapensamento.com.br
http://www.editorapensamento.com.br
Foi feito o depósito legal.

Dedicado aos mestres que realmente mudaram minha vida.

∎

Michio Kushi
Seigo Yamaguchi
Sanae Odano
Mitsugi Saotome

∎

■ *Morihei Ueshiba com katana*

SUMÁRIO

PREFÁCIO 9
de Shian Hiroshi Ikeda

PREFÁCIO À EDIÇÃO BRASILEIRA 11
de Wagner Bull

SHOBU GOHO: OS CINCO PRINCÍPIOS DO AIKIDO 15

SILABÁRIOS AMATSU 16
Tabela com os Cinquenta Sons em Três Diferentes Ordens

NOTA SOBRE A PRONÚNCIA 17

■
INTRODUÇÃO 19
■

1. AIKITAMA: O ESPÍRITO DA HARMONIA UNIVERSAL 25
No Início — O Kototama do Su 25
Ichirei Shikon: Um Espírito, Quatro Almas 38
Classificação da Dimensão das Vogais 44

2. SANGEN: O PRINCÍPIO ÚNICO DO MONISMO DINÂMICO 74
Monismo Dinâmico 74
A Função do Ki 78
O Espírito e a Forma do Princípio 79
Tate e Yoko em Movimento e Forma 80
Tate-Yoko do Hachiriki 87

3. IKI: O SOPRO DE VIDA 89
A Respiração do Céu, da Terra e do Homem 89
Os Três Estágios do Kokyu 90
Kokyu como Energia e Timing 94
O Que é o Ki? 96
A Respiração Budista versus Taoista 97
A Respiração como Purificação: As Formas do Misogi 98
O Ki do Fogo, da Água e da Terra 103

Kokyu Ho 117
Kokyu Nage 124

4. SHUGYO: O TREINAMENTO ESPIRITUAL DA TÉCNICA 143
O Sistema de Ranking do Aikido 143
Os Níveis de Treinamento 145
Movimento do Corpo 150
Ukemi 155
O Espírito do Ikkyo 159
O Espírito do Irimi Nage 191
O Espírito do Shiho Nage 208
Kote Gaeshi e Kaiten Nage 218

5. INOCHI: O AIKIDO COMO UM CAMINHO ESPIRITUAL 224
O Julgamento Mecânico: O Reino da Inconsciência 230
Os Três Instintos: O Mundo Animal 232
O Nascimento das Ilhas: O Potencial do Juízo Maior 233
Inochi: O Caminho de um Ser Humano 239
Voltando à Origem 243

■

APÊNDICE. ITSURA: OS CINQUENTA SONS DO KOTOTAMA 252

■

NOTAS 257

GLOSSÁRIO 260

BIBLIOGRAFIA 269

PREFÁCIO

O sensei Bill Gleason treina e pesquisa o Aikido há muitos anos, e agora está publicando seu segundo livro sobre o assunto. Sinto-me privilegiado por ele compartilhar conosco o resultado de tantos anos de treino. Estou certo de que este último trabalho será um grande guia para aqueles que se dedicam à prática do Aikido.

Sensei Gleason e eu somos companheiros de Aikido e iniciamos nossos estudos com a mesma idade e aproximadamente na mesma época. Conhecemo-nos quando jovens no Honbu Dojo, em Tóquio, há cerca de quarenta anos. Treinávamos todos os dias, e hoje posso afirmar com certeza que participamos da época de ouro do Aikido; o dojo vibrava com a energia dos muitos grandes shihan que tinham sido alunos diretos de O-sensei. Que tempos extraordinários foram aqueles!

Nós e outros de nossa geração, incluindo os nossos amigos Mary Heiny, dos Estados Unidos, e Christian Tissier, da França, ambos atualmente mestres altamente prestigiados, tivemos uma oportunidade sem paralelo de receber instruções de alunos de O-sensei — sensei Doshu Kisshomaru Ueshiba, sensei Osawa, sensei Okumura, sensei Koichi Tohei, sensei Yamaguchi, sensei Saotome e sensei Arikawa, entre outros.

O sensei Gleason treinou especialmente com o sensei Seigo Yamaguchi e o sensei Mitsugi Saotome. Influenciado por eles em seus fundamentos, o sensei Gleason, nos últimos quarenta anos, tem transformado seu Aikido para além da elementar execução de técnicas, uma arte que é a própria expressão de seu coração.

O sensei Gleason continua a pesquisar e refinar seus estudos em todos os aspectos do Aikido — o filosófico, o físico e o espiritual —, interligados tal como eles são. Somos afortunados por ele ter se empenhado neste segundo livro, que está impregnado com sua experiência única no Aikido.

SHIAN HIROSHI IKEDA
SÉTIMO DAN DE AIKIDO
AIKIDO SCHOOLS OF UESHIBA (ASU)

PREFÁCIO À EDIÇÃO BRASILEIRA

Comecei a me interessar por kototama quando eu e meu mestre Massanao Ueno, numa noite em certa ocasião, estávamos sozinhos conversando depois de um treino no antigo Clube Atlético Ipiranga em São Paulo, e ele de repente sem dizer nada, na minha frente, com um ar misterioso começou a fazer movimentos similares ao "irimi tenkan", emitindo os sons A, O , U e I para minha surpresa e estupefação. Eu fiquei calado observando e, quando ele terminou, perguntei: "O que foi isso sensei?" Ele disse: "Você não entendeu? Então eu nunca lhe mostrarei novamente." E realmente não mostrou mais.

Depois disso, o significado daquilo que meu mestre havia me mostrado começou a se tornar quase uma obsessão e passei a procurar e a buscar a informação a todo custo, onde quer que eu a pudesse encontrar, até chegar às obras do mestre Nakazono da Califórnia, que me ajudaram bastante a iniciar-me no assunto. Inclusive correspondi-me com ele e, na última carta que trocamos antes de seu falecimento, o mestre recomendou-me: "Wagner, você está no Caminho certo, mas ainda está no mundo do 'O', do intelecto; busque mais fundo, não há mais nada a buscar fora de você, apenas tente perceber o sentido oculto que existe nos sons que pronuncia, e o segredo do kototama será revelado." Os livros de Nakazono eram complexos e difíceis de entender. Como ele era japonês e não falava bem o inglês, o significado ainda estava meio nebuloso para mim. Quase uma década depois, vieram os livros e as conversas com John Stevens, os artigos do *Aiki News*, as entrevistas e os diálogos sobre o assunto que tive com muitos alunos diretos do fundador do Aikido, bem como minha própria experiência desenvolvida nos treinos no tatami e no cotidiano, sempre tentando associar os sons aos sentimentos e pensamentos, e com a expressão corporal resultante depois de ouvi-los ou emiti-los. Esta foi, e ainda é, de fato uma busca quase solitária, pois são raras as pessoas que realmente dominam este assunto e que estejam disponíveis.

Em 2008, Gleason, o autor deste livro, visitou meu dojo e disse-me que estava para publicar um livro sobre kototama. Eu fiquei exultante e com grande expectativa, afinal, depois de quase 24 anos de busca, esta obra magnífica apareceu em minhas mãos, esclarecendo tantas dúvidas anteriores de forma bastante clara, mesmo para quem já tem algum conhecimento do assunto. É claro que a recebi como um grande presente. Depois deste livro, estou quase me sentindo como se finalmente compreendesse o que é o kototama e ainda mais convicto de que o Aikido é, em essência, basicamente kototama, embora eu compreenda que saber é pouco; é preciso sentir e de forma profunda, muito além da mente. Quem tomar contato com o kototama pela primeira vez nesta obra poderá ficar confuso, mas se persistir, contrariamente ao que ocorria no passado, agora tem em mãos uma referência primorosa, um verdadeiro guia para avançar sobre base segura.

No entanto, fiquei pensando o que seria dos milhares de aikidoístas brasileiros, meus alunos e associados da Confederação Brasileira de Aikido-Brazil Aikikai, bem como de outros mestres que não pudessem ter acesso a esta obra por não dominarem o inglês. Então tomei a decisão de procurar o editor do meu livro *Aikido — O Caminho da Sabedoria*, Ricardo Riedel, e de sugerir a ele que publicasse o livro de Gleason, pois é um trabalho inédito e muito importante para o Aikido. Felizmente ele concordou, e me encarregou então da grande responsabilidade de traduzir a obra. Arregacei as mangas e me coloquei a trabalhar contando com a inestimável colaboração de minha aluna Cristina Yasuda, que fez o trabalho mais difícil com muita competência, buscando os termos exatos com uma precisão que me surpreendeu, pois mesmo sendo aikidoísta, não tinha o mesmo *background* que eu no assunto. Assim, coube-me a tarefa de apenas conferir todo o trabalho e aqui ou acolá introduzir alguma alteração para melhorar a compreensão. Fiquei muito feliz com o resultado final após a leitura definitiva da última revisão.

Quando o autor diz que o Aikido é a maneira superlativa de se praticar o kototama, e eu concordo totalmente com ele após 41 anos estudando e praticando esta arte, não posso deixar de afirmar aos leitores que este livro passa a ser uma leitura indispensável para o aikidoísta que deseja realmente conhecer as origens deste Caminho Marcial que tem crescido em número de praticantes no mundo todo de forma constante. O fundador do Aikido disse que esta prática é o meio pelo qual percebemos nossa verdadeira natureza, como um deus que descobre sua definitiva liberdade. Essas poderosas palavras de O-sensei, como disse William Gleason, não deixam dúvidas quanto à orientação dele a respeito da relação entre o Aikido e o kototama.

Infelizmente, no Brasil e em muitas outras partes do mundo, o Aikido é praticado sem um estudo mais profundo, buscando-se apenas a prática da técnica, como arte de defesa pessoal. Quem assim o faz jamais encontrará aquele sentimento inexplicável, aquela satisfação espiritual, que não tem nada a ver com a maestria técnica, mas sim com uma constatação e uma percepção muito profunda em nosso interior. Estes acabam comendo migalhas quando poderiam desfrutar do néctar dos deuses se estudassem os princípios efetivos da arte e não apenas a parte superficial. Atualmente, não tenho dúvida de que, ao criá-la, o fundador desta arte tinha por objetivo dar à humanidade uma ferramenta, um meio para desenvolver a percepção e a manifestação do kototama.

Desde a fundação do Instituto Takemussu em São Paulo, em 1986, tentamos conscientizar os praticantes brasileiros de que o Aikido é uma arte marcial eficiente sim, mas desde que usado como uma ferramenta para levar à iluminação espiritual, como este livro deixa bem claro para quem o ler e entender bem. Com o dia a dia da prática dos Kata associada com as bases do kototama, o conhecimento e o significado das cinco dimensões do ki vão se revelando e, ao mesmo tempo, mostrando que há mais a ser pesquisado e aprofundado em um simples movimento.

No entanto, se o praticante de Aikido pensar em adquirir este livro apenas para estudar a teoria sobre a origem do Aikido, ele se enganará redondamente. Graças a sua grande experiência treinando com mestres notáveis, como Seigo Yamaguchi e outros já mencionados, sensei Gleason dá dicas extraordinárias sob o ponto de vista de detalhes técnicos e inclusive denuncia um dos maiores erros técnicos praticados na maioria dos dojos no que diz respeito à maneira de movimentar os braços e o quadril. E mais, ensina o modo correto, tornando a obra, além de toda a extraordinária e profunda bagagem teórica de alto nível, um manual técnico para ajudar a melhorar o nível do aikidoísta brasileiro que, se já é internacional em termos técnicos, ainda em muitos locais de prática não atingiu o domínio e o treinamento da essência, o kototama.

Outro aspecto muito interessante abordado pelo autor são os diversos graus que o praticante deve atingir e o que deve efetivamente ser exigido dos examinados pelos mestres. Isso contribuirá para impedir que pessoas sejam promovidas no Brasil devido à falta de conhecimento das exigências efetivas do Aikido de alto nível, que não é apenas físico, mas principalmente espiritual. Longe de ser apenas uma arte marcial, o Aikido é muito mais um Caminho Marcial. Precisamos sair do mundo do erro de se viver na ordem do Amatsu Kanagi ou Amatsu Sugaso, e buscarmos o julgamento que nos dá o Amatsu Futonorito. Vivemos tomando decisões em nossa vida, e a qualidade de nossa existência nesta terra vai depender do fato de essas opções terem sido ou não alinhadas com o desejo das Leis Divinas do Universo. A prática do Aikido fundamentada no kototama focaliza o desenvolvimento do julgamento perfeito, de modo que possamos ver o mundo como ele realmente é e desfrutar da possibilidade de comungar com os deuses, saindo da ilusão em que infelizmente vive a maioria das pessoas, e que provoca sofrimento e infelicidade. O Aikido é uma porta; que ouça quem tem ouvidos e veja quem tem olhos.

WAGNER BULL
Instituto Takemussu Brazil Aikikai
(www.aikikai.org.br)

Shobu Aikido Seishin

SHIN (MAKOTO) — A SINCERIDADE, A HONESTIDADE E A REALIDADE SÃO AS TRÊS VIRTUDES SIMBOLIZADAS PELO ESPELHO. ELAS SÃO PERCEBIDAS PELA QUALIDADE DE NOSSO TREINAMENTO E PELA AUTORREFLEXÃO. CADA UMA DELAS É UM MARCO PARA A OUTRA E PODE EXISTIR APENAS COMO PARTE DA TOTALIDADE DO SHIN OU MAKOTO.

ZEN — A VIRTUDE DEPENDE DA ESPADA DO JULGAMENTO E DA CORAGEM QUE PODE DAR A VIDA OU TIRÁ-LA. A COMBINAÇÃO DESSES DOIS FATORES PRODUZ A VERDADEIRA VIRTUDE, ALÉM DO CERTO E DO ERRADO, OU DO BEM E DO MAL. QUANDO AMBOS ESTÃO PRESENTES E EQUILIBRADOS, O RESULTADO É OMOIYARI, A MÚTUA CONSIDERAÇÃO PELOS OUTROS.

BI — A BELEZA É A JOIA DA VIDA HUMANA QUE RESULTA DO SENTIMENTO DE MAGNANIMIDADE PARA COM OS OUTROS E A FLEXIBILIDADE PARA, SEM CÓLERA OU NECESSIDADE DE VENCER, RESOLVER CONFLITOS.

AI — O AMOR E A HARMONIA SÃO QUALIDADES DA GRANDEZA E DA LIDERANÇA QUE PROVÊM DA COMPAIXÃO DESPRENDIDA PARA COM OS OUTROS. ESSA É A ESSÊNCIA DO AIKIDO.

TI — SABEDORIA E CONTROLE. O CONTROLE DE SI MESMO REQUER A SENSIBILIDADE DA SABEDORIA INTUITIVA. ESSA É A VIRTUDE DA SUPREMA CORREÇÃO E DA ILUMINAÇÃO ESPIRITUAL.

■ *Shobu Aikido Seishin*

SHOBU GOHO:
OS CINCO PRINCÍPIOS DO AIKIDO

Shin é *makoto*, o espelho límpido da mente de um principiante; sinceridade, sem intenções ocultas. É o *reitai ittai*, corpo e espírito unificados. É chamado de *naohi*, nosso espírito direto, ou *iku tama*, o espírito da vida. A palavra *shin* significa "núcleo" ou "essência". Também pode significar, "Deus" e "fé". Essa é a essência da vida humana. É o *kototama* do U e do Su, que também são representados pelas divindades Uhijini no kami e Suhijini no kami.

Zen é virtude. A virtude real é sempre invisível. É a espada do julgamento e da coragem, o espírito de Aratama. No Budismo pode se assemelhar ao Bodhisattva Manjusri — o ki do fogo, que se apresenta como compaixão pelo mundo. Esse é o kototama do E e do Re, representado pelo Tsunugui no kami e Ikugui no kami, as divindades que atam o ki da vida.

Bi é a beleza, a joia da vida humana. Na carência de amor e beleza, o ki da água de Nigitama morre. Nigitama apresenta-se como amor, piedade e magnanimidade para com os outros. Cria o poder e a flexibilidade para resolver conflitos sem a raiva ou a necessidade de vencer. Quando o Nigitama é forte, nossa saúde física é forte e abundante. No Budismo, assemelha-se ao Bodhisattva Kannon, que ouve o choro do mundo e responde imediatamente. No Xintoísmo, é a divindade Toyokumo no kami, o kototama do O.

Ai é amor e harmonia, o espírito que abraça igualmente todas as coisas. É a consciência, a força da vida em si. É a qualidade da grandeza e da liderança, a alma de Sakitama, o espírito da prosperidade. No Xintoísmo, é chamado de Kuni toko tachi no kami, a divindade que faz com que continuamente o mundo material se manifeste.

Chi é a totalidade do ki que se manifesta como a sabedoria da unificação, a essência da iluminação. É o fundamento da suprema retidão e da consciência espiritual. No Budismo, representa o veículo de Buda, o único totalmente iluminado. É o ancestral de Kushitama, o kototama do I e do Gi. Esses kototama estão ligados às divindades Ohotonoji no kami e Ohotonobe no kami.

SILABÁRIOS AMATSU

TABELA COM OS CINQUENTA SONS EM TRÊS DIFERENTES ORDENS

Amatsu Kanagi

WA	RA	YA	MA	HA	NA	TA	SA	KA	A
WI	RI	YI	MI	HI	NI	TI	SI	KI	I
WU	RU	YU	MU	HU	NU	TU	SU	KU	U
WE	RE	YE	ME	HE	NE	TE	SE	KE	E
WO	RO	YO	MO	HO	NO	TO	SO	KO	O

Amatsu Sugaso

WA	NA	RA	MA	YA	HA	SA	KA	TA	A
WO	NO	RO	MO	YO	HO	SO	KO	TO	O
WU	NU	RU	MU	YU	HU	SU	KU	TU	U
WE	NE	RE	ME	YE	HE	SE	KE	TE	E
WI	NI	RI	MI	YI	HI	SI	KI	TI	I

Amatsu Futonorito

WA	SA	YA	NA	RA	HA	MA	KA	TA	A
WI	SI	YI	NI	RI	HI	MI	KI	TI	I
WE	SE	YE	NE	RE	HE	ME	KE	TE	E
WO	SO	YO	NO	RO	HO	MO	KO	TO	O
WU	SU	YU	NU	RU	HU	MU	KU	TU	U

NOTA SOBRE A PRONÚNCIA

Pronúncia das sílabas do Kototama

A
E
I
O
U
Hu é pronunciado *fu*
Si é pronunciado *shi*
Ti é pronunciado *chi*
Tu é pronunciado *tsu*

Nota: No original em inglês também é descrita a pronúncia das vogais, aqui isso foi deixado em branco, pois a pronúncia em português dessas sílabas kototama tem o mesmo som.

Glossário

Um glossário dos termos utilizados se encontra no final do livro. Em alguns casos, palavras estrangeiras e termos técnicos são explicados ao longo do próprio texto; em outros casos, não. Sendo assim, quando precisarem, os leitores podem recorrer ao glossário.

Iroha Uta: a canção dos cinquenta sons
(caligrafia por Shuya Yamamoto)

INTRODUÇÃO

O Aikido é um espírito, quatro almas, três origens e oito energias. São essas as palavras de O-sensei Morihei Ueshiba, o fundador do Aikido. Embora tenham sido esses os ensinamentos do fundador, a real relevância dos mesmos para nosso treinamento não tem recebido a devida consideração, desde seu falecimento em 1969. No meu primeiro livro, *The Spiritual Foundations of Aikido* (SFOA), tentei apresentar ao Ocidente esses ensinamentos originais. É difícil saber quão bem-sucedido eu fui, mesmo assim sou grato àqueles que têm tentado assimilar esses ensinamentos e colocá-los em prática.

Desde a publicação de SFOA há aproximadamente vinte anos, tenho recebido muitos comentários e perguntas sobre o material. As questões mais comuns são referentes a esclarecimentos filosóficos e a mais detalhes a respeito das aplicações práticas dos ensinamentos do fundador.

Os alunos diretos do fundador recebiam dele ensinamentos espirituais e físicos no dia a dia. Muitos deles moravam no dojo e cuidavam detalhadamente da vida cotidiana de O-sensei. Desse modo receberam uma influência num nível muito profundo e pessoal. Infelizmente, o ambiente necessário para esse tipo de treinamento é difícil de ser criado na moderna sociedade ocidental. E mesmo no Japão está praticamente desaparecendo.

Desses alunos que aprenderam diretamente com o fundador, são poucos os que ainda estão entre nós, e menos ainda os que continuam ativos ensinando e treinando novos alunos. Cada geração torna-se mais alienada do verdadeiro espírito do Aikido e de sua aplicação prática. Portanto, é frequente nos dias de hoje o Aikido ser praticado meramente como uma repetição de movimentos físicos. E, assim, perde-se totalmente sua essência.

Apesar de ser baseado num dos mais antigos ensinamentos da humanidade, o Aikido, tal como é hoje praticado, ainda é uma arte muito jovem. Em comparação com as artes marciais chinesas, por exemplo, a filosofia, os princípios e os valores espirituais do Aikido foram, até o momento, escassamente documentados e ensinados. É necessário, acredito eu, esclarecer que o Aikido é um estudo do movimento e do princípio da natureza.

O fundador foi um homem de profunda convicção espiritual, cuja prática incluía meditação diária, cantos, orações, bem como a prática da técnica do Aikido. Ele foi também um ávido estudioso de muitas tradições espirituais, incluindo o antigo Xintoísmo e o *kototama* (consciência universal como espírito do som), no qual essa arte marcial é baseada. Se o Aikido for transmitido para a próxima geração, eu acredito que isso requerá o esclarecimento tanto da mensagem original de O-sensei como de sua aplicação no treinamento e na vida diária.

Além disso, o Aikido é uma arte que exige a transmissão direta de um mestre ao aluno. Não pode ser passado para grupos grandes, em que os alunos são deixados à mercê de seus próprios recursos e interpretações. Como nas disciplinas tradicionais de tempos ancestrais, requer um intercâmbio pessoal não apenas físico, mas também filosófico e espiritual.

Para atender a essas várias considerações, e sentindo-me pessoalmente impelido, comecei a escrever *Aikido e o Poder das Palavras*. Durante esse processo de seis anos, minha própria maneira de ensinar também foi aprofundada e beneficiada, resultando na criação do Shogu Okugyo, uma série em andamento de sessões de treinamento avançado com o propósito de ensinar o Aikido como um caminho de realização espiritual.

Nesses seminários de cinco dias, o Aikido é estudado como uma disciplina completa, incluindo meditação diária, discussão de princípios, e várias horas de treinamento diário sobre o tatame, relacionando o treino diretamente com o princípio do kototama — princípio em que se baseia o Aikido. O material apresentado neste livro tem servido como base do nosso estudo.

Como no SFOA, cada capítulo é construído a partir do capítulo precedente, portanto, o leitor é advertido para que, numa primeira leitura, não prossiga pulando capítulos. Por todo o livro, há citações de ensinamentos japoneses, a maioria nunca antes publicadas em inglês. Entre as citações se incluem os ensinamentos de Yamaguchi Shido, Deguchi Onisaburo e Morihei Ueshiba.

Os ensinamentos de Yamaguchi Shido sobre o kototama tornaram-se material fonte para o trabalho de Deguchi Onisaburo. Sensei Deguchi, por sua vez, ensinou o princípio do kototama para O-sensei Morihei

Ueshiba, o fundador do Aikido. A linguagem muitas vezes arcaica e a natureza repetitiva desses escritos dificultam a citação palavra a palavra, e mesmo a indicação da referência exata de onde foram retirados. Por essa razão, tenho parafraseado esses ensinamentos e os colocado em itálico, quando eles aparecem ao longo deste livro.

Como uma continuação do livro *The Spiritual Foundations of Aikido*, o presente volume introduz muitos aspectos novos do kototama, assim como as várias divindades xintoístas associadas a eles. Em alguns casos o mesmo kototama pode ser representado por mais de uma divindade. Alguns nomes são de antigos imperadores, enquanto outros estão relacionados diretamente ao princípio do kototama. Talvez esse seja um meio de honrar os grandes líderes, mas não é isso o que nos preocupa aqui. Este trabalho conta principalmente com a combinação estritamente simbólica das divindades do Kojiki japonês — o livro dos eventos ancestrais. Por essa razão, os nomes foram excluídos deste texto, exceto quando eles realmente favorecem o entendimento da mensagem deste livro.

Um espírito e as quatro almas são as dimensões do espaço infinito das cinco vogais, a força vital do universo. As oito energias são os ritmos emparelhados que evidenciam os aspectos reais do mundo manifesto. A sincronização dessas energias complementares-antagônicas cria a centelha da vida — o fulcro do princípio universal. É a atividade do *nakaima*, "o absoluto aqui e agora".

Quando as oito energias e as cinco dimensões são combinadas, o princípio criativo do *aiki*, ou harmonia universal, inicia sua função como uma vibração realmente. Isso é chamado de *sangen*, ou as três origens. Na prática do Aikido deve ser entendido como *hi no ki*, ou o ki do fogo; *mizu no ki*, ou o ki da água; e *tsuchi no ki*, ou o ki da terra.

O Capítulo 2 trata da trindade do *sangen*, primeiro como o relacionamento entre o relativo e o absoluto, e depois como a polaridade em relação à forma e ao movimento. Tsuchi no ki é a inexaurível origem da vida; hi no ki e mizu no ki são os elementos ativos do princípio do triângulo. Esse é o *himitsu*, ou o mistério do três, o intercâmbio entre o relativo e o absoluto.

A primeira forma espiritual criada pela polaridade do ki do fogo e o da água é a cruz formada pelo *tate* e *yoko*. A forma visível da natureza é criada pelo ki vertical (tate) e horizontal (yoko), que fica oculto atrás do mundo manifesto como sua base estrutural e energética. Esse mesmo padrão deve ser seguido também no Aikido. A forma nunca deverá ser criada diretamente, mas surgir do equilíbrio entre as energias vertical e horizontal. Quando estabelecemos que a cruz é a origem e o fator de controle de nosso movimento, a forma espiral revela-se automaticamente. Isso é discutido detalhadamente no Capítulo 2.

O Capítulo 3 é intitulado "Iki: O Sopro de Vida". *Iki* é o ki do impulso vital, o ki ainda vindouro que inicia a respiração universal e individual. Esse capítulo começa com a comparação da respiração, ou *kokyu*, do Céu, da Terra e dos seres humanos. O kokyu é o primeiro movimento do princípio. No Xintoísmo, e portanto no Aikido, o princípio não é uma abstração; tem início com o movimento da mente, a respiração, e o ki como movimento do corpo universal.

O kokyu é a ponte entre o corpo e o espírito. No treinamento do Aikido ele é a fonte da energia, do sincronismo e da forma. É por meio do estudo do kokyu que a mente e o corpo são unificados, entendidos como unos e sem distinção. Por essa razão, o capítulo inteiro é devotado para a respiração em ambos os aspectos, forma e sentimento.

Na forma do Aikido, o kokyu manifesta-se primeiro como formas de *misogi*, ou purificação espiritual. Em seguida, se integra às formas das mãos na técnica do Aikido. Finalmente, é inerente ao método de dominar o corpo e praticar o Kokyu ho, o treinamento fundamental para o desenvolvimento do ki. Do Kokyu ho, por sua vez, nasce uma variedade infinita de Kokyu nage.

O Capítulo 4 é intitulado "Shugyo: O Treinamento Espiritual da Técnica". Em outras palavras, o treinamento físico do Aikido, abordado adequadamente, é por si próprio um método de desenvolvimento espiritual. Entretanto, isso não deve ser tomado como garantido. Deve ser avaliado continuamente e tratado com grande respeito.

O Capítulo 4 começa com uma discussão sobre os vários níveis de treinamento e destreza no Aikido, introduzindo os níveis espirituais de *kanagi*, *sugaso* e *futonorito* como a base do treinamento *kotai*, *jutai*, *ryutai* e *kitai*. O movimento adequado do corpo é discutido como a base de toda boa técnica. Isso começa com o *hanmi*, nossa postura básica, e termina com o uso apropriado dos braços.

O Capítulo 4 foi de longe o mais difícil de escrever. A técnica do Aikido é uma experiência intuitiva e não é possível capturá-la com um amontoado de palavras e explicações. O real *Aiki* está dentro do corpo, mesmo antes do início da técnica. É um tipo de yoga de alto nível em que o corpo e a mente estão em completa harmonia um com o outro, e com o ki da natureza. No entanto, a técnica e o princípio devem ser explicados. Se essas coisas não forem entendidas, o aluno permanecerá para sempre como um escravo servil de seu mestre. Essa é uma falha do mestre que leva à degeneração da arte. O real desenvolvimento necessariamente leva à libertação.

O último capítulo é intitulado "Inochi: O Aikido como um Caminho Espiritual". Nesse capítulo, o Aikido e o princípio do kototama são explorados como critérios para a evolução, tanto física como espiritual. O caminho do Xintoísmo, assim como do Budismo esotérico e do Aikido, é uma prática para corporificar o ki espiritual da natureza, e assim perceber o grande espírito universal como sendo nossa própria verdadeira natureza. Nas palavras de O-sensei, *Ware soku uchu*, "o universo e eu somos os mesmos".

A prática do Aikido não se destina à obtenção de um estado abstrato de entendimento, e nem de um estado iluminado de consciência que o distingue dos demais. É apreender o que significa ser verdadeiramente humano, e manifestar as quatro virtudes inatas no espírito e na alma. Esse é o tópico principal do Capítulo 5.

O livro em si, diferentemente de uma introdução ao mesmo, é o local onde se encontra o material para ser contemplado em profundidade, por essa razão eu os convido para que entrem e compartilhem comigo. Entretanto, ele é, na melhor das hipóteses, apenas um dedo apontando para a Lua. Até que cada pessoa, por meio de sua prática e percepção individual, se aproprie disso, será de pouco valor.

Finalmente, e de extrema importância, é o desprendido sacrifício de tempo e esforço de tantas pessoas que deu suporte ao dojo e ajudou a mantê-lo funcionando; elas foram absolutamente necessárias para a finalização deste trabalho. Há muitos nomes a mencionar, ainda que eu apresente apenas aqueles que estiveram diretamente envolvidos na produção deste livro.

Roy Katalan, um fotógrafo profissional de sensibilidade excepcional, viajou de Ohio a Massachusetts para fazer parte deste projeto. Originalmente foram tiradas cerca de 4 mil fotografias, que ele teve de editar e reduzir a cerca de 300. Gareth Hinds, um ilustrador e aluno de Aikido, que doou na maior parte das vezes seu trabalho artístico, tempo e esforço.

Sinto-me também muito privilegiado por poder incluir o trabalho artístico de Daniel do Amaral. Daniel é meu amigo há 27 anos e é um artista incrivelmente talentoso. Além disso, a caligrafia do renomado artista Kazuaki Tanahashi dá a este trabalho uma qualidade e um refinamento que dificilmente obteríamos por qualquer outro meio; quero expressar minha gratidão por sua participação.

Finalmente, é de grande importância mencionar o belo trabalho artístico de Shuya Yamamoto que foi utilizado na capa deste livro. Conheci sensei Yamamoto no Honbu dojo no Japão, quando iniciei meu treinamento. Hoje sensei Yamamoto ensina no Aikido world headquarters em Tóquio, e tem dedicado sua vida também ao estudo dos escritos Iroha Uta, um poema contendo todas as letras do silabário japonês, em grafia do japonês antigo.

Por último e com toda a consideração, quero ainda agradecer a meus alunos pelas incansáveis horas de participação física para que fosse possível fotografar as técnicas reais do Aikido. Tentar manter o mesmo sentimento dinâmico de um treino real, enquanto o filme capturava os pontos sutis, foi um processo longo e difícil. Meus alunos que aparecem nas demonstrações reais das técnicas são Jay Weik, Steven Rust, Gordon Fontaine e Josh Puskarich.

1 ■ AIKITAMA

O Espírito da Harmonia Universal

■ *Aikitama*

NO INÍCIO —
O KOTOTAMA DO SU

O Aikido possui suas raízes no Xintoísmo japonês, o ensinamento original em que está o *kototama*. É a partir do kototama, cuja tradução é "alma das palavras", que a sensibilidade inata das palavras e dos pensamentos é criada. O kototama, no entanto, não deve ser visto como uma ferramenta que divide ou distingue as pessoas de um povo das pessoas de outros povos. Como raiz do pensamento em si, e portanto de todas as línguas faladas, é a ferramenta para entender nossa origem comum e nossa suprema unidade.

O kototama não é uma teoria e nem mesmo um ensinamento. É a energia da vida, ou *ki*, que dá vida à consciência em todas as suas miríades de formas. Em outras palavras, é a mente que cria os seres humanos, nada além disso. Nossa singularidade como membros do reino animal consiste em nossa habilidade para traduzir nossos sentimentos em pensamento abstrato, portanto, em criatividade. A maneira como usamos essa ferramenta determina em grande parte a qualidade de nossa vida e até mesmo da vida do nosso planeta.

Aikitama, o espírito da harmonia, é a função das almas das palavras; é o ki criativo do universo. Como um peixe no imenso oceano, estamos imersos num mar de consciência. Tão profundamente imersos, que o fato é que não conseguimos ver com facilidade nossa própria natureza

■ *Kotoha*

■ *Kanji símbolo do Su*

ou o papel decisivo em que nós inevitavelmente atuamos para a criação de nossa própria realidade. Apenas quando nossa experiência subjetiva é verificada pelo princípio objetivo de nossa mente original é que a realidade torna-se consistentemente clara.

Kototama é "a palavra" destinada a se manifestar em forma humana. É o *kotoha*, ou a onda superveloz de luz invisível (*koto*) de vibração (*ha*) da vida. Como a força vital de todas as coisas, é onipresente; não existe nada fora dela. Como a fonte da consciência, é onisciente. Como a fonte do movimento e, portanto, a energia, é onipotente. Como a realidade atrás das aparências, não é aparente, sabe-se que não há separação entre a eterna trindade mente, matéria e espírito.

Nas palavras de Gautama Buda: "Verdadeiramente, há um reino onde não há nem o sólido nem o fluido, nem calor nem movimento, nem este mundo nem nenhum outro, nem Sol nem Lua... Se não houvesse aquilo que ainda Não nasceu, Não se originou, Não foi criado, Não está formado, escapar do mundo do já nascido, originado, criado, formado, não seria possível."[1]

O espírito criador do universo, do qual nasceram todas as outras almas das palavras, é o kototama do Su. O ki do Su é puro movimento; é o espírito do universo infinito e nosso próprio espírito também. Ele dá vida continuamente ao U, o discernimento mecânico dos nossos cinco sentidos básicos. O mundo da forma é primeiramente percebido por meio dessa consciência. Qual, então, é a origem do Su?

A grande origem do Su é o vazio ilimitado do Mu. Fundir-se a essa consciência é atingir o grande espelho da sabedoria. É descobrir o espelho límpido da mente perfeita chamada *sunyata*. Visto como existência, é o vazio. Visto como vazio, é a existência. Para fora dessa infinita imensidão, o poder criativo da consciência universal torna-se repleto e maduro e brota como o grande ki yang do fogo do Ho. Do movimento desse grande yang, nasce a primeira partícula do ki espiritual. Ele é chamado *hochi*.

Esse reluzente, brilhante ki irradiando-se para o exterior, colhendo outras partículas espirituais de ki a sua volta dá à luz o kototama do Su. O Su estendendo-se para todas as direções, dá à luz o kototama do U. Esse é o início do mundo espiritual, o reino da mente intuitiva, ou *kamyo*, a era dos deuses.

A dimensão U, nascida do movimento do Su, é *reitai ittai*, unificação do espírito e do corpo. É o reino dos sentidos, em que não há a possibilidade de separar uma coisa da outra. Onde não há o conhecimento do *self* e do outro. No Budismo, chama-se Dharmakaya, a base do ser. Em termos budistas, a palavra *vazio* significa a falta de qualquer existência individual ou em separado. Em outras palavras, significa a total interdependência de todas as coisas. A qualidade do vazio é a voz de Ku. Mu, sua contrapartida, é o ki da vida que preenche esse grande vácuo.

O-sensei Morihei Ueshiba descreveu *o grande vazio do ser* como Su-U-Yu-Mu. Su-U é a unificação do absoluto com o relativo. No centro do cérebro está o *iwasu*, o ninho dos cinquenta sons. É a ilha (*shima*) onde o som e seu significado se unem. Yu é o equilíbrio harmonioso entre o ki do fogo e da água, yin e yang. Fica entre o U e o Mu e os une, matéria e ki. Ki e matéria combinados criam o *umu*, a força para o nascimento. Torna-se o substantivo *umi*, o oceano onde a vida física se origina aqui neste planeta.

O kototama do Su contém e dá vida a todas as outras dimensões da existência. Assim como nosso corpo individual é composto de milhões de células, o kototama do Su contém todos os outros kototama. Su é, portanto, chamado de "espírito criador do universo". Morihei Ueshiba, o fundador do Aikido, dizia que o ensinamento bíblico "No princípio era o verbo" poderia ser entendido como o kototama do Su.

Como puro movimento, o Su é o espírito da não resistência. Leva nossos cinco sentidos a um estado de paz, o *shisuka*, o profundo e suave murmúrio sob nossa mente ativa do cotidiano. Dentro da quietude está o movimento maior, apesar de vazia, sem qualquer realidade fixa ou permanente. O significado essencial da palavra *yoga* é a união com essa origem espiritual. Deguchi Onisaburo, mestre espiritual de O-sensei, descreveu o processo da seguinte forma:

> *No início de tudo havia o Su (hochi). Você deve elucidar essa grande origem utilizando todo o seu potencial. E em poder dessa sabedoria, e tendo-a profundamente em seu hara, seu centro físico e psíquico, você conseguirá manter sua mente e seus sentidos num estado de paz, mesmo durante as atividades mais desafiadoras. A sabedoria que repousa encoberta no seu centro deve se tornar o meio pelo qual você realmente ouve os ensinamentos do Su.*
>
> *No infinito vazio, o kototama do Su ressoa e nos traz a grande origem. Usando essa luz de sabedoria como sua ferramenta, você ouvirá o verdadeiro ensinamento do espírito criador de Ame no Minaka Nushi. Quando em alguém é despertado o desejo de compreender claramente essa origem infinita, ele deverá proceder*

■ *Reitai ittai*

■ *Ame no Minaka Nushi*

com muita cautela e humildade e realizar a purificação tanto de manhã como ao anoitecer.

Receba a verdade e a totalidade do Su, absorva-a completamente; traga-a para seu hara e torne-se uno com o universo. Depois disso, por três dias, nutra esse sentimento tanto de dia como de noite. Ouça a voz do grande vácuo e sinta o aroma do ki da imensidão vazia. Se você continuar a treinar dessa maneira, independentemente do seu grau de genialidade ou da falta dela, você inevitavelmente receberá a adequada luz da sabedoria.

No Xintoísmo original, esse processo é denominado de *kamigakari*, ser possuído pela presença divina. O paradoxo aqui é que o ki espiritual do Ame no Minaka Nushi é sua própria natureza original. É o *nushi* (soberano) que reside no centro do *ame* (o reino celestial da consciência).

Ama, ou *ame*, é o Céu. *Ama* é a infinita expansão da consciência de onde os *mana*, "almas da palavra", nascem. O ki do *me* causa a circulação dessa consciência. *No* é a consciência do Su, os cinco sentidos, que descendo para o pequeno cérebro torna-se *honno*, ou instinto. Esse é o início da memória e, portanto, o movimento das espécies individuais. *Minaka* é o centro exato, o aqui e agora, o eixo do tempo e espaço. Esse eixo da consciência é o impulso vital*, a volição da força vital e sua evolução sem fim.

O impulso vital (I) e a energia vital (Wi) residem no centro do Su, dentro do absoluto aqui e agora. Isso é chamado de *nakaima*. *Nu* é a materialização do *no*, e *shi* é nossa antena espiritual, que faz os pensamentos possíveis e dessa maneira leva-nos ao despertar espiritual. A energia vital (Wi) é a força centrípeta que abriga o ki dentro de nosso hara e nos dá longevidade. No centro do Su, o impulso e a energia vital estão unidos para nossa primeira respiração, o ki do fogo do kototama do Yi.

O kototama do Yi guia nossa inalação. Conduzindo o ki do ponto um — subindo pela nossa espinha para o centro de nosso cérebro — nosso corpo físico segue esse ki para ficar ereto. Levando o ki para cima dessa maneira, criamos o que no Xintoísmo é denominado *ame no hashi date*, "a ponte permanente do Céu". Simplificando, isso funciona como nossa antena espiritual. Também pode ser expressa como *shin*, que significa "núcleo", "essência", ou mesmo "deus".

---

* No original "life will", descrito aqui como a volição da força de vida, é semelhante ao conceito de pulsão de vida utilizado na psicanálise; ao longo desta obra usaremos a expressão: "impulso vital". (N. T.)

Ao ficar entre o Céu e a Terra e unificar a aparente separação entre eles (A-Wa), seguimos numa direção reta como uma flecha (Ya) para a verdade de nossa própria natureza. O som do Ya, entretanto, é também expresso como "o Céu abrindo os olhos". É o impulso vital expandindo como o ki do Ya encontrando a si mesmo em incontáveis pontos de interseção.

■ *Figura 1.1. O Céu abrindo os olhos (da aquarela original de Daniel do Amaral).*

No Xintoísmo esse kototama é representado pelo espelho sagrado de Yata no *hall* principal do Santuário Ise no Japão. É a mente de Dharmakaya, o grande espelho da sabedoria. No Budismo é também expresso como "A Rede de Diamantes de Indra", na qual todas as coisas do universo estão totalmente interconectadas e são interdependentes. É a rede que conecta toda existência individual, embora exista apenas como uma entidade única.

Representada pelo kototama Ya Yi Ye Yo Yu, a humanidade fica entre o Céu e a Terra, e unifica o ki entre o Céu e a Terra. Nós não temos escolha a não ser permanecer no centro, porque é onde a natureza torna-se consciente de si. O conhecimento provém do centro das coisas porque é o centro de todas as coisas. Porque olha para dez direções, existe o passado e o futuro, o aqui e o acolá, o *self* e o outro. O que percebemos como *exterior* está *aqui*, no centro. Sem o *aqui* não haveria o *acolá*; sem o centro não haveria o reconhecimento de nada.

A divindade do centro, Ame no Minaka Nushi, reside no Taka Ama Hara, no alto plano celestial. Esse é o reino do ki da dimensão A, a infinita expansão da compaixão e da prosperidade espiritual. É a essência do Su surgindo pela primeira vez. Esse ki expansivo dá vida a Takami musubi no kami, a divindade que representa o poder do contraste.

Nas palavras de Deguchi Onisaburo: *Um incontável número de partículas infinitesimais de luz espiritual expande-se em todas as direções e cria uma esfera de ki espiritual (Ma) estendendo-se até seu ponto de maior tensão. Isso é chamado de tama, a alma universal. Tentando liberar essa grande tensão, o ki começa a conectar e a correr para o centro dessa esfera. Esse é o kototama do Ka, a força motriz do movimento espiral.*

O kototama do Ha é a grande vitalidade do conhecimento. Alcança as extremidades do universo em um instante e toca o som Ki-Ki-Ki. É semelhante à divindade Omotaru no kami, que confronta todas as coisas diretamente e observa de cima. Ra é a ação final da criação. Espiralando a sua volta ele inclui e contém o universo inteiro — o reino do Taka Ama Hara, ou alto plano celeste.

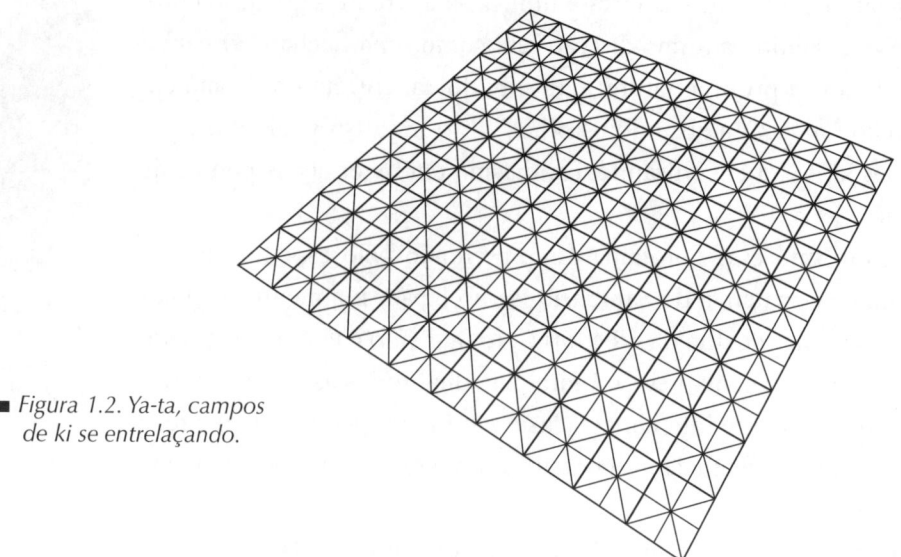

■ *Figura 1.2. Ya-ta, campos de ki se entrelaçando.*

Em outras palavras, *taka* é o início da polaridade. O-sensei usou a frase *takemussu aikido*, relacionando o Aikido ao intercâmbio do ki do fogo e da água no processo criativo. *Kama* significa "uma grande panela"; é o local onde as almas da palavra, o ki do nosso espírito, são cozidas até se tornarem *mana*, as ferramentas dos pensamentos. O kototama do Ka é o ki que aproveita a força motriz do impulso vital para produzir movimento. Isso é *hataraki*, o ki do impulso vital manifestando seu poder criativo por meio da dimensão do ki do A. A palavra *hataraki* foi, portanto, abreviada para a palavra *hara*, o campo original do ki da vida. O kototama do Ha é a respiração criativa do Céu. É a capacidade de reconhecimento que dá vida a *awa*, ou conhecimento. Ra é uma energia yang que engloba nosso conhecimento e cria a habilidade do intelecto.

Taka Ama Hara, o alto plano celestial, não é apenas todo o universo, mas também o nosso hara físico. Em nosso cérebro está a origem do pensamento. Em nosso corpo físico está o campo de energia eletromagnética do ki da vida. Quando o chakra da testa, ou terceiro olho, e o *tanden no ichi*, ou "o ponto um", são conscientemente unificados, a essência da qualidade humana — nossa percepção direta ou intuitiva — começa.

Nosso "ponto um" é o local do ki da dimensão I. É o *nakaima*, o presente absoluto, o aqui e agora. É o ponto onde se inicia a criação do universo, *souzou*. O kototama do I mantém-se atrás da cena, persiste em seu trabalho, unindo e controlando todas as outras dimensões. Dentro da quietude do vácuo, é o ki sutil da vida em si — a autoperpetuada força da evolução.

■ *Taka Ama Hara*

O kototama do I é a semente humana dentro do ventre do Su que ainda não se formou. O advento do tempo-espaço não seria possível sem um ponto de estágio em repouso que inicia com nosso próprio autoconhecimento. Se nos faltar a capacidade para permanecer no centro, não conseguiremos fazer nenhuma avaliação ou interpretação do mundo.

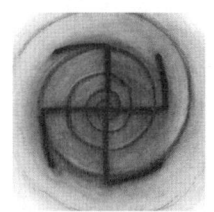

Todas as coisas que nascem também morrem, ainda que a vida venha a mudar de forma continuamente e mantenha-se como não manifesta. "A mente gira em conformidade com as 10 mil coisas. O pivô em torno do qual ela gira é realmente difícil de conhecer."[2] O ki da dimensão I mantém-se oculto como o sal dissolvido na água.

■ *Figura 1.3. Ka — força motriz em espiral.*

Perceber a dimensão I é ficar entre os opostos e unificar todos eles. Não é um exercício intelectual. Requer um sincero e dedicado treinamento do corpo, da mente e do espírito. Enquanto nossa própria experiência subjetiva não for verificada pelo entendimento objetivo, nossos pensamentos e palavras nunca serão verdadeiramente simples embora reflitam a realidade aparente, o valor estampado na moeda. A palavra *michi* significa "o caminho da sabedoria divina". Mais especificamente é *inochi*, ou o caminho para a realização da dimensão I. Essa realização depende do nosso desenvolvimento para a capacidade da dimensão E. A dimensão I só pode ser experimentada por meio da sabedoria do discernimento da dimensão E.

O *kanji* (ideograma) para michi, entretanto, tem várias interpretações no dicionário. É interpretado como *sujimichi*, "a linha da razão pura"; *kotowari*, "o princípio da palavra"; e *michiru*, "a plenitude ou abundância de sabedoria". Entretanto, não pode ser visto como meramente morar no reino do ki espiritual. A menos que nosso julgamento intuitivo, nossa dimensão E, esclareça essa experiência, não haverá forças para criar um mundo melhor.

Jesus de Nazaré falou sobre essa qualidade: "Vocês são o sal da terra, mas o sal tem perdido seu sabor, como podemos restaurá-lo? Não serve para mais nada, foi jogado e pisoteado."[3] Nos dias de hoje, o julgamento e a intuição humana têm sido encobertos pela ganância e pelos desejos da limitada percepção da dimensão U.

Além das dimensões das cinco vogais e das oito forças de movimento, não há nada a ser descoberto. A palavra (ou almas da palavra) é a totalidade de todas as coisas nos três mundos: do espírito, da mente e do corpo. Entretanto, dentro dessa grande origem não há um *self* separado. Essa é uma ilusão criada pelos seres humanos.

Aikitama: O Espírito da Harmonia Universal

É por intermédio da capacidade de julgamento da dimensão E que nós nos tornamos humanos, embora seja essa também a mesma capacidade por meio da qual criamos a ideia de um *self* separado e, consequentemente, do mundo competitivo em que vivemos. É essa a ferramenta do desenvolvimento humano, e enquanto não a tivermos polido e refinado a um alto nível, não seremos capazes de criar uma verdadeira sociedade humana.

Nas palavras do fundador, *o kototama não é o som da voz humana, é o fervente sangue vermelho proveniente do seu hara*. A plenitude do impulso vital é o kototama de Ti. Significa ao mesmo tempo "sangue" e "sabedoria", a plenitude do corpo e do espírito. Como levamos nossa respiração até nosso ponto um e novamente a liberamos, continuamente restabelecemos a circulação de nosso ki e a nutrição de nosso sangue. Dirigindo nossa mente ao ponto um, estamos nos conduzindo para a descoberta da sabedoria.

É de acordo com o grau em que essa sabedoria é percebida que estaremos aptos a habitar na vibração do Su, onde os sentidos estão em paz e a mente está livre de tumulto e lutas. É essa a nossa natureza original, embora não possamos vê-la enquanto nossos olhos espirituais não se abrirem. Nadamos no grande oceano do Su, apesar de nossa limitada percepção não conseguir vê-lo, e assim continuamos a procurar a verdade da vida fora de nós mesmos.

Em todo lugar que encontramos a forma espiral, o ki do Su é mais forte. Isso é mais evidente nos principais chakras do corpo — no nosso hara físico; no chakra da coroa no topo da cabeça; e no centro da palma das mãos e na ponta dos dedos das mãos e dos pés. É o ki da terra, a fonte ou origem da nossa energia de vida.

Como mencionamos anteriormente, o ki do Su conduz nossos cinco sentidos a um estado de calma e paz. A capacidade de mantermos esse estado em tempos difíceis requer um entendimento de um nível muito maior que qualquer grau de especialidade técnica. É a isso que O-sensei se referia com *agatsu*, domine-se. A mente do conflito mostra-se pronta por qualquer coisa, ela não conhece a plena paz da origem.

Nas guerras civis do Japão, as samurais tinham pouco tempo para aperfeiçoar suas habilidades de luta. Foi por essa razão que eles descobriram que a capacidade de se manter calmo durante uma batalha era com frequência o fator mais importante, o que determinava sua sobrevivência. A mente pacífica não tem a mínima ideia de como lidar com o conflito; não conhece nem a confiança nem a falta dela, portanto, lida com o aqui e agora. É possível ser bem-sucedido não se concentrando em situações hipotéticas.

Chegar a esse ponto requer maturidade na prática. Quando seu corpo e sua mente estão enraizados em seu ponto um, toda a tensão de seus braços e ombros se vai. Como resultado, seu movimento torna-se *subayaka*, veloz e leve.

Mantendo sua mente no seu ponto um enquanto pratica, você se aproxima do que o Budismo chama de *vazio funcionando como a base da*

■ *Figura 1.4. Su no corpo humano.*

atividade diária. Centre-se no seu ponto um e deixe de lado todas as suas defesas e apreensões. Assim que você obtiver confiança na sabedoria inata de seu corpo, você conseguirá mover-se livremente, adaptando-se naturalmente aos movimentos de seu companheiro, sem perder o centro. No Budismo, esse estado mental é mostrado por Kannon, a deusa da misericórdia com seus milhares de braços.

O Aikido é a maneira superlativa de se praticar o kototama. É o meio pelo qual percebemos nossa verdadeira natureza, como um deus que descobre sua definitiva liberdade. Essas poderosas palavras de O-sensei não deixam dúvidas quanto à orientação dele a respeito da relação entre o Aikido e o kototama. Aqueles que se dedicam apenas à técnica não encontrarão nem satisfação espiritual nem a maestria técnica. O Aikido é um meio para a percepção e a manifestação do kototama. É uma prática projetada para a percepção de nossa própria natureza como espírito universal. Ao conquistarmos o conhecimento das cinco dimensões do ki, nossas qualidades espirituais e o vigor físico aparecem.

■ *Figura 1.5.* Kannon e seus milhares de braços.

O-sensei criou o Aikido como um meio para percebermos o kototama, embora o poder mágico do som tenha sido um meio de prática espiritual desde o alvorecer da civilização humana, entre os quais temos: "os Rishis que habitaram as encostas dos Himalayas, os Magi do Irã, os sábios da Mesopotâmia, os sacerdotes do Egito e os místicos da Grécia — para mencionar apenas aqueles cuja tradição nos deixou alguns traços".[4]

O logos bíblico, "No princípio era o verbo", foi passado para a Índia por volta de 400 a.C. Nos Vedas, os livros sagrados da Índia, encontramos o mesmo ensinamento: "No princípio havia Brahman com quem estava a palavra, e a palavra é Brahman (Deus)." A origem da Cristandade é muito mais antiga do que geralmente se supõe. Os ensinamentos originais da raça humana neste planeta foram perdidos há muito tempo com a divisão entre história humana e mitologia.

Jesus Cristo era um membro dos Essênios.* "O povo Essênio, que se difundiu ao longo do rio Jordão, estudava uma síntese da filosofia grega, especialmente o pensamento pitagórico, o Judaísmo tradicional, e, de acordo com muitas opiniões, a filosofia e a cosmologia do Oriente. [...] Essas pessoas eram denominadas 'seguidores do caminho de Krishna', uma figura legendária da Índia. O nome 'cristão' pode ter se originado a partir disso."[5]

A Igreja Assíria, originária da região que hoje corresponde ao Irã e Iraque, é a Igreja Cristã original. A Igreja Assíria, também conhecida como Igreja Nestoriana, chegou à Índia muito cedo, expandindo-se para a China e para a Mongólia no início do século VII. Os Nestorianos ensinavam que Cristo existe como homem, Jesus, e também como o divino filho de Deus, ou logos.

Esse ensinamento sobre o logos, ou a identificação da palavra com o próprio Deus, expandiu-se pela China e pelo Japão como Keikyo, que pode ser traduzido como "a luz divina e brilhante". No Budismo, chegou à seita Shingon Mikkyo que pratica o *ajikan*, a meditação da sílaba sagrada do A. Shingon Mikkyo significa "o ensinamento secreto da verdadeira palavra". O nome da divindade budista Kannon contém o seguinte sentido: *ver o som com os olhos da mente*.

Segundo as palavras do guru tibetano Lama Govinda:

---

* Os Essênios eram membros de uma irmandade monástica judaica da Palestina (séculos II a.C. a II d.C.). Sobre Jesus, sugiro a leitura do livro *O Cristo dos Pagãos*, de Tom Harpur, publicado pela Editora Pensamento, São Paulo, 2008. (N. T.)

A ideia do som criativo continuou nos ensinamentos do logos, que foi parcialmente absorvido no início da Cristandade, como podemos ver no evangelho de São João, que começa com as misteriosas palavras: "No princípio era o Verbo, e o Verbo estava com Deus, e o Verbo era Deus... E o Verbo se fez carne."

Se esses ensinamentos profundos, que ligariam o Cristianismo com a filosofia gnóstica e as tradições orientais, tivessem conseguido manter sua influência, a mensagem universal de Cristo teria sido salva das ciladas da intolerância e da mentalidade estreita.[6]

Nas palavras do estudioso Koji Ogasawara:

> Buda ensina que a joia *mani* (kototama) é um estudo compulsório para que um bodhisattva torne-se um Buda. Consiste de dois passos mais profundos do que a iluminação básica da religião. Para entender o puro kototama, você deve livrar-se da velha crosta e da pele kármica e tornar-se um inocente bebê. Isso é chamado de *ressurreição* no Cristianismo e *iluminação* no Budismo.
>
> Em consequência, você deve graduar-se nos ensinamentos das religiões ancestrais, sendo pupilo obediente de sábios anciãos [...]. Graduar-se nessas religiões não significa depois ignorá-las ou descartá-las, mas entendê-las de corpo e alma.[7]

A prática de Aikido de O-sensei era condizente com essa atitude. Ele levantava cedo para os cantos de orações xintoístas, e era um diligente estudioso de textos espirituais antigos. Em seus estudos com Deguchi Onisaburo, ele também praticava meditação profunda, que algumas vezes atravessava a noite. Seu nível de desenvolvimento intuitivo era resultante dessa atitude, tanto quanto de seu treino diário de Aikido.

No Xintoísmo japonês moderno, encoberto por significados religiosos ocultos, o kototama é simbolizado como *shinreikai*, o reino dos deuses. É o depositário da consciência, o sétimo ou oitavo nível do espírito, que pode ser claramente percebido apenas por mentes iluminadas. Shinrenkai é o mundo do *sonen*, a consciência em um nível mais profundo que a mente subconsciente.

Apesar de tanto nossos pensamentos como nossos sentimentos se originarem no sonen, nós não conseguimos acessar esse aspecto da mente por meio de pensamentos abstratos. Apenas quando nossos sentimen-

■ *Shinreikai*

Aikitama:
O Espírito da
Harmonia
Universal

tos e ações são provenientes de uma sinceridade e uma honestidade intensas (*makoto*) é que influenciamos o mundo do sonen. Se sentimos um profundo bem-estar e o expressamos em nossas palavras e ações, coisas boas nos serão trazidas. Essa é uma verdade fundamental do kototama.

A prática original do Xintoísmo, bem como do misticismo tibetano, chegam a esse despertar pela meditação em certas divindades, cantos e *misogi,* ou rituais de purificação. Em alguns casos são combinados, como cantos sob uma cachoeira ou meditação por tempo prolongado sem dormir ou comer. A finalidade desse misogi é limpar a mente de pensamentos e alinhar nosso ki com o kototama.

O estudo do Aikido condiz com os ensinamentos dos antigos sábios. Contudo, com a criação do Aikido, O-sensei removeu o véu que envolvia várias expressões religiosas e fez do misogi algo mais prontamente acessível. Por meio de seu treino espiritual diário, ou *shugyo*, ele foi capaz de experimentar uma profunda transformação espiritual. *Quando eu entoo os sons dos vários kototama, as divindades a eles associadas juntam-se à minha volta.*

O fundador afirmava: *Se sua mente afasta-se do grande espírito criador do universo, você não está realmente praticando Aikido*. Não apenas nossas ações mas também nossos pensamentos e sentimentos ativam o ki universal e atraem os eventos que dão forma a nossa vida. Essa é a realidade do kototama, ou da palavra *espírito*. Ao entender isso, O-sensei imaginava a cura de nós mesmos e do nosso planeta por meio de nosso próprio treinamento espiritual.

Os kototama do I e Su são o início, é deles que todos os outros surgem. Talvez seja por essa razão que o principal santuário no Japão é chamado Ise Jingu, e o rio que corre por ele é chamado de Isuzu, o Rio dos Cinquenta Sinos, indicando os sons do kototama. A fim de manifestar-se, o Su dá vida às quatro dimensões do ki. Do ponto de vista espiritual, são as quatro almas.

■ *Sonen*

■ *Ichirei shikon*

一靈 四魂

ICHIREI SHIKON:
UM ESPÍRITO, QUATRO ALMAS

Este assunto — um espírito e quatro almas — é tratado com profundidade considerável no livro *The Spiritual Foundations of Aikido*, portanto, aqui ele será de certa maneira abreviado. Nos ensinamentos originais do Xintoísmo, considera-se que a humanidade descende dos deuses. Talvez fosse essa a razão da adoração ancestral, que continua até hoje. Foi ensinado que a espécie humana teve uma origem única, apesar das cinco diferentes auras ou orientações espirituais.

Os Documentos Takeuchi registram os primeiros ancestrais da espécie humana como *go shiki jin*, as cinco diferentes cores raciais. Na realidade, há apenas uma raça, embora as pessoas sejam distinguidas pela cor de sua aura espiritual. O povo amarelo era da linhagem da raça dos adoradores do Sol (I). Sua aura espiritual era dominada pela influência de Kushitama.

O povo hebreu era o povo vermelho, os ancestrais de Akahitomeso (E). Essa é a alma de Aratama. Há também o povo púrpura (O-Nigitama), o povo branco (U-Naohi), e o povo azul (A-Sakitama). Eles ainda são adorados em alguns poucos santuários antigos do Japão, como ancestrais originais da humanidade. Cinco máscaras muito antigas talhadas em madeira foram descobertas em um santuário ao sul do Japão como os principais objetos de adoração.

As divindades representadas por essas cinco máscaras são chamadas de antigos ancestrais da humanidade, embora não sejam nossos ancestrais humanos, representam as dimensões do espírito universal. O espírito universal, por sua vez, é dividido em quatro almas. Essa divindade universal (Ame no Minaka Nushi) divide-se em três aspectos: espírito, energia e corpo.

O espírito, nessa explicação, refere-se a um espírito e quatro almas. A energia se refere às oito energias, os ritmos do movimento. O corpo, no Xintoísmo, é entendido como a função do espírito.

Aikitama:
O Espírito da
Harmonia
Universal

Figura 1.6. Máscaras de um espírito e quatro almas.

O corpo é o mundo físico; é às vezes chamado de *utsushiyo*, "o mundo refletido". Isso significa que o mundo que nós percebemos é um reflexo da nossa própria mente. Em outras palavras, é o mundo dividido em subjetivo e objetivo, físico e espiritual, e assim por diante. Enquanto não retornarmos para a perspectiva absoluta do aqui e agora, não podemos apreender esse mundo como um produto de nossa própria mente.

Naohi: O Espírito da Autorreflexão

O corpo universal, quando visto como nosso espírito pessoal, é chamado de *naohi*, o kototama do Su e U. As quatro dimensões pelas quais é expresso são: Aratama (E), Kushitama (I), Nigitama (O) e Sakitama (A). Como um copo de água tirado do oceano, o espírito dos seres humanos e o espírito do universo com seu escopo ilimitado são exatamente o mesmo. Naohi, nosso espírito direto, é o espelho da mente da perfeita sabedoria, a qualidade da reflexão clara. É essa função que torna possível o despertar do potencial humano.

Naohi

Aikitama:
O Espírito da
Harmonia
Universal

Assim como nossos órgãos físicos existem fundamentalmente para o propósito de transmutação biológica e, portanto, para a continuação de nossa vida, nossa alma e o espírito existem fundamentalmente como um meio para a autorreflexão a fim de manter a saúde mental e emocional. Cada uma das quatro almas preside sobre um aspecto diferente da nossa constituição psicológica e espiritual.

É quase impossível perder totalmente a capacidade de autorreflexão. Se isso ocorrer, nossa aparência perderá todas as qualidades humanas e degeneraremos para algo mais aterrorizante que qualquer besta da terra. Não haveria nenhum meio para corrigir a decaída da espiral da degeneração. No entanto, quando os atributos diretos de naohi, a autorreflexão e a sinceridade, estão fortalecidos, surgem as virtudes de cada uma das quatro almas.

Kushitama: A Alma Misteriosa

Kushitama é chamada de "alma misteriosa". É baseada no kototama do I, que cria a pura percepção e intuição. Como o sal no oceano, o Kushitama mantém oculto o centro da existência. Por ser a fonte da percepção em si, é o aspecto mais difícil da nossa alma e espírito perceberem. É o poder da concentração, do autocontrole e da iluminação espiritual.

Kushitama nos dá a sensibilidade e, consequentemente, o potencial para a perfeita sabedoria. É a capacidade para respondermos de maneira imediata e correta a qualquer situação imperativa. A natureza sensível do kushitama deve estar revestida pela paz dos cinco sentidos. Se nossos sentidos ficam excitados, a percepção clara é perdida.

Por isso, a incrível acuidade do I mantém-se escondida nas profundezas das águas do ki do Su. É desse local que ele se torna a força motriz que dá origem a todo movimento e realidade. Nas palavras de O-sensei: *Kushitama é o princípio, a autoridade divina* (miizu) *do Céu. É a completa manifestação da virtude do espírito criador do Su.*

Converter a ignorância da perspectiva dualista para a sabedoria da unidade — é a função do kushitama. Se essa qualidade for mantida, o Kushitama torna-se a nossa antena para perceber as mais sutis vibrações da realidade, nos fornecendo a maior beleza da alma humana. Se, no entanto, nossos sentidos ficam perturbados e nos encontramos em excessivo estresse, a sensível função do kushitama pode ser prejudicada. Isso é muito perigoso. Em casos extremos, pode nos levar à verdadeira insanidade.

Aratama: A Alma do Refinamento

Aratama é o ki do fogo, o kototama da dimensão E. Literalmente significa "alma rude", contudo é também o potencial para a depuração. Seu símbolo é a espada, que pode ser uma rude arma de destruição ou uma elegante ferramenta para o refinamento. Aratama é a espada do julgamento humano — utilizada para transpassar da ilusão em direção à clareza e precisão.

■ *Aratama*

No Zen-budismo é "o caminho para cruzar o rio quando a ponte está caída". Na Bíblia é a estaca de Aron; também, o cajado que Moisés usou para dividir as águas. O juízo humano é a única coisa em que o homem pode confiar, a única ferramenta com a qual apreende o *michi*, ou o caminho da vida.

Mais uma vez, as palavras de Morihei Ueshiba:

> *Aratama é Ho (lei, método, dharma). É o que deve ser feito. Significa resolver o mistério do princípio universal e, dessa maneira, abrigar com segurança as virtudes das quatro almas dentro do seu hara. Para tanto, domine o caminho do Céu e o transmita aos outros. Em outras palavras, é unir (matsuri) o Céu e a Terra.*

Aratama é também a alma da coragem. É a disposição para procurar a verdade, e de tal maneira nos liberar do apego, permitindo-nos saltar além das restrições autoimpostas que impedem nosso crescimento espiritual. Se nós não usarmos a capacidade de nossa dimensão E para refinar nossa rude alma, nós, seres humanos, nos manteremos semelhantes a um touro enfurecido em uma loja de porcelana. Uma cena verdadeiramente indesejável. A graça e a elegância não podem de maneira alguma sobreviver em um ambiente de fúria.

Quando refinamos nossos métodos de fazer as coisas, não mais nos deparamos com a possibilidade de darmos cabeçadas, a ira desaparece gradualmente de nossa fisionomia. Usando nosso juízo para discernir a mais econômica e adequada maneira de viver nossa vida, também obtemos um senso de organização. Esse é o intercâmbio entre Aratama e Nigitama.

■ *Nigitama*

Nigitama: A Alma da Nutrição

Nigitama é o ki da água, o kototama da dimensão O. É o símbolo da joia mani, ou as contas da joia, que por sua vez representa as almas da

Aikitama:
O Espírito da Harmonia Universal

palavra, ou kototama. Nigitama é a força de ligar as coisas para a continuação. Ata as almas da palavra como memória e consciência, tornando possível o progresso humano.

Nigitama procura o amor e o conforto — o sentimento em que todas as coisas são vistas como atemporais e perfeitas. Se o sentimento de amor se perde, Nigitama morre. Como a água no inverno, que se congela, é rígida e cheia de ódio. Pelo poder da memória, entretanto, somos capazes de refletir sobre o passado e corrigir nossos sentimentos e atitudes equivocadas.

É essa habilidade que mantém o estado saudável de Nigitama. O-sensei refere-se a essa alma como a qualidade do *banyu aigo*, que cuida e nutre a sociedade humana e toda vida. É o ki da maturidade e grandiosidade espiritual. É a compaixão manifesta na vida diária. Segundo as palavras de O-sensei:

> *Nigitama é o ki da água. É a troca mútua de amor, que emerge como a qualidade do líder firme, mas pacífico. Se não houver a sinceridade total, não haverá sucesso. Agindo com propriedade e decoro (rei) apropriado, ele trabalha para estabelecer a harmonia entre todas as pessoas, independentemente de sua posição na vida.*

Sakitama: A Alma da Abundância

Sakitama é denominada alma da felicidade e do sucesso, contudo, essa é uma explicação superficial. Sakitama é o kototama do A, a origem e o apoio contínuo do conhecimento. É o ki da abundância espiritual que cria o mundo material. É a alma do jovem, da aspiração, do pensamento positivo e dos sonhos de grandeza.

O-sensei às vezes referia-se a isso como Kuni toko tachi no kami, a divindade que estabelece o mundo material. *Quando o Kuni toko tachi no kami (A) interage com o Toyo kumo no kami (O), as cinco divindades da manifestação começam a sua função.* Aqui o fundador está se referindo ao ki das dimensões A e O como intercâmbio entre as forças centrípeta e centrífuga.

Michi é o caminho da terra para manifestar a divina autoridade do Kushitama na terra. Michi significa abrigar a verdade da realidade última em seu próprio hara, tão próximo quanto o sangue que circula em seu corpo.

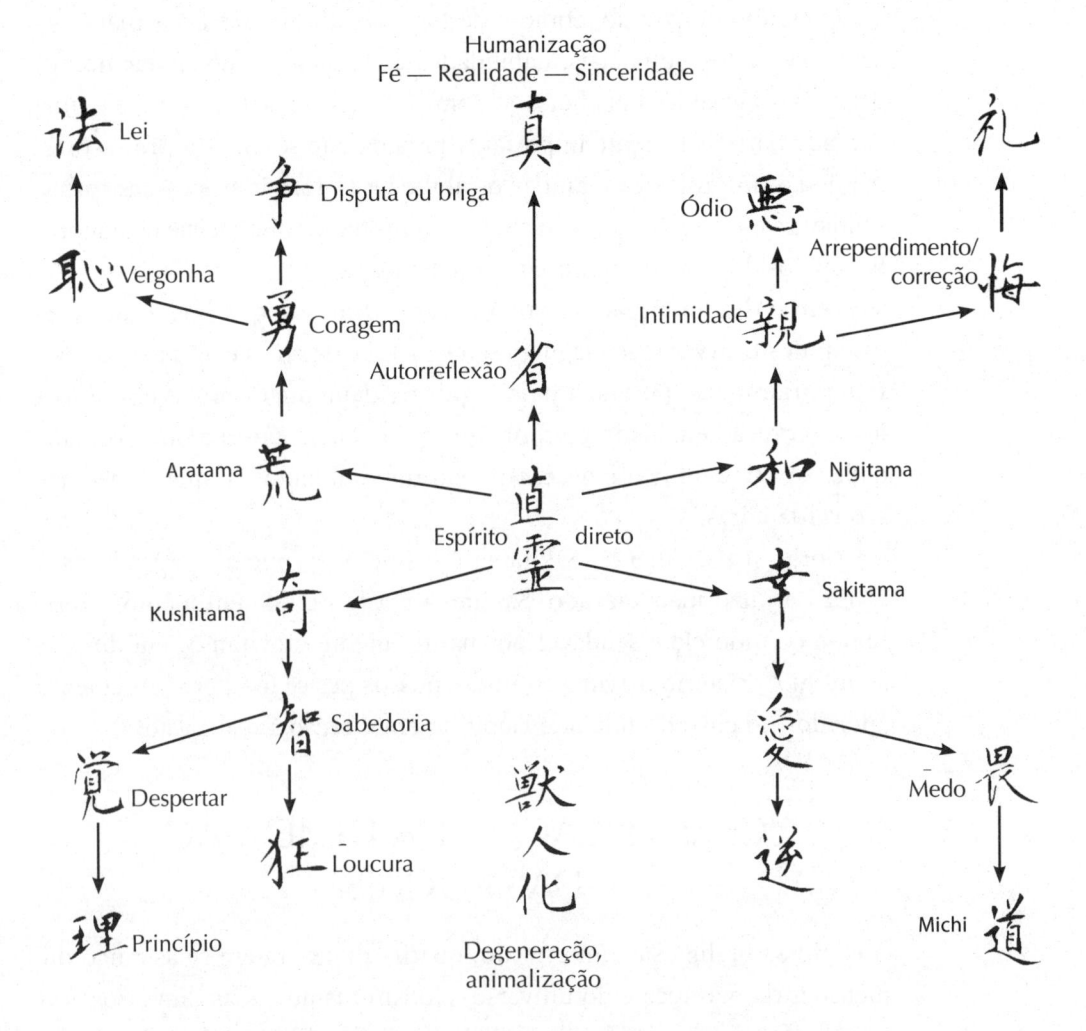

■ *Figura 1.7. Ichirei, shikon: um espírito e quatro almas.*

A luz espiritual do ki da dimensão A é frequentemente sentida como sendo parte de nossa verdadeira natureza, contudo isso leva a um pensamento egocêntrico. Esse tipo de pensamento é comum em círculos religiosos e leva a um tipo de arrogância yang, um sentimento de superioridade perante os demais. A fim de conter esse sentimento, a dimensão A também cria um senso de admiração e reverência aos mistérios da vida.

No Cristianismo, isso é chamado de "temor a Deus", contudo qualquer tipo de medo nunca é uma virtude. Portanto deve ser entendido como apreço ou gratidão. O equilíbrio entre a gratidão e o sentimento positivo sobre nossas próprias capacidades ajuda-nos a manter a mente de um iniciante e um senso de humildade.

Aikitama:
O Espírito da Harmonia Universal

O estudo do Aikido, como o de todas as disciplinas espirituais, desenvolve certos potenciais, habilidades e carisma. Se nos faltar humildade, esses grandes benefícios podem se tornar obstruções. Essa é uma verdade particularmente importante para os que se tornam professores. A missão do professor é ajudar os alunos a se tornarem pessoas fortes, saudáveis e livres. Mais que o aluno, é o professor que recebe os maiores benefícios dessa relação mutuamente benéfica.

Sem o discípulo, não existe o mestre. O mestre que busca que seus discípulos o sirvam, ou afaguem seu ego, cria escravos e no final falhará. É importante não ignorar e nem seguir rigidamente fórmulas e protocolos. O coração é mais importante que a aparência externa ou a formalidade. "A etiqueta não é necessária em um ambiente em que as pessoas são verdadeiras."[8]

Como luz da mente, Sakitama é o início do michi, a estrada para clareza e juízo mais elevado. Sakitama é a fonte do sentimento espiritual, e quando ele é saudável nós naturalmente gravitamos em direção ao infinito mistério da vida; contudo, nossos pés se mantêm firmemente apoiados no chão do michi, o caminho em direção à realização.

CLASSIFICAÇÃO DA DIMENSÃO DAS VOGAIS

A expressão religiosa "um espírito, quatro almas" refere-se às cinco dimensões da natureza e do universo. No Xintoísmo, essas dimensões do ki são referidas como Hitori gami, que significa "divindade individual". Hitori gami é uma entidade que ocupa o universo todo e nele está onipresente. Esse universo é chamado dimensão.[9]

No momento da expansão há apenas expansão. No momento do simples ser não há nada além do ser. Essa não é uma realidade objetiva; é subjetiva, uma percepção unidirecional existente apenas aqui e agora. É considerada como dimensões em camadas que nunca se encontram.

Assim como as nuvens brancas não obscurecem o céu azul, o ki da dimensão I se estabelece como o centro absoluto do espaço do ki da dimensão U. Torna-se a força estabilizadora da gravidade que abriga o ki da vida no centro do nosso hara. É o kototama do Wi, a fonte contínua do ki da vida. No *continuum* tempo-espaço sem fim da relatividade, todas as cinco dimensões estão emergindo mutuamente e são totalmente interdependentes.

Nossa percepção começa com o conhecimento e o sentimento. Isso é denominado *ana*, ou a vibração do Céu. Quando as cinco dimensões são unificadas e estabilizadas pelas oito energias da dimensão I, a ideia ou intenção da criação se inicia. Isso é *mana*, o reino do pensamento de onde nascem todas as manifestações. Vamos agora tratar da função básica de cada dimensão e de como elas se relacionam umas com as outras.

A classificação das dimensões das cinco vogais é a base de praticamente todas as principais religiões e tradições filosóficas que surgiram até o momento. No Budismo, elas representam os cinco veículos, ou *sattvas*. A dimensão U é o *sattva-yana*, o corpo ou o veículo em si. Meramente por ter nascido como ser humano, mas ainda não realizado, você está automaticamente na classe do sattva.

A dimensão O é o *sravaka-yana*. É geralmente considerado o primeiro estágio. É o nível em que nós consideramos os ensinamentos e assim removemos de nós mesmos a ideia da permanência do fenômeno. A progressão da natureza é AOEI, contudo parece que os seres humanos, com sua capacidade para o pensamento abstrato, às vezes, procedem primeiro com a mente conceitual.

A dimensão A é *pratyeka-yana*. No Budismo, é referido como o segundo estágio, o *hinayana*, ou pequeno veículo. É aquele que está satisfeito em habitar o reino das cinco dimensões, ainda que, em consideração aos outros, não possa manifestar isso na sociedade. Como veremos no Capítulo 5, a visão xintoísta de desenvolvimento segue a ordem da natureza mencionada há pouco.

A dimensão E é o *boddhisattva-yana*. O boddhisattva treina unicamente para os interesses dos outros. Esse é o reino do Budismo *Mahayana*. Diz-se que essa mentalidade está além da concepção das pessoas comuns. É o chamado "portão do despertar", o reino da sutil diferenciação.

A dimensão I é o veículo de Buda, que une todo o resto. É o *nakaima*, o aqui e agora absoluto. É o chamado "portão do nirvana", ou o reino da sabedoria definitiva. Não depende mais de qualquer treinamento, contudo o treinamento continua mesmo sem que se esteja ciente disso.

Quando a fagulha da intenção sobrevoa entre a mente subjetiva e a realidade objetiva, a verdade da realidade é revelada. Dizem que essa é a única coisa que Buda tem em mente. Vem da liberdade absoluta da dimensão I, alguém que pode empunhar livremente a espada do julgamento ou do discernimento de acordo com o critério do momento. Quando a espada do julgamento é empunhada desse lugar, manifesta-se o kototama do IE.

Na tradição clássica chinesa, as dimensões foram classificadas pelo lendário imperador Fsu Hi como o grande yin (A), o grande yang (O), o pequeno yin (E), o pequeno yang (I) e o absoluto, ou *taikyoku,* (U). O Imperador Amarelo depois subdividiu em terra (U), água (O), fogo (I), metal (E) e madeira (A). Nessa visão, a dimensão U é colocada no centro.

A principal confusão é levantada com respeito ao elemento terra. Pode significar o planeta Terra, o mineral contido no solo ou até mesmo a base do ser. Isso será tratado a seguir, mas primeiro é importante não equiparar literalmente os termos *yin* e *yang* com os elementos fogo e água.

```
    I
A   U   E
    O
```

■ *Figura 1.8. As vogais com o U no centro.*

Nos clássicos chineses, o fogo é visto como yin e a água é entendida como yang. Essa visão concebe o fogo e a água como aspectos da consciência, não como elementos físicos. O ki do fogo é passageiro e nos dá o *insight* espiritual, enquanto o ki da água é o poder da materialização e dá suporte à continuação do mundo físico.

Isso também pode ser entendido no sentido físico se nós considerarmos que a minoria sempre governa a maioria. O fogo tem duas partes yang na superfície, ainda que o centro seja yin. Vemos isso no I Ching, o clássico chinês da previsão, que coloca uma linha quebrada (yin) entre duas sólidas (yang) para representar o elemento fogo. O trigrama da água é exatamente o oposto.

Quando os cinco elementos são vistos como dimensões do ki universal, eles são entendidos como os aspectos mais fundamentais de nossa consciência. Por isso, a ordem em que eles se desenvolvem muda nossa perspectiva da realidade. O princípio kototama divide essas dimensões em três ordens, cada qual representando uma visão de mundo ou abordagem da vida diferente.

Kanagi, a primeira ordem, desenvolve uma interpretação estritamente materialista da realidade. Kanagi lida com a matéria (*gi*) da forma (*kana*). Em outras palavras, lida com a forma visível e óbvia e não se preocupa com a realidade oculta e invisível. Seguindo a ordem kanagi, desenvolve-se o padrão UEO — a consciência baseada nos cinco sentidos, o reino da dimensão U.

Nessa ordem vemos o mundo do ponto de vista dos cinco sentidos (U), e nosso julgamento (E) serve para atender aos desejos emergentes dessa perspectiva. Uma atitude que, por sua vez, é lembrada e repetida graças à função de nossa memória (O). O processo repete-se infinitamente e, por isso, aprisiona a mente.

A ordem *sugaso* é AOUE. O sentimento espiritual da dimensão A tem continuidade em O, que, por sua vez, se manifesta por meio dos sentidos (U) e é julgado pela capacidade da nossa dimensão E. Essa ordem cria uma visão de vida baseada num modo de pensar mais abstrato e filosófico, contudo, no fim também é materialista e dualista e não consegue, portanto, atingir o completo entendimento.

Sugaso dá vida a várias interpretações religiosas sobre a verdade e a realidade, embora se baseie na expansão infinita e no último e inatingível absoluto, é forçado a voltar-se para si e buscar a salvação em ideias materialistas de um paraíso após a morte. As perspectivas do U e do A são irreconciliáveis e opostas entre si. Entretanto, cada qual tem seu valor e são ingredientes essenciais para nosso crescimento e entendimento.

A ordem *kanagi* era usada pelo mestre espiritual de O-sensei, Deguchi Onisaburo, para classificar as dimensões das vogais; contudo, ele usava a ordem sugaso quando discutia o desenvolvimento espiritual. O sensei Ueshiba também usou esses dois sistemas diversas vezes a fim de mostrar os aspectos físicos ou espirituais do Aikido.

No *Dai Nippon Shinten*, um texto usado na educação do imperador japonês, a ordem sugaso é expressa da seguinte maneira:

> Ao abrir bem a boca e empurrar o ar para fora do fundo da sua garganta, o som do A continua inalterado independentemente de quanto tempo você continue emitindo-o. Isso é chamado de Kuni toko tachi no kami, o deus que estabiliza continuamente o mundo material. Esse vazio é recebido por Izanagi no kami (I) e Izanami no kami (Wi).
>
> Gradualmente fechando a boca até que os lábios fiquem no formato de uma nuvem (*kumo*) arredondada, a respiração chega à garganta (*toyo*) e o som do O surge naturalmente. É, portanto, chamado de Toyokumo no kami. Prosseguindo, ao fechar os lábios, o som U vem naturalmente. É o Uhijini no kami. Quando impulsionamos para fora o som do U com força, ele naturalmente retorna ao Su. Isso é chamado de Suhijini no kami.
>
> A partir do som do U, force a língua para frente e contra o maxilar inferior como uma estaca (*kui*) e surgirá o som do E, que é denominado Tsunugui no kami, e é dito que acompanha a abertura da visão espiritual. Vocalizando o som do E com força, desloque a ponta da língua para cima até tocar o maxilar

superior, e produza o som do Re, que é chamado de Ikugui no kami.

Continuando a fazer o som do Re, circule a respiração para cima, criando a vibração do Re-I. Fazendo com toda força o som do I, ele chega ao seu extremo no som do Gi. Esse é o grande final da voz e é comparado às divindades Ohotonoji no kami e Ohotonobe no kami.[10]

O-sensei Ueshiba citava do *Kototama Hissho*, de Yamaguchi Shido, frases como: *Na quietude, o ki da água é horizontal e o ki do fogo, vertical. No movimento, o ki da água sobe e o ki do fogo se espalha ao redor.* É uma referência à visão kanagi do kototama do E e do I, em que o I é o ki do fogo e o E é o ki da água. O fundador citava novamente do Kojiki japonês, o livro dos eventos ancestrais, o seguinte ensinamento: *No início o mais brilhante, o mais etéreo (kototama do A) subia, criando os céus, enquanto o mais pesado, o ki bruto (o kototama do O) descia para criar a terra.* Isso é baseado na mesma visão kanagi.

Seguindo os ensinamentos do *Dai Nippon Shinten*, o fundador referia-se ao ki da terra como Kuni toko tachi no kami, o kototama do A.

Todavia, quando demonstrava a beleza e os movimentos fluidos do Aikido, O-sensei entoava a ordem sugaso AOUEI. Em outras palavras, não era incomum os mestres daquele tempo usarem o sistema mais adequado ao aspecto que eles estavam a enfatizar.

A ordem kanagi:
- A — Céu
- I — Fogo
- U — Unidade
- E — Água
- O — Terra

A ordem sugaso:
- A — Céu
- O — Água
- U — Unidade
- E — Fogo
- I — Terra

Em contraste com os ensinamentos objetivos do kanagi e do sugaso vistos anteriormente, o *Dai Nippon Shinten* aborda os elementos de um ponto de vista completamente subjetivo. O Céu é visto como dimensão I, porque é fonte da nossa percepção mais sensível e da intuição espiritual. A Terra, por outro lado, é vista como dimensão A, porque é fonte do nosso conhecimento consciente, ela ilumina — e por essa razão manifesta — o mundo do fenômeno.

> O Kushitama (I-Gi) expressa as maiores riquezas do Céu e da Terra, assim como de nosso espírito individual. É, portanto, simbolizado pelo Céu. O Aratama (E-Re) dá aconchego e calor ao universo, e, por isso, é representado pelo fogo. O Nigitama (O) é flexível e une todos os fatores opostos da sociedade e do mundo. Provê a flexibilidade dentro de uma estrutura, e, por isso, é representado pela água. O Sakitama (A) traz a realidade rígida e a formação ou consolidação do mundo. Portanto, é representado pela terra.[11]

Vimos ambas as interpretações das cinco dimensões — a objetiva e a subjetiva —, contudo não há a unidade. A fim de ter uma visão mais abrangente do corpo e espírito como uma unidade, precisamos estudar a ordem *amatsu futonorito*, que combina perfeitamente com a ideia chinesa do *ten-jin-chi*, ou do ser humano localizado entre o Céu e a Terra.

A ordem futonorito é baseada no kototama do IE. Tradicionalmente visto como a ordem do AIEOU, pode também ser entendida como AEIOU, porque a sabedoria perfeita da dimensão I pode ser alcançada apenas por meio do desenvolvimento da dimensão E, o I pode ser colocado tanto antes como depois da dimensão E. Entretanto, quando a dimensão I é percebida, automaticamente ela se manifesta como o julgamento perfeito do IE.

A ordem futonorito é a expressão do *futomani*, a ordem da consciência aperfeiçoada. Omitindo as linhas do A e Wa, divide-se os cinquenta sons puros do kototama em vinte sons do Céu e vinte sons da Terra. É a embarcação (*fune*) necessária para cruzar para o *higan*, a outra margem ou a iluminação.

A ordem futonorito:
 A — Céu
 E — Fogo
 I — Ser humano

O — Água
U — Terra

O nome de cada uma dessas três ordens é precedido pela palavra *amatsu*, que significa "aquilo que está contido no Céu". *Futo* é o número vinte, metade das almas da palavra menos as linhas do Céu (A) e da Terra (Wa). Quando as dez linhas são combinadas, elas representam a perfeição do Céu e da Terra. *Norito* significa "oração". O significado de *futonorito*, portanto, é similar ao encontrado no Pai-nosso: "Seja feita Vossa vontade, assim na Terra como no Céu."

Essas três ordens do kototama serão discutidas detalhadamente nos Capítulos 4 e 5. Neste ponto, consideramos suficiente explicar que a ordem futonorito é a que mais imediatamente se aplica aos princípios e movimentos do Aikido e será utilizada para discutir tanto os aspectos do treinamento físico como espiritual do Aikido, a menos que seja especificado o contrário.

Dentro das várias seitas do Xintoísmo e do Budismo, a classificação dos elementos não é consistente, mudando de acordo com o ponto de vista que está sendo expresso e às vezes depende da experiência física do praticante. As dimensões das vogais, entretanto, embora tenham muitos aspectos, não mudam. Para nossa prática é importante entender como elas se relacionam umas com as outras tanto física como espiritualmente.

"O ponto de partida do yoga budista não apresenta característica nem cosmológica nem teometafísica, mas filosófica num sentido mais profundo. Por isso, o caráter dos centros psíquicos não é determinado pelas qualidades dos elementos, mas pelas funções psicológicas que são conferidas ou conscientemente atribuídas a eles."[12]

Dimensão U: Espírito e Corpo Unificados — O Ki da Terra

Na discussão do kototama do Su, muitos sons da dimensão U foram apresentados. A dimensão U é o mundo percebido pelos nossos cinco sentidos. É a matéria bruta e também o ki que preenche a concha vazia a que chamamos de nosso corpo. É o corpo movendo-se por meio do ki, e o ki movendo-se pelo corpo.

Na visão xintoísta, o corpo do universo é o espírito, ou ki; e o que é visível, ou o mundo refletido, existe em função desse ki. O reino do ki cria o mundo relativo da vibração. A vibração, por sua vez, é transformada em um estado de elementos pré-atômicos. Esse frágil fogo do ki da ionosfera, que mais tarde materializa-se pela força centrípeta do ki da dimensão O, manifesta os elementos físicos que compõem a matéria e a vida.

É como o processo da água congelando no inverno. À medida que se torna sólida, expande-se para fora, deixando vazio o interior. Da mesma maneira, é como se o nosso corpo físico e toda a matéria física estivessem congelados a esta temperatura. Em outras palavras, a matéria está basicamente vazia. Esse vazio é a dimensão U — a grande unidade, ou *musubi*, do ki material e espiritual.

A consciência da dimensão U é mecânica. Limitada à percepção direta dos cinco sentidos, contudo não tem a capacidade de reconhecer ou distinguir uma coisa da outra. No Budismo, isso é denominado *geza*, o mundo inferior, ou inferno. Isso significa que não possui ainda nenhuma habilidade da palavra consciência, a mente é aprisionada e impossibilitada de expressar-se.

Os mexilhões sobre as pedras no mar são uma forma de vida antiga. Eles não têm olhos, ouvidos, nariz ou língua. Entretanto, têm uma mente que não é nada mais nada menos que seu corpo. A mente deles é a pele, e o único sentido do qual eles dependem é o tato. Isso parece incrivelmente básico, contudo, esse tato beira o que os humanos chamam de telepático.

Se você coloca sua mão sobre um mexilhão, ele sente sua presença e se recolhe imediatamente para a concha. O sentido do tato do mexilhão depende somente do ki dele. Da mesma maneira, todos os nossos outros sentidos dependem, na realidade, primeiro do sentido do tato — os impulsos elétricos que tornam a percepção possível para o cérebro.

O cérebro original é a membrana da célula, não é o núcleo como formalmente acreditava-se antes. Assim como na primeira célula da vida, é em nossa pele e no sentido do tato que está a nossa mais fundamental comunicação com o ambiente. Se perdermos essa sensibilidade, perdemos a base da nossa mais alta sensibilidade espiritual. Sem essa sensibilidade, nossa intuição, baseada na dimensão I, não consegue se desenvolver. O real desenvolvimento espiritual, portanto, começa com o treinamento do corpo.

Apenas por meio do corpo, podemos descobrir o espírito. A palavra japonesa para corpo é *karada*. Kara significa "vazio", e Ta é o campo de energia do hara, o ki que dá suporte à vida. Assim como está expresso no Sutra do Coração Budista: "O vazio é exatamente a forma; a forma é exatamente o vazio."

Em nossa prática, deveríamos chegar ao ponto de sentirmos o vazio físico do nosso corpo. Quando todas as tensões se forem e nosso ki estiver em expansão constante, perceberemos nosso corpo como um canal oco preenchido de ki. O corpo físico é extremamente frágil. Os músculos são facilmente lesionados, e os ossos se quebram com facilidade. Nosso ki, entretanto, quando firmemente focalizado, pode ser mais resistente e durável e produzir muito mais energia.

A fonte de nosso espírito, ou ki, é realmente o vazio do nosso corpo. No Budismo Mahayana, a dimensão U é o grande corpo do universo, o Dharmakaya Vairocana. Esse é o alicerce do ser, ou a consciência original. A dimensão U é o hara, a fonte do corpo e da mente. Para a prática do Aikido, deve ser entendido como o ki da terra.

Dimensão A: O Ki Expansivo do Céu

A qualidade fundamental da dimensão A é *hiraki*, ou a expansão. Enquanto expansão infinita, é o ki que dá vida a todas as coisas. Em expansão infinita (A) encontra-se consigo mesma (Wa) e a enxerga como outra. Por essa razão, existe o movimento relativo dentro do absoluto. A dimensão A começa como a capacidade do julgamento sensório e do sentimento, e, com isso, o desenvolvimento mais elevado conduz a qualidades de misericórdia e compaixão.

O conhecimento em expansão é classificado como Céu. O A é denominado como "aquele que nasceu primeiro". É a luz da consciência; é o que revela o mundo relativo como objetivo e subjetivo, o *self* e o outro. No Gênesis é a divisão entre o Céu e a Terra, e o nosso despertar para a consciência quando Deus disse: "E fez-se a luz."[13]

Nos ensinamentos ancestrais do Oriente, o mundo não foi criado apenas pelo nosso pai celestial, mas também pela nossa mãe terra. É uma referência ao kototama do A e do O, da força centrífuga e centrípeta. A dimensão A cria nossa capacidade espiritual, e a dimensão O cria nossa memória e a habilidade para manifestar ideias como realidade.

O kototama do A dá suporte a todo movimento e existência. Se nós perdemos a luminosidade do ki expansivo da dimensão A, perdemos nossa força vital. Se o ki da dimensão A torna-se fraco em nosso corpo, o sentimento de jovialidade desaparece, e nossa força vital começa a definhar e morre. No Aikido é a vitalidade da técnica. Se ela for perdida, retrocederemos e voltaremos a confiar na força física e na manipulação.

O A governa as dimensões das vogais, que, como uma unidade, são classificadas como *o ki da água no céu vazio, o ki da dimensão U*. As vogais AIEOU representam a mente subjetiva, em contraste com a objetividade do Wa Wi We Wo Wu. Visto desse modo, as vogais como uma unidade são o ki do Céu, e as semivogais, começando com o som U, são o ki da Terra. Entre os dois, e os unindo, ficam o Ya Yi Ye Yo Yu, o kototama que cria a mais importante particularidade humana — a capacidade para a autorrealização.

A expansão infinita da dimensão A nunca retorna e implode sobre si mesma. Ela deve ser captada e sentida enquanto você pratica. Não deve ser percebida apenas como o ki que emerge na parte superior do corpo, mas também como a expansão do seu ponto um em todas as direções. Dentro da sensação de expansão contínua do A, se alternam a expansão relativa (E) com a contração (O) da técnica.

Na prática do Aikido, a expansão é o primeiro movimento do seu corpo e deve acompanhar o seu *de-ai,* ou a saída de encontro ao ataque do seu parceiro. O de-ai tem por finalidade receber e direcionar o ki do seu parceiro para o seu centro. Quando o seu sentimento expande (A) e seu peso natural (O) apoia-se no corpo do seu parceiro, o ki dele automaticamente sobe e lhe enfraquece o equilíbrio.

Se essa expansão for feita na direção apropriada pela função do ki da dimensão E, você conseguirá desequilibrar seu parceiro com um mínimo de esforço. Não se deve forçar ou matar o ki da técnica. As dimensões da vogal devem ser transportadas para a prática por meio do estudo da forma de manter seu corpo, do modo de segurar, da direção e unificação do seu ki. Todos os aspectos de seus sentimentos derivam do ki das dimensões da vogal.

Dimensão O: O Ki de Conexão da Água

Assim como o A é a dimensão da expansão, o O é o da contração, da continuação e da materialização. É o *matomari*, ou o que traz unidade e coerência para as coisas que junta. Não deve ser confundido com a força usada para prender o corpo de seu companheiro. Assemelha-se mais a carregar um pequeno bebê, abrigar cuidadosamente, com gentileza. Quando o A é confrontado com o O, eles podem ser vistos como o Céu e a Terra. Entretanto, quando o E e o O trabalham juntos, eles devem ser interpretados como fogo e água.

Como a água, que flexivelmente procura o local mais baixo para se acomodar, o peso e a concentração criam energia. A flexibilidade total da água faz com que ela pareça yin, ou passiva, contudo em seu centro é yang, a fonte de nossa força física. A dimensão O é a energia de *omoi*, que tem dois significados: "peso" e "pensamento". É a concentração do ki, que conecta nosso corpo e mente com o corpo e a mente de nosso parceiro. Essa concentração também produz a continuidade. A palavra *ki-musubi*, no Aikido, descreve uma situação de total conexão, em que nos harmonizamos com o movimento do nosso parceiro enquanto mantemos a unificação total do corpo.

A dimensão O é também descrita como *osameru* — "controlar" ou "concluir algo". A seguinte instrução do fundador — *Leve seu parceiro para baixo no símbolo do quadrado* — descreve uma maneira de usar a dimensão O. Novamente, não se deve confundir com empurrar para baixo o seu parceiro ou aplicar pressão sobre ele. Conduzir o seu parceiro para fora horizontalmente com o ki da dimensão E o mantém fora do equilíbrio.

Para manifestar apropriadamente a dimensão O, seu peso natural apoia-se sobre o centro do seu parceiro, e a direção é dada pela ponta de seus dedos — o ki da dimensão E. É semelhante a uma folha caindo da árvore no outono — desliza da esquerda para a direita, de um lado para o outro, descendo em direção ao chão, ou em espiral para baixo. Ambos mostram o ki da dimensão E.

Dimensão E: O Ki Circular do Fogo

A dimensão E é denominada *kaiten*, ou circular, embora isso seja muito vago. É o ki do fogo da dimensão E que dá direção ao ki do Céu (A), expandindo-se infinitamente. Ramificando-se, em pura expansão, o movimento do ki do fogo começa a circular e criar forma.

A dimensão do E é a energia do julgamento ou discernimento, o começo da distinção da mentalidade humana. Dá direção à mente e, por isso, cria movimento e forma. Dá-nos também a capacidade para o pensamento abstrato, para criarmos conscientemente uma imagem em nossa mente. O-sensei chamava isso de *masakatsu*, ou o modo correto de executar as coisas.

O fogo (E) e a água (O) são os servos do Céu e da Terra, os elementos ativos em movimento. Em nossa constituição psicológica eles são os intercâmbios constantes entre o julgamento e a memória. A profundidade do nosso saber, nossa realização da dimensão I, determina quanto estamos satisfatoriamente equilibrados.

Todas as coisas são determinadas pelo equilíbrio entre o ki do fogo e o da água. Se eles estão bem equilibrados, a vida nos leva em direção à saúde, clareza, harmonia e sabedoria. O ki do fogo deve sempre orientar nossa direção, tanto física como mentalmente. O ki da água cria continuidade e energia, contudo, sem direção, a energia é inútil.

Na prática do Aikido, a direção de nossos dedos cria a forma da técnica. Nossos dedos mostram o nosso julgamento, a direção de nossa mente e de nosso ki. A energia do ki do fogo tem a tenacidade; como o fogo na madeira, adere sem agarrar. Ao abrir as mãos e inspirar, seguramos mentalmente o nosso parceiro. Quando nossos dedos conseguirem se mover livremente, nossa mente se liberta e nosso movimento não poderá ser impedido.

Se estivermos realmente livres de sentimentos de competição e autoproteção, nossa mente irá automaticamente procurar o caminho de menor resistência, e nossos dedos irão apontar em direção à liberdade. Quando isso acontecer, os esforços de nosso parceiro para restringir nosso movimento serão em vão.

Dimensão I: O Ki da Volição

A dimensão I tem muitas implicações importantes, embora seja descrita em uma única palavra como *hataraki*, ou força motriz da vida. É o impulso e a energia vital. Mantém-se sempre oculto, mas em algum momento será percebida, torna-se realmente a função sutil da técnica do Aikido. É a partir do ponto um, o kototama do I, que o ki do fogo e o da água executam suas funções. Dessa maneira, a dimensão I pode ser vista como o ki da terra. Como a realidade do Kushitama — a alma misteriosa —, a dimensão do I consegue mudar sua própria natureza conforme as circunstâncias.

A quietude pode ser vista como o ki da água, contudo, quando ativada, aparece como o ki do fogo. Quando vista como o tanden no ichi, a influência estabilizadora do ponto um, é o ki da terra. Por ser a origem da função, é chamado de diversos nomes: *hochi, kori, chi* e *Si*. É a semente não germinada da vida dentro do útero do Su.

Como nossa antena espiritual, cria a nossa percepção mais sutil e sensível. Por essa razão, é também a parte de nossa natureza mais difícil de ser percebida. Quando totalmente assimilada, cria uma fé inabalável no aqui e agora, na existência em si. Esse tipo de fé é a meta definitiva e também a maestria do Aikido. Quando apreendida, nossa postura torna-se também naturalmente ereta, e toda tensão é eliminada tanto do corpo como da mente.

Quando assimilamos a dimensão I como a origem e o ponto de controle da nossa própria existência, a ligação não faz mais sentido. Quando tentamos aprisionar essa essência, ela desaparece imediatamente. Para podermos experimentar a qualidade da dimensão I, nós devemos nos tornar receptores muito sensíveis. A qualidade de nossa vida é, em grande parte, determinada pela maneira como encaramos isso, apesar de a humanidade ter sempre o papel de *uke* (receptor) da vida, nunca o de criador.

A dimensão I não possui uma contrapartida física que possamos sentir ou com a qual possamos fazer alguma relação. É o ponto de encontro do ki do Céu e da Terra, e nossa energia é o resultado da recepção desse ki em nosso hara e da nova direção que damos a ele por meio do ki da dimensão E. É o que transforma nosso centro físico em nosso centro psíquico. Quando nossa atenção está focada em nosso ponto um, conseguimos iniciar mudanças sutis no ki do nosso corpo com um movimento de nossa mente.

Na prática do Aikido, o ponto um, e o ki vertical que nasce dele, é como o eixo do guarda-chuva, que unifica todas as direções no centro. Quando vemos apenas os dois lados de uma equação, não estamos equilibrados. Há um terceiro aspecto, imperceptível aos cinco sentidos. Para vê-lo, é preciso abrir os olhos espirituais.

O-sensei expressava isso como *katsu hayabi*, que pode ser traduzido como "uma resposta imediata e perfeita". Quando nossa mente está firmemente focada em nosso ponto um, nosso movimento é espontâneo e imediato. Essa é a qualidade de uma mente iluminada. Uma resposta perfeita requer a percepção perfeita e a recepção perfeita.

Esse tipo de sentimento requer grande fé em todas as coisas — na vida em si. Requer a elevação de nosso nível de percepção, para vermos claramente, além da ilusão da separação e da dualidade. Como nossa experiência é retida e avaliada no momento, nosso juízo passa, gradativamente, pelas oito energias. Finalmente chegamos ao lugar onde a criatividade é espontânea e sem impedimento, vinda das oito energias da dimensão I.

Hachi Riki: As Oito Energias

Como descrito anteriormente, o I e o Wi — o impulso e a energia vital — são a volição criativa da vida. Para parafrasear os ensinamentos sobre kototama do estudioso Koji Ogasawara: *Experimentar instantaneamente e internamente o momento em que a onda espiritual da mente faísca entre o subjetivo e o objetivo — esse é o reconhecimento da verdadeira realidade.* Essa é uma das principais metas da prática Zen. *A priori*, sendo universal, essa experiência da realidade é também universal. Fica no fulcro do nakaima, o absoluto aqui e agora, a iluminação sem vestígios revelada de momento a momento.

As faíscas da percepção real aparecem como as oito vibrações Hi Ti Si Ki Mi Ri Yi Ni. São também chamadas de *ame no uki hashi*, ou a ponte flutuante do Céu. É a ponte que conecta a consciência ao fenômeno. No Budismo é a ponte que se deve cruzar para encontrar a outra margem, ou a mente iluminada.

A raiz da consciência subjetiva (AIUEO) é a voz do A. A raiz da consciência objetiva (Wa Wi Wu We Wo) é a voz do U. Nas palavras de O-sensei:

> *Ame no uki hashi é a ponte que conecta o Céu (AOUEI) e a Terra (Wa Wo Wu We Wi) e todas as forças opostas. A e U tornam-se O. Quando esse kototama se manifesta no mundo, temos a sílaba sagrada AUM ou Om. Ficar no ame no uki hashi é ficar entre todas as forças oponentes e unificá-las; é incorporar a autoridade divina (miizu) do Ame no Minaka Nushi, o kototama do Su.*

Ficar sobre o ame no uki hashi é vir da dimensão I e expressá-la como Ya Yi Ye Yo Yu. É estar enraizado no nakaima, o absoluto aqui e agora. A preparação para essa habilidade ocorre em estágios, a condução para a sutileza da mente iluminada é feita gradualmente.

O processo de criação na natureza e o processo de desenvolvimento humano seguem o mesmo padrão. Cada qual tem lugar em sete níveis antes de desaparecer mais uma vez no reino do Hi, ou do espírito puro, de onde se origina. Esses estágios são mostrados nas cores do arco-íris, nos oito princípios morais do Budismo, o caminho de oito camadas de Ama terasu oh mikami, a deusa do Sol (veja p. 228).

A criação do universo começa a todo momento com um pensamento. No Budismo é denominado *ichinen*, a momentânea faísca de percepção que ocorre no nakaima. É o simples estar e receber, em oposição ao movimento ou fazer. Portanto, a dimensão I fica ao lado das outras vogais como o veículo das oito energias.

O mundo manifesto é baseado na forma espiral, contudo, é o *iki*, as linhas retas do ki da dimensão I, que dá vida, estabilidade e substância real. Quando o iki, o impulso e a energia vital estão firmemente enraizados no seu hara, o real significado de *shin*, ou fé, é percebido, e o julgamento torna-se claro e preciso.

Em contraste às dimensões das vogais, ou "sons mãe", as oito energias são chamadas de "ritmos pai". Quando essas vibrações chegam a altas frequências, a intensidade do nosso ki aumenta e nossa percepção torna-se mais apurada e precisa. Quando nosso ki torna-se mais intenso, nosso corpo deve tornar-se mais relaxado e em paz. Desse modo, nosso crescimento físico, psicológico e espiritual revela-se gradualmente.

Esse processo começa, primeiramente, no reino do sentimento ou espírito. É descrito como *amatsu iwasaka*, ou os cinco níveis do ki do Céu. Na explicação xintoísta da criação, os cinco níveis do amatsu iwasaka são compostos de 17 divindades.

				U				
		A		—		Wa		
O		—		E		We	—	Wo
Hi	Ti	Si		Ki		Mi	Ri	Yi	Ni
		I		—		Wi		

■ *Figura 1.9. Os 17 sons do amatsu iwasaka.*

Cada uma das 17 divindades do amatsu iwasaka atende a uma função particular na criação da forma, do movimento e da consciência. Para nossos propósitos aqui, mencionarei os nomes apenas dos três primeiros. São eles: Ame no Minaka Nushi (Su-U), o ki invisível do universo; Takami musubi no kami (A), a divindade do ki de expansão yang; e Kami musubi no kami (Wa), a divindade do ki de contração yin. De dentro do kotodama do Su, a energia vital direciona a respiração do Yi, e o ki da água ergue-se verticalmente.

A expansão começa como Takami musubi no kami; o ki da água sobe como a energia do contraste (Ta). O Ka junta esse ki e o transforma em energia. Musubi é a mistura do ki do fogo (Ka) e da água (Mi).

A terceira divindade, Kami musubi no kami, é criada quando o ki do fogo do Wa se espalha horizontalmente. O kotodama do Ka conecta essas duas energias, que então iniciam suas funções de circular em torno um

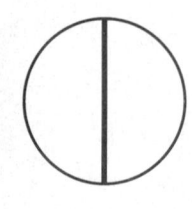

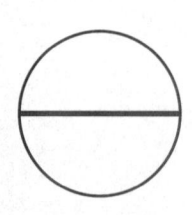

■ *Figura 1.10. Símbolos para Takami musubi e Kami musubi.*

Aikitama: O Espírito da Harmonia Universal

do outro para criar a forma espiral. Dentro desse padrão, o ki do fogo começa a mergulhar para o centro.

Passando diagonalmente através do centro, o *katakana*, ou letra, para o kototama do To é criado. Esse processo inteiro cria o *omote*, ou a forma básica do Ikkyo, a primeira técnica do Aikido. É o ki da água subindo e o ki do fogo transbordando para chegar à forma da técnica.

■ *Figura 1.11. O símbolo do To.*

Quando esse símbolo é duplicado em todas as oito direções, é criada uma flor de oito pétalas. É um símbolo ancestral do Budismo e do Xintoísmo, bem como do Cristianismo. Esse símbolo representa o caminho para governar sem força, o princípio do *suberu*. Quando o ki do fogo e o da água de todas as 17 divindades são combinados dessa maneira, o eixo do tempo e espaço (I-Wi) é estabilizado, e a criação do mundo manifesto pode começar.

Construir os níveis de nossa consciência é o mesmo que criar os níveis do nosso campo de força vital. Isso se parece muito com a criação de um magneto. Enquanto o ki do fogo e da água, camada sobre camada, sopram em torno um do outro, estabilizam o centro, e o poder da energia eletromagnética aumenta. Esse soprar em torno do centro é chamado de *karami*, sendo que a espiral (Ra) intercambia o ki do fogo (Ka) e da água (Mi). É também chamado de dança dos deuses, ou *kami*, contudo, essa é uma expressão poética do povo japonês e não indica a existência real de nenhuma divindade.

Combinando o ki vertical e horizontal do Takami musubi no kami e Kami musubi no kami, a primeira forma espiritual é criada. É a cruz, ou ame no uki hashi, a ponte flutuante do céu. *Ame*, novamente, é o ciclo da consciência. *Uki* é o ki flutuante do universo. Uki deveria ser interpretado como *uku*, que é o ki vertical da água. *Hashi* é o ki horizontal do fogo. Hashi também significa as oito (*ha*) palavras (*shi*) que se ramificam como energia de reconhecimento.

Enquanto o fogo e a água continuam a circular um em torno do outro, a cruz do ame no uki hashi é finalmente estabilizada como I e Wi, o impulso e a energia vital. Da interseção desses dois, as oito direções de ki espalham-se em todos os sentidos, e o mundo manifesto surge em um instante.

■ *Figura 1.12. Flor de oito pétalas.*

No Xintoísmo antigo, ame no uki hashi era interpretado como a interseção entre o ki do Céu e o da Terra, o cruzamento de *tate* e *yoko*. Tate é vertical e yoko é horizontal. Yoko poderia ser visualizado como o cruzar de uma linha no tecido. Em outras palavras, yoko deve sempre ser secundário ao tate. Essa é a essência do princípio do Aikido.

Aikitama:
O Espírito da Harmonia Universal

■ *Figura 1.13. Ame no uki hashi e ame no hashi date.*

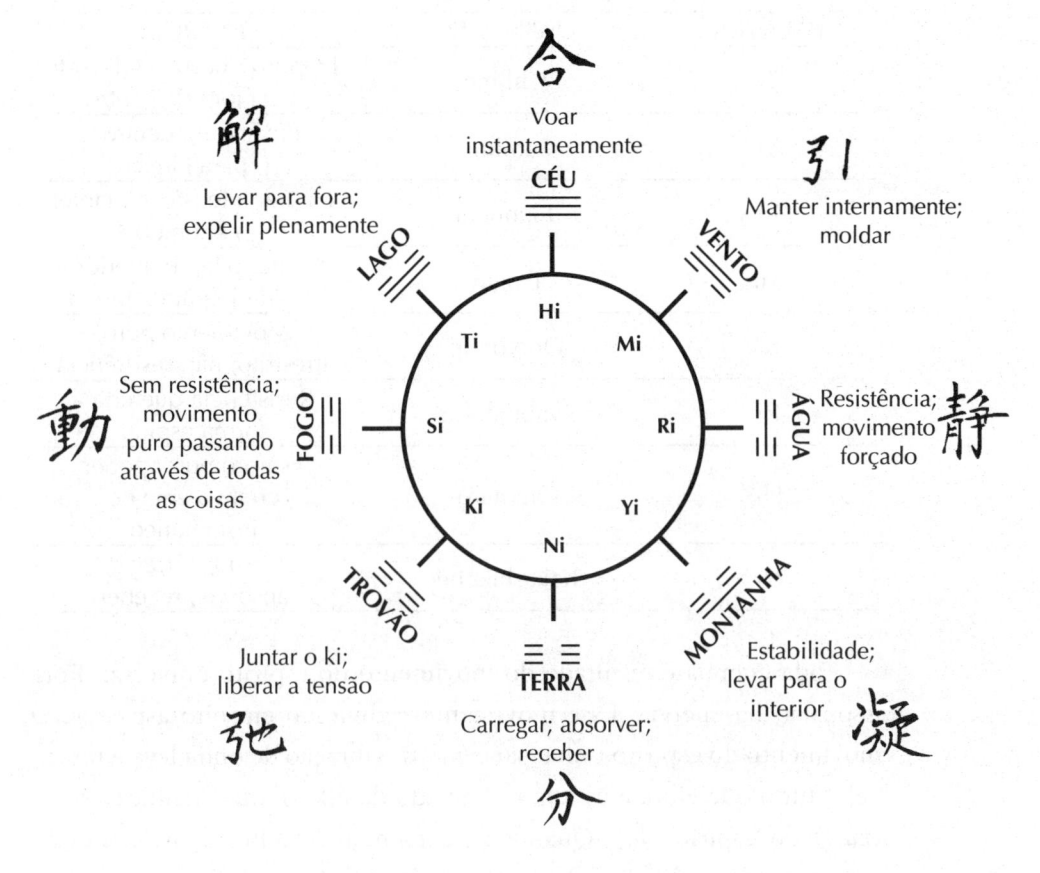

Figura 1.14. As oito energias.

Tate e yoko compreendem a estrutura invisível atrás da mente e da matéria. É a essência do princípio do Aikido, e portanto a base dos movimentos da nossa mente e do nosso corpo. Se isso não for devidamente esclarecido, o princípio do Aikido e a maneira de manifestá-lo se tornarão equivocados ou serão totalmente perdidos.

Como foi mencionado anteriormente, ame no hashi date, a ponte que fica no Céu, é o ki vertical criado pela nossa respiração, pela primeira inspiração. Isso estabelece o impulso e a energia vital, o I e o Wi, como nosso centro ou ponto um. Expirando novamente a partir desse ponto, nosso ki é enviado para as oito direções, e a polaridade é estabelecida como o ki do yin e do yang ou como fogo e água. Em cada ciclo de respiração, criamos continuamente as oito energias.

**Aikitama:
O Espírito da Harmonia Universal**

PALAVRA	DIVINDADE	ENERGIA
Ti	Uhijine	Empurrar horizontalmente para fora do centro
Yi	Suhijine	Puxar para dentro e para cima
Ki	Tsunugui	Liberar a tensão e manter o ki unido
Mi	Ikugui	Manter o ki no interior e moldá-lo para a forma
Si	Ohotonoji	Movimento puro, irrestrito; não resistência
Ri	Ohotonobe	Resistência que cria a forma espiral
Hi	Omotaru	Espírito puro; poder criativo em voo instantâneo
Ni	Kakashikone	Corpo; carregar, absorver, receber

Toda energia é resultado do movimento do espírito universal. Fora isso, não há energia. Esse movimento é dividido em oito aspectos. O movimento do espírito universal é *hikari*, vibração de onda leve e invisível. "Tudo que vibra e irradia é chamado de *hikari*, que significa 'correr (*kari*)' do 'espírito (*hi*)'. Quando a luz da mente e a luz da matéria estão em sincronia, todos os fenômenos aparecem. As oito vibrações pai trabalham como os elementos básicos da realidade."[14]

Ti-Yi: O Poder do Kokyu

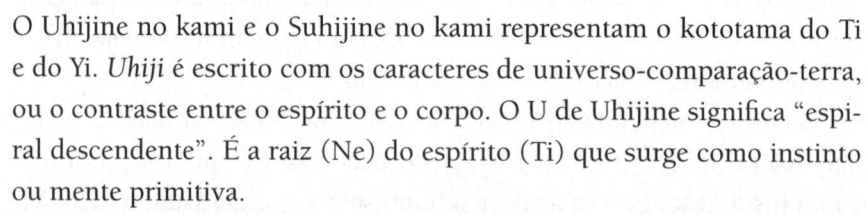

O Uhijine no kami e o Suhijine no kami representam o kototama do Ti e do Yi. *Uhiji* é escrito com os caracteres de universo-comparação-terra, ou o contraste entre o espírito e o corpo. O U de Uhijine significa "espiral descendente". É a raiz (Ne) do espírito (Ti) que surge como instinto ou mente primitiva.

O ki do Ta Ti Tsu Te To produz a plenitude de cada dimensão. Com a nossa primeira inspiração (Yi), o ki do Céu e da Terra são levados para o nosso ponto um. Com a nossa exalação (Ti) esse ki é então expelido horizontalmente. O ki do fogo, ao pressionar para fora, dá vitalidade ao sangue em nosso hara e promove a sabedoria em nosso espírito. É assim que ocorre o cruzamento entre o tate e o yoko.

Suhijine é Yi, a imóvel raiz da sabedoria que cresce verticalmente como uma montanha e nos estabiliza entre o Céu e a Terra. O kototama

■ *Figura 1.15. Cruz Celta.*

Aikitama:
O Espírito da Harmonia Universal

Ya Yi Yu Ye Yo tem a qualidade de permanecer no centro como ki da terra e unificar o ki do fogo e da água. O espírito puro do universo é a respiração criativa do Hi. Esse kototama que irradia para o infinito é polarizado em I e Wi, o impulso e a energia vital. Portanto, para que se inicie a criação, os dois devem se unir novamente. Essa unificação é consumada com a inalação do Yi.

Quando conduzimos o ar para dentro (Yi), a fagulha original da vida (Ti) é ativada e começa a expandir ao pressionar seu próprio centro. É essa a energia do *kokyu* (respiração), a plena sabedoria se contraindo e, desse modo, criando o Ta, a energia do contraste. Analogamente, a respiração do Yi abre-se como Ya, o início da autoconsciência. Juntos, o Ti e o Yi, perfazem o primeiro movimento na cruz de tate e yoko.

Pratique direcionando sua respiração para o seu ponto um e entoando Yi. Prossiga pressionando seu próprio centro para criar a energia do kokyu. O ponto de encontro entre o Yi e o Ti é o ponto de maior tensão espiritual. Você pode estudar dessa maneira como carregar o ki do seu parceiro para o seu próprio centro, com uma inspiração muito suave. Deixe que a energia do seu parceiro o estabilize na terra.

Quando você visualiza o poder de sua mente dessa maneira, a energia da unificação cresce juntamente com a fé no seu próprio centro, que é o kototama do I. O Yi-Ti é a imagem de um homem que está entre o Céu e a Terra, unindo-os. O ato de empurrar os outros leva à destruição, contudo, trazer a energia para nós mesmos nos conduz à sabedoria.

■ *Figura 1.16. Kurai dachi: O homem na posição entre o Céu e a Terra (com a espada).*

Ti-Yi, a energia do kokyu e da estabilização, deve ser praticado primeiro como *tai-atari*, ou o contato total do corpo, um encontro completo e direto entre a mente e o corpo. Quando a estabilidade (Yi) e a energia do kokyu (Ti) forem assimiladas como uma função unificada, seu parceiro será arremessado para trás, assim que ele fizer contato com você.

Quanto maior o poder do seu ki de expansão, mais estável você se torna em seu próprio centro e com a terra. Quanto mais forte seu parceiro empurrar o seu corpo, mais facilidade você terá de perceber a terra como fonte da sua energia. Você conseguirá mover o corpo do seu parceiro com tanta facilidade quanto move o seu próprio corpo.

É uma característica da filosofia oriental que o primeiro e mais básico ensinamento contenha também o segredo supremo. Com a sua primeira real respiração, pratique a unidade total por meio da energia kokyu. No início, isso será muito físico, contudo, levará ao desenvolvimento do ki e à sabedoria do Aikido.

Ki-Mi: Conectar e Manter no Interior — O Início da Forma

O Ki e o Mi são representados pelas divindades do Tsunugui no kami e Ikugui no kami. *Tsunu* aqui se refere à palavra *tsunagu*, que significa "atar (o ki)" e assim possibilitar a continuidade (*tsutsuku*). *Gui* é o abrigo de dois elementos do ki espiritual. A divindade para o kototama do Mi é Ikugui no kami. *Iku* é escrito com o ideograma vida. O significado oculto, portanto, *iki* wo *kumu*, "atar a respiração da vida (ki)". Esse é o poder do ki-musubi no Aikido.

Quando a grande tensão do ki universal é liberada no tempo e espaço relativo, o movimento e a forma são criados. Essa é a primeira volta da cruz enquanto transforma-se na roda da materialização. É mostrada no símbolo antigo chamado de *manji*. No original em sânscrito, era chamada de *sauvastica*. No silabário japonês katakana, foi reduzido à letra para o kototama do Ka. É o início da luz no mundo — o potencial da materialização.

O ki é o meio pelo qual nós prendemos ou focamos nossa atenção em alguma coisa. O kototama Ka Ki Ku Ke Ko trata de unir o ki a fim de liberar energia para o movimento. O-sensei referia-se a esse kototama como *sampeki*, o dragão que surge do Leste. Basicamente, é o começo do intercâmbio dinâmico entre yin e yang. É como soltar a embreagem

■ *Símbolo de manji e o símbolo katakana para Ka*

Aikitama:
O Espírito da Harmonia Universal

do automóvel e consequentemente a engrenagem da máquina; há uma súbita explosão de energia, força e movimento.

O ideograma para essas duas forças são figuras de uma corda sendo puxada para trás e uma flecha sendo solta. Como o kototama do Ki libera energia, o ritmo do Mi mantém a tensão e abriga o ki. Entendendo esse sentimento em seu corpo, você consegue criar o ki-musubi, a junção do seu ki com o de seu parceiro. É o ki do fogo e da água, e seu uso determina a criação da forma.

"De todas as forças que movem as coisas, nenhuma é mais rápida que o trovão. De todas as forças que inclinam as coisas, nenhuma é mais poderosa que o vento."[15] O kototama do Ki é a fonte da sensibilidade, e quando é estimulado libera energia como o trovão. O kototama do Mi é como a força do vento. "A característica desse trigrama é fazer as coisas fluírem para suas respectivas formas, fazer que se moldem no formato pré-configurado pela semente."[16]

■ *Figura 1.17.*
Liberando a tensão da resistência do parceiro.

A maior tensão do ki está no centro do nosso hara. É o conhecimento mental; interpretá-lo como rigidez física é um equívoco. Esse ki mantido internamente é a voz do Mi. No momento do contato com o uke, o ki é liberado, embora apenas 10% ou 15% deva ser liberados. Manter a maior parte de nosso ki no interior, cria um potencial dinâmico muito maior, que algumas vezes é utilizado na prática como *ki-ai*, ou grito, contudo, devemos também estudar a liberação silenciosa de energia.

A natureza do ki do fogo é a aderência, capturando as coisas e ligando-as tenazmente. Alternando entre o lado do dedo indicador (água) da sua mão e do dedo mínimo (fogo), você conseguirá mover seu parceiro tanto para frente como para trás e controlar o centro dele.

Ki e Mi se manifestam principalmente por meio do movimento das mãos e dos braços, de maneira que eles são as ferramentas principais para a criação da forma. É o *jutai*, o treinamento da sensibilidade e flexibilidade. A sensibilidade do seu toque causa a liberação natural de energia e molda o ki para a forma. De acordo com a sensibilidade do seu toque, leia a intenção do seu parceiro no momento do contato. Abrindo a sua mão, carregue o ki dele para o interior e libere o seu próprio ki para fora.

Para superar a força física com a flexibilidade, é necessário distinguir o ki do fogo e o ki da água em movimento. É impossível estabelecer o fluxo correto de ki se sua forma estiver incorreta. Se, em seus movimentos, a progressão ordenada do ki do fogo carregando o ki da água é negligenciada, os segredos da técnica do Aikido não serão revelados a você, independentemente de quanto você treine.

Si-Ri: Transpassar e Girar ao Redor

A natureza do Si e do Ri é mostrada nos nomes das divindades que as representam, Ohotonoji no kami e Ohotonobe no kami. *Oho* significa *dai*, ou grandeza. É a energia do movimento da qual nascem todas as coisas. *Tono* é um termo do mais alto respeito, significa "senhor" ou "governante" — a divindade que preside o santuário.

Si e Ri são a conclusão ou resultado final tanto da forma como do sentimento. Assim como o Ti-Yi é muito físico; o Ki-Mi cria a sensibilidade; no Si-Ri está o reino da consciência, o produto final do nosso espírito e alma. Si é o *omou*, que tem dois significados "peso" e "pensamento".

A descida ou concentração de nosso ki manifesta a consciência como mana, pensamento e inspiração. No misticismo tibetano é a raiz da sílaba

*Figura 1.18.
Si-Ri no Katate tori shiho nage.*

Om ou Aum. O som final, *ji*, é escrito com a letra para terra. Em outras palavras, é o fundamento de tudo que está destinado a ser grandioso.

Ohotonobe, a divindade do Ri, é definida pelo kototama do He ou Be, que significa "discernimento", "moderação" ou "equilíbrio". O kototama do To, nesse caso, significa "o juízo de valor das coisas", ou *hakaru*. A energia do Ri é denominada *shizumeru*, que significa "acalmar", "usar o poder da razão" ou "manter as coisas sob controle".

O Ri é também lido como *kotowari*, que literalmente significa "o princípio da palavra" ou "razão pura". O Si é nossa antena espiritual, que permite a percepção intuitiva. Ri é o poder da razão, daquilo que torna a consciência efetiva. Manifesta como forma, é uma espiral, a completa forma das técnicas *ryutai*.

Manifestar o princípio do Aikido como suberu, ou forma espiral da técnica, é produzir o kototama do Si e do Ri. O Si transpassando o centro e o Ri transformando esse ki na forma espiral são ilustradas acima com a

Aikitama:
O Espírito da
Harmonia
Universal

técnica Shiho nage. Essas duas energias trabalhando juntas transformam efetivamente o corpo inteiro num movimento espiralado.

O Aikido no nível ryutai é prático, econômico e gracioso. As técnicas ryutai manifestam a precisão do julgamento do ki da dimensão E, equilibrando forma e sentimento espontaneamente no momento. Se o seu julgamento for nítido e correto, sua forma estará de acordo e seu sentimento estará plenamente vivo, contudo sem rigidez física.

Os kototama Sa Si Su Se So são o ki da não resistência, e portanto o movimento é suave, rápido, veloz. Manifestar esse sentimento em sua prática, significa transpassar a resistência de seu parceiro sem confrontá-lo. É um domínio de alto nível. Os kototama do Ra Ri Ru Re Ro têm a capacidade de receber a energia do seu parceiro e moldá-la numa forma espiral eficaz.

Esse é o significado do *tai-sabaki*, ou julgamento em movimento. Esse molde deve sempre manifestar o princípio de espiral do Aikido. Se houver qualquer manipulação, o kototama do Ri se perde. O Ri é o fulcro da criação. Sem o princípio, nossos esforços se tornam ineficazes; e não teríamos alegria nem liberdade em nossa vida.

De acordo com o grau em que manifestamos nosso ki de Si e Ri, nossos movimentos passam a fazer espirais cada vez maiores, sem nunca perder o controle. Portanto, o movimento de um mestre parece ser muito direto, embora nunca chegue a uma colisão de forças.

Si é como um mestre empunha uma lâmina no ar. O Ri é o controle sutil da lâmina, que vem da profundidade de nosso centro. É a mente que, sem restrições, move-se livremente, atravessando a desilusão.

Dizem que O-sensei costumava sussurrar o som do Su enquanto se movia executando suas técnicas. Eu frequentemente reparava na maneira como sensei Yamaguchi, meu próprio mestre, entrava no tatame. Ele parecia expirar com o som do Su, vagarosamente, quase inaudível, e assim sua mente e sentidos ficavam num estado pacífico antes da prática.

Devemos lembrar que o princípio do movimento é o princípio da mente. Não subestime o poder da mente. É nossa capacidade de criar uma imagem de beleza e eficácia que torna possível manifestá-la. A palavra para criação é *souzou*, que também significa "o poder do pensamento", contudo, para ser eficaz, esse pensamento deve estar baseado na realidade e não em mera imaginação.

Hi-Ni: A Energia Criadora — A Energia Receptiva

No Xintoísmo, o kototama do Hi é chamado de Omotaru no kami, e o Ni é o Ayakashikone no kami. Omotaru é a divindade que tudo doa, continuamente, mas mesmo assim permanece perfeita e completa. *Omo* é *omote*, que significa "todas as coisas reveladas" ou "nada oculto". *Taru* é "ser suficiente". É ser perfeito e completo como você é, sem nada lhe faltando. O nome Ayakashikone significa "a raiz" (*ne*) da "sabedoria, reverência e graça" (*kashiko*) manifesta em "forma" (*aya*).

Não pode haver aqui arrogância ou orgulho, nenhuma noção do saber. O espírito do Hi-Ni age de acordo com o que dita o momento, sem uma missão autodeterminada. A verdadeira sabedoria está em uma ação desprendida, não em palavras ou ensinamentos grandiosos. Devem ser lembradas as palavras de Lao-Tzu: "O líder com virtude absoluta trabalha sutilmente. Ele ajuda a todos, embora o povo tampouco perceba sua existência."[17]

Os ritmos do Hi e do Ni são chamados de poder de unificação (*goryoku*) e separação (*bunryoku*). Goryoko é a combinação de todas as forças; bunryoku em japonês é definido como "componente de uma força", é a parte que contém a essência do todo. Unificação aqui se refere ao estado inexaurível do ki espiritual — a função do Ha Hi Hu He Ho. Esse ki, no momento em que atinge as extremidades do universo, torna-se a energia do reconhecimento, que distingue o sujeito do objeto e manifesta o mundo. Como vimos antes, o impulso e a energia vital (I-Wi) aparecem como os lados subjetivo e objetivo do ritmo do Hi, ou espírito puro.

O kototama do Hi é o espírito puro do fogo envolvendo os céus, que se manifesta como o círculo do Sol. Em contraste, o espírito da água (Mi) é associado com a Lua e torna-se o ki pelo qual a energia vital (Wi) controla as marés.

Hi é espírito, ou ki, como o verdadeiro corpo. Mover todo o seu ser como espírito e ki. Isso é percebido quando um pequeno movimento torna-se eficaz. Para o mestre, esse movimento integral do corpo pode se manifestar com o mero movimento do dedo mínimo. "A parte é igual ao todo." Isso é Ni, ou bunryoku, o poder das partes. É por essa razão que o mestre parece mover-se muito pouco, embora ele nunca possa ser impedido.

No mundo do espírito puro (Hi), a criação começa com o nascimento do sujeito e do objeto. A respiração do Céu (Ha) atinge o extremo do universo, dando origem a A e Wa. Atinge o extremo do universo e irradia como luz do ki. "E Deus separou a luz da escuridão."[18]

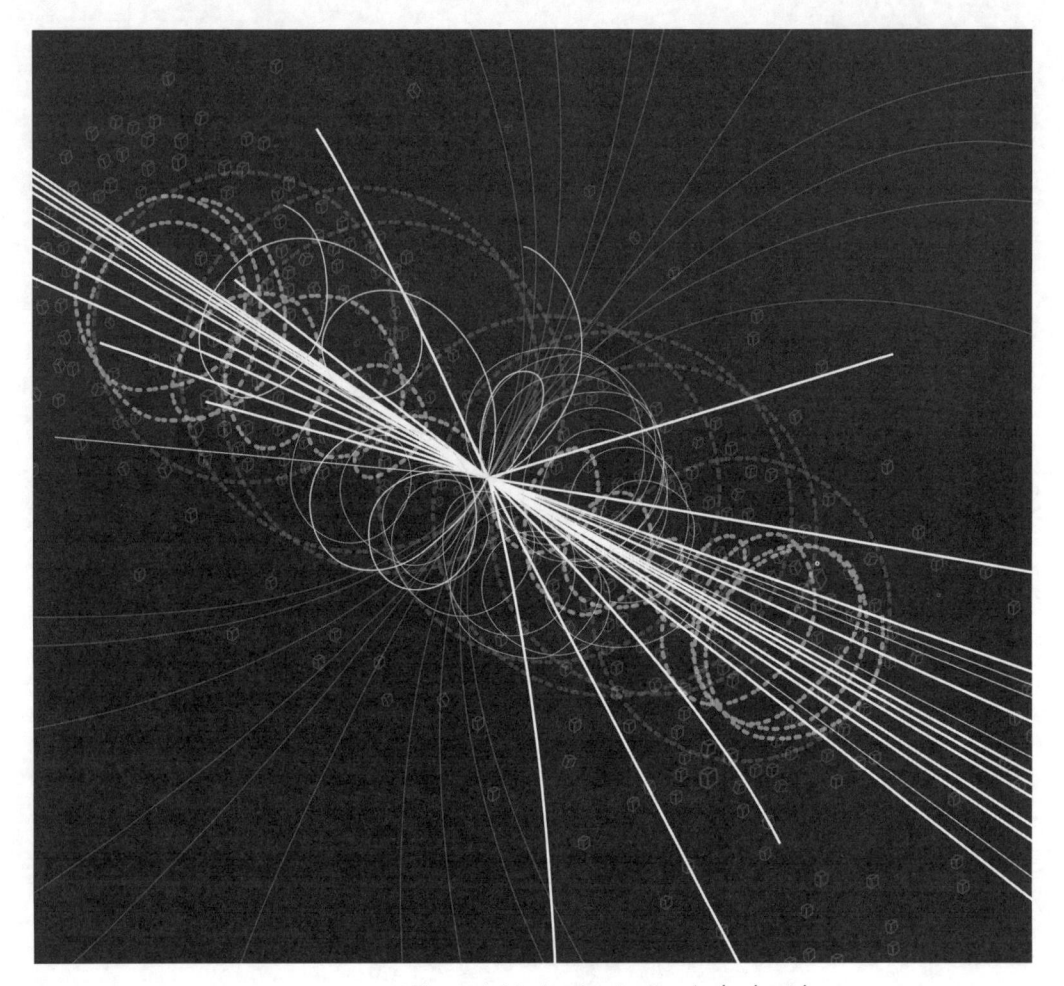

■ *Figura 1.19. A primeira partícula de vida.*

Essa é a luz da consciência. Não é a luz que vemos, mas a luz pela qual nós enxergamos. A primeira partícula de luz e mente não deve ser interpretada como algo fora de nós. Assim como acontece no Céu e na Terra, também acontece dentro de cada aspecto de nosso ser.

Quando a criação for concluída, a humanidade, dando vida à sabedoria, permanecerá no centro e unificará todas as aparentes dicotomias. É o kototama do Ya Yi Yu Ye Yo. Dessa maneira, o início e o fim são uma vez mais unificados. O poder criativo do Ha Hi Hu He Ho retorna, uma vez mais, para Yi-Ti, a estabilização do ki na forma de cruz. Quando o poder criativo do Hi ficar arraigado ao Ni — a força absorvente da terra —, haverá a completa intimidade do corpo e do espírito.

Essa é a manifestação da luz divina na forma humana, o significado definitivo de Logos. Ni pode também ser interpretado como *ninau*, ou carga. A reverente humildade e graça do Ni brilham na figura de Kannon sama, a deusa da misericórdia que ouve o choro do mundo e responde imediatamente.

A linha do Na Ni Nu Ne No é a essência do corpo e da terra. É o ponto de encontro da inspiração e expiração. Inspirando com o kototama do Yi, trazemos o ki para o nosso centro. Carregando esse ki com o kototama do Ni, a técnica se revela. Finalmente, exalando, liberamos toda tensão e seguimos a descida de nosso parceiro. Essa é a base do treinamento kokyu do Aikido.

Os ritmos do Hi e Ni estão relacionados à prática *kitai*. No treinamento *kotai* do Ti-Yi, enfatizamos o contato do corpo todo em ataques como *ryote tori*. No treinamento *jutai* do Ki-Mi, nosso contato gira em torno do tekatana ou "espada de mão", a face lateral da mão do lado do dedo mínimo, nunca fazendo contato total com a palma da mão, que é o ki da terra.

No treinamento *ryutai* do Si-Ri, praticamos o suberu, o deslizamento, quase não há contato e nos harmonizamos com o movimento do parceiro. É também uma conexão total do corpo, embora muito diferente do *tai-atari* do treinamento kotai. Se chegarmos ao nível de maestria no Hi-Ni, nosso contato passará a ser apenas mental.

O contato do Hi-Ni deve ser instantâneo e não físico. Trata-se de receber e exercer influência sobre o ki de seu parceiro com sua mente e ki, mesmo antes de ocorrer o contato. Manifestar o Hi e Ni significa tornar-se o mais sensível dos receptores, da energia do uke.

Para que um treinamento kitai seja bem-sucedido, devemos compreender a unidade desde o princípio. Movemo-nos livre e harmoniosamente, manifestando a forma espiral do *irimi-tenkan*. Essa habilidade deve estar bem sedimentada no treinamento kotai, jutai e ryutai, se quisermos ter resultado prático.

■ *Figura 1.20. Kannon da luz (pintura de Daniel do Amaral).*

Aikitama:
O Espírito da
Harmonia
Universal

■ *Figura 1.21. Quatro exemplos de kitai waza — conduzindo a mente do uke apenas com o hara.*

Aikitama:
O Espírito da
Harmonia
Universal

2 ■ SANGEN

O Princípio Único do Monismo Dinâmico

■ *Sangen* 三元

MONISMO DINÂMICO

A palavra *princípio* é utilizada para denotar regras, teorias e, às vezes, até mesmo atitude ou opinião. Contudo, existe apenas um princípio — aquele que governa todas as coisas. É o chamado "princípio único". É o princípio sob o qual todas as coisas no mundo natural funcionam. No Xintoísmo japonês é chamado de *sangen* — as três origens representadas pelos símbolos do triângulo, círculo e quadrado.

O triângulo representa o movimento para a frente, que tem início num simples ponto e se expande. O círculo é criado pela continuação desse movimento e, portanto, é realmente todo movimento manifesto e as formas que cria. O quadrado representa a estabilidade do ponto um, que se expande em oito direções. A combinação desses três aspectos cria o suberu, o princípio espiral do Aikido.

A palavra *suberu* tem o significado duplo de "deslizar" e "governar" ou "controlar". Su é o ki da não resistência, e Ru é a resistência que molda esse ki para a vibração e a forma espiral. O kotodama do Be é criado de He, que indica o perfeito equilíbrio entre tate e yoko, as oito energias. É esse equilíbrio que permite deslizar sem encontrar resistência do seu parceiro ao movimento.

Resumindo, o princípio único é a função tríplice do monismo dinâmico.* Sua aparência visível é o trabalho do yin e yang, ou o ki do fogo e o da água, embora sua essência transcenda a ambos, o relativo e o absoluto.

---

* O princípio do monismo dinâmico indica que não há nenhuma entidade separada na natureza ou no universo e que todas as coisas são interdependentes e estão em constante movimento.

No Budismo e no Aikido, o princípio que governa essa realidade tríplice é representado especificamente pelo símbolo do triângulo. O-sensei descrevia da seguinte forma: *A polarização do U é o início do dharma, ou lei universal. Esse é o mistério divino* (himitsu) *da função universal.*

Sangen, ou as três origens, está sempre em um estado de transformação. Quando a expansão infinita da dimensão A nasce do Mu-Su-U, não há nada além da expansão. Isso é absoluto. Por essa expansão encontrar-se consigo mesma, há a expansão e também a contração, ou relatividade, dentro do absoluto. Portanto, não pode ser chamado nem de relativo e nem de absoluto.

Um dos preceitos básicos do Budismo é "pratique o bem, não crie o mal". Em outras palavras, não há nada que seja inerentemente mal. A essência do universo e a da natureza são 100% positivas; é apenas em virtude de nossa perspectiva relativa que a negatividade é percebida. Por outro lado, não há possibilidade de uma existência absoluta ou perfeita fora da sua manifestação relativa.

Sem as ferramentas da polaridade, nem mesmo o absoluto poderia criar algo. De maneira que o ki do fogo e da água podem ser interpretados como a mão direita e a esquerda de Deus. Eles são chamados de *himitsu*, ou o segredo do universo. Esse segredo é o princípio do ki do fogo (Hi) e da água (*mitsu* ou *mizu*).

Para que o ki do fogo e da água, que são os ingredientes ativos do movimento, possa executar sua função, deve nascer continuamente do ki da terra, a fonte infinita. Esse nascimento contínuo de vida é o princípio; é o grande segredo da vida porque sua função não pode ser apreendida através do intelecto. Nas palavras do mestre zen Dogen: "Prática é iluminação." Não há saber verdadeiro fora da experiência imediata ou prática.

A base da realidade é a terceira dimensão. E é dentro da terceira dimensão que todas as outras dimensões existem. Dentro desse contínuo e dinâmico movimento, o perfeito equilíbrio de opostos nunca ocorrerá; portanto, a cruz do tate e yoko, ou o ki do fogo e o da água, está sempre em movimento. A realidade nunca está completa, ela sempre se encontra em estado de transformação. É sempre dois e algo mais, ainda que nunca três.

Os três pontos do triângulo são tradicionalmente representados pelos elementos fogo, água e terra. Na cruz, são representados como tate, yoko e centro. No Aikido, entendemos a terra como a fonte unificada, o fogo e a água como a polarização, ou yin e yang, da origem que tudo abarca. O ki do fogo direciona para dentro e guia o movimento. O ki da água empurra para fora, seguindo e mantendo o curso.

O ki da terra é o ki do hara, a origem do movimento. O movimento, no entanto, já está dividido em ki do fogo e da água. Embora o ki do fogo direcione para o interior, sua aparência é ativa e centrífuga. Mesmo que a água empurre o ki para fora, sua aparência é passiva e centrípeta. O ki da terra é a fonte, contudo, é também o produto final, o corpo em si. No ensinamento xintoísta, temos *reishu*, *shinju*, *taizoku*, ou seja, o espírito guia, a mente segue e o corpo une. Entretanto, espírito e corpo são interdependentes e crescem mutuamente. Se os vemos como um, eles já são dois. Se os vemos como dois, já estão na tríplice função da unidade. A realidade essencial não pode ser apreendida pela mente conceitual.

No Japão, o famoso e belo Monte Fuji é o símbolo desse princípio; seu formato de cone mostra claramente como a forma triangular é vista como os dois lados de uma realidade indivisível. O nome Fuji pode ser interpretado como "não dois". Nós vemos dois lados, contudo, não há uma perspectiva de onde possamos ver a realidade tríplice.

O dois é uma roda sem eixo; não vai a lugar nenhum. É a explanação filosófica de uma realidade inatingível. O terceiro fator é o eternamente porvir, o não nascido. É a realidade última do manifesto, do que a percepção capta. Pode ser percebido apenas quando o *self* é esquecido. Nesse momento, é ouvido no som do rio fluindo, no canto de um pássaro ou na longa estrada percorrida.

Sem essa fonte, o princípio do fogo e da água, do yin e yang, ou do tate e yoko tornam-se dualísticos e vazios de conteúdo espiritual ou valor prático. Explicações conceituais nunca podem apreendê-lo. O princípio deve ser assimilado na prática como unidade dinâmica. Devemos estar bem esclarecidos a respeito da unidade essencial de todas as coisas.

No Tao-Te King temos: "O caminho dá origem a um, um dá origem a dois; dois dá origem a três; e três dá origem a miríades de criaturas."[1] Isso é facilmente mal-interpretado, como se o manifesto fosse originário de uma essência preexistente, embora essa essência não seja diferente daquilo que a produz. A vida cria continuamente a polaridade dentro do grande vazio universal e então unifica-o entre os dois lados. É o início sem início e, portanto, também sem fim.

Mesmo que fosse possível ter um oceano sem ondas, é impossível ter ondas sem o oceano. Mesmo que fosse possível ter planície sem montanhas e vales, não é possível ter montanhas e vales sem a terra. Nossa verdadeira existência aqui e agora fica como prova da unidade definitiva

Figura 2.1. Monte Fuji (pintura de Katsumi Sugita).

da origem que renasce continuamente em formas sempre mais evoluídas, como se a natureza se autoavaliasse.

Para captar uma realidade que está sempre em movimento, devemos ver ambos os lados de qualquer equação. Aqueles que permanecem rígidos de um lado ou de outro não conseguem descobrir o centro, do qual depende a percepção. A separação entre o relativo e o absoluto é criada pelas limitações, ou barreiras da nossa própria percepção imperfeita. Mesmo Jesus Cristo, o grande sábio do Cristianismo, recusava-se a especular sobre a origem. "Se a carne se fez por causa do espírito, é maravilhoso. Mas se o espírito se fez por causa do corpo, é a maravilha das maravilhas. No entanto, o que me surpreende é como tão grande riqueza faz sua morada nessa pobreza."[2]

O Sangen, o princípio único, é o fundamento de todas as nossas maiores tradições religiosas. Esse ensinamento é ancestral, data de antes do Kannagara no michi, o Xintoísmo original. Transmitido como a cosmologia do antigo povo adorador do Sol, chegou à Índia por volta de 400 a.C. No Hinduísmo, é expresso como a trindade de Shiva, Brahma e Vishnu. Esses, por sua vez, simbolizam o kototama U, A e Wa.

Talvez seja esse o registro mais antigo do que se tornou a trindade Cristã. O Cristianismo chama de Pai, Filho e Espírito Santo. O Pai é a força criativa do Céu, o Filho é a humanidade, e o Espírito Santo é o que o Budismo chama de *dharma*, as leis do movimento universal. Em outras

Sangen:
O Princípio Único
do Monismo
Dinâmico

惟神之道

■ *Kanagara no michi*

水氣

■ *Miki*

palavras, o Espírito Santo é todo o mundo manifesto e também as leis que governam seu movimento.

A expressão taoísta do sangen é *ten*, *jin* e *chi*, ou seja, Céu, homem e Terra. Também pode ser expressa como espírito, mente e corpo. Considerados separadamente, cada um deles é absoluto em si e de si mesmo. Por essa razão, são representados pela forma mais simples que pode ser desenhada pelas linhas retas ou absolutas.

A FUNÇÃO DO KI

O ki da Terra, ou *tsuchi no ki*, é o ki do centro. No nosso corpo é o hara, a fonte do nosso ki e do nosso sangue. É o ponto que dá origem à vida e ao movimento. O ki da água, ou *mizu no ki*, é feminino e relaciona-se com a terra. É o ki da materialização. Mizu no ki abreviado como *miki* significa o lado direito, o lado mais físico do corpo. Esse ki é predominante na mulher, que o direciona para cima da terra para criar sua essência yang. Ao mover-se para a direita, esse ki transforma-se numa espiral de materialização no sentido horário. Esse é o ki da água da Lua subindo no leste.

Hi no ki, ou ki do fogo, é masculino e relaciona-se com o Céu. Hi no ki relaciona-se com o lado esquerdo do corpo e é chamado de *hitari*. O ki do fogo é mais forte no homem, que o direciona para baixo do Céu a fim de criar sua essência yin. Ao mover-se para a esquerda, torna-se uma espiral de espiritualização no sentido anti-horário. Esse é o ki do fogo do Sol se pondo no oeste.

Apesar de o lado direito do corpo ser originalmente do ki da água, ele torna-se o ki do fogo quando o movimento se inicia no lado direito. Sentados diante do altar do Aikido unimos nossas mãos. Tomamos nossa mão direita e descansamos nossos dedos sobre a palma, colocamos a mão esquerda, o lado espiritual, na posição dominante.

Em seguida, tomamos nossa mão direita e batemos na esquerda. A mão direita parada é o ki da água, contudo, aqui ela inicia o movimento, portanto, faz o papel do ki do fogo. Nossa mão esquerda, que é normalmente o ki do fogo, recebe a palmada e produz o som. Portanto, nesse caso torna-se o ki da água.

Quando a água e o fogo são interpretados dentro dos cinco elementos, o resultado é o mesmo. Do ensinamento de Yamaguchi Shido: *Em outras palavras, a madeira é o ki da água, e o metal, o ki do fogo. Golpeando o metal com a madeira, o metal torna-se água e cria o som. Golpeando a madeira com o metal, a madeira volta a sua natureza original e produz som*. O princípio deve ser pesquisado dessa forma para os treinamentos de Aikido.

O princípio é a função tríplice do espírito universal, o kototama do Su. O ki do fogo e da água são ativos e aparentes. O ki da terra é o mundo manifesto, embora sua essência mantenha-se sempre oculta. É como na história; não tem existência a menos que se manifeste a partir de leis particulares, eventos ou exemplos. O ki da terra, entretanto, unifica todas as leis e eventos, incluindo a aparente dicotomia entre o relativo e o absoluto.

■ *Hitari*

O ESPÍRITO E A FORMA DO PRINCÍPIO

O puro ki do fogo não tem forma; é o corpo do fogo. O puro ki da água não tem forma; é o corpo da água. O corpo universal não tem limites. O ki do fogo e da água preenchem o universo inteiro sem interromper um ao outro. Essa é a realidade subjetiva do espírito puro. É o ki indivisível sem a mínima brecha.

É essa polaridade que dá início ao movimento do corpo. *O ki do fogo move, e o ki da água é movido*. Direcionando para dentro e criando o centro, o movimento tem início com a respiração do ki do fogo. Quando existe movimento, existem o ki, a mente e a forma. Sem movimento, até mesmo as rochas e montanhas desapareceriam da face da Terra.

Segundo as palavras do mestre zen Dogen: "Se você duvida do caminhar das montanhas, é porque você não conhece seu próprio caminhar. Se você quer entender seu próprio caminhar, deve também entender o caminhar dessas verdes montanhas. Se esse caminhar realmente cessar, o Buda e os ancestrais podem não aparecer."[3]

O movimento começa com a intenção, e é criado pelo nosso desejo. Com a nossa primeira inspiração, o kototama do Yi, o ki do Céu e da Terra, é direcionado para o nosso ponto um e unificado. "A energia é igualmente distribuída entre os quadris e o hara. [...] Pela unificação de ambos em um, o centro correto de energia é gerado. Passa pelos nervos espinais, a partir do plexo de nervos sacrais, e termina o trabalho do centro cerebral de formação de ideias."[4]

Quando nossa mente está seguramente focada em nosso ponto um, há apenas a percepção intuitiva e nós recebemos a força do nosso parceiro no ponto um. Isso torna possível a unidade. Se sua mente vai para o local de ataque do seu parceiro, o fluxo do ki e a respiração param, e uma tensão física é criada. O que impossibilita a unificação.

Quando a forma do fogo é revelada, é a água dentro do fogo e sua função de queimar que tem início. Quando a forma da água é revelada, é o fogo dentro da água e sua função de fluir que tem início. A função de queimar, nesse caso, significa o movimento do ki da mente. A função de fluir refere-se ao movimento físico. É o nosso ki que se move e, consequentemente, o nosso corpo se move. O movimento do corpo ou da mente é sempre uma mistura do ki do fogo com o da água.

O movimento começa no nosso hara e, especialmente, no nosso ponto um, embora seja o movimento da mente e da respiração. Quando estamos realmente centrados no nosso ponto um, nossa mente não se surpreende e nossa fé permanece firme. Nesse caso, apenas o movimento da nossa mente pode ser suficiente para controlar uma situação antes mesmo que ela tenha início. Com o ponto um mantendo o centro do tate e yoko, estamos automaticamente prontos para descobrir a forma correta.

Ficando entre o Céu e a Terra e recebendo o ki do Céu e o da Terra, a forma do tate e yoko parte do nosso ponto um. Ficando no centro e equilibrando todas as oposições é a prática de permanecer no ame no uki hashi, a ponte flutuante do Céu. Essa é a maneira adequada de trabalhar com as oito energias. Quando o princípio do tate e yoko é mantido, a forma espiral, o kototama do Ru ou Ryu, manifesta-se em nosso movimento e técnica.

■ *Figura 2.2. O equilíbrio das espirais opostas, o kototama do Ru (Ryu) (de Matsuzo Hamamoto,* Bansei Ikkei no Genri to Hanya Shingyo no Nazo*).*

TATE E YOKO EM MOVIMENTO E FORMA

Ao tentar criar a forma da técnica diretamente, você inevitavelmente cairá no equívoco da manipulação. A forma correta do Aikido deve nascer da manutenção do tate e yoko em movimento. O Aikido de um mestre acontece no interior do corpo e é complementado apenas por um movimento da mente. Um não iniciado não consegue ver isso. "Acredito que não se pode dizer que um Aikido é genuíno a menos que a técnica pareça falsa aos olhos do observador."[5]

Sangen:
O Princípio Único do Monismo Dinâmico

縦
■ *Tate*

横
■ *Yoko*

■ *Figura 2.3. A cruz do tate e yoko sobre o corpo humano.*

TATE	YOKO
Principal	Secundário
Conexão mental	Conexão física
Espírito (unificação)	Corpo (separação)
Linhas retas	Linhas curvas
Ki do fogo na quietude	Ki da água na quietude
Ki da água em movimento	Ki do fogo em movimento
Vertical (subir e descer)	Horizontal (girar)
Linear (*irimi*)	Circular (*tenkan*)
Estender	Girar
Direto (*yang-omote*)	Indireto (*yin-ura*)

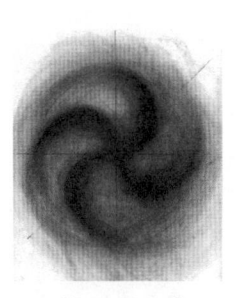

■ *Figura 2.4. As linhas cursivas da cruz sobre as linhas vertical, horizontal e diagonal.*

Com a inspiração e a expiração, a cruz do tate e yoko começa a girar, e a força motriz do movimento nasce. Tate e yoko começam a circular e mudar de posição e nasce a cruz fluida do ki do fogo e da água. *O ki do fogo está originalmente no reino celestial, contudo, expandindo, ele desce em direção a terra. O ki da água é originalmente da terra, contudo, ao subir, espirala nos céus.*

Sangen:
O Princípio Único
do Monismo
Dinâmico

Figura 2.5. O fogo desce em direção à Terra, a água se ergue para o Céu.

A cada inspiração, o impulso vital direcionará as linhas retas do ki da dimensão I para seu centro. A cada expiração, a forma fluida da mente e da matéria é expressa. No seu movimento, as linhas retas do ki da dimensão I deveriam percorrer e manter as linhas curvas da forma visível, o reino da dimensão E. De acordo com o grau em que se manifestam, no seu sentimento, as linhas retas do ki da dimensão I, sua forma produzirá espirais cada vez maiores, aumentando sua beleza e eficiência (veja a figura 3.26 na p. 117).

Concentrando sua mente no seu ponto um, e encontrando a coroa de sua cabeça, seu corpo deverá estar livre de tensão, contudo seu ki deve estar firme (tenso), conectando com seu parceiro sem deixar nem ao menos o mínimo intervalo. A tensão mental do seu foco deverá descer para seu centro e também estender para a ponta de seus dedos — a periferia do seu corpo. Dessa maneira, o seu corpo físico fica relaxado e mantido pelo seu kokyu, sendo assim, seu parceiro não conseguirá entrar em seu espaço.

O ponto um, ou tanden no ichi, não é um órgão físico; não possui nenhuma contrapartida física. É o centro do ki no corpo, e sua efetividade depende do nosso conhecimento e do grau de fé que temos nele. Manter seu foco no seu ponto um independentemente da oposição externa é extremamente difícil, contudo, essa é uma das partes mais importantes do treinamento do Aikido. É esse o significado real de fé. Quanto mais profundamente você estiver arraigado no seu ponto um, mais a energia da dimensão I aumenta.

No processo de desenvolvimento gradual dessa fé, é necessário estudar continuamente o equilíbrio entre o tate e o yoko, entre o ki do fogo e o da água. Quando esse equilíbrio dinâmico torna-se naturalmente correto, a obstrução do ponto um para receber é removida e você receberá um *feedback* contínuo do ataque do seu parceiro. Dependendo desse *feedback*, a sabedoria da dimensão I torna-se mais profundamente arraigada no seu centro. Independentemente do grau de energia do seu parceiro, mantenha sua mente no seu próprio ponto um, estenda o ki para a ponta de seus dedos, e evite a tensão em seus braços.

Controlar o equilíbrio sutil entre o movimento vertical e o horizontal depende de estar centrado no ponto um. Você precisa unificar-se com a energia do seu parceiro antes de dar a ela uma nova direção. Uma resposta perfeita só pode emergir de um perfeito receptor. À medida que você desenvolve a sensibilidade receptiva, ficará cada vez mais apto a criar espontaneamente uma nova direção de acordo com a liberdade do movimento.

A regra mais básica do tate e do yoko é que o tate deve sempre ter prioridade sobre o yoko. Tate é o ame no hashi date, o ki espiritual unificado do Céu e da Terra. O yoko distribui esse ki como energia física. A fonte da energia do Aikido, portanto, está sempre no plano vertical. Contudo, a distribuição dessa energia vem do giro horizontal da parte superior do corpo. Isso deve ser sutil para que a fonte vertical dessa energia não seja destruída.

Ao entender essa relação, fica claro que *superior* sempre controla o *inferior*. O relacionamento entre superior e inferior é vertical, embora o controle seja exercido pelo movimento horizontal. Uma folha caindo da árvore, por exemplo, move-se para a esquerda e para a direita enquanto desce. Dessa mesma maneira, você controlará facilmente seu parceiro movendo-o horizontalmente e de cima.

A linguagem do corpo não mente. O movimento do seu corpo e o modo como você resolve problemas físicos revelam claramente sua percepção da realidade. Se assim não fosse, não seria possível causar uma mudança espiritual profunda por meio da prática do Aikido. "A verdade não existe separada da forma. A verdade na forma é a realidade."[6]

No Aikido de um mestre, a subida e a descida do corpo é praticamente invisível; ela foi internalizada e é complementada apenas pela mente. Para o iniciante ou mesmo um aluno intermediário, no entanto, isso deve ser enfatizado em todas as técnicas até que a fonte vertical da energia kokyu seja claramente entendida.

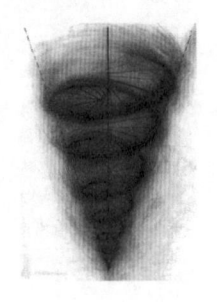

■ *Figura 2.6.*
Espiral ascendente.

No Aikido os braços não devem exercer esforço físico em qualquer direção que seja; contudo, o seu ponto um deve trabalhar em todas as direções. Usar seus braços para elevar ou deter o corpo do seu parceiro para a direita, a esquerda ou qualquer direção que seja destrói a possibilidade de unificação. A primeira espiral do Aikido ascende.

Na quietude, tal como na meditação ou antes do movimento, o plano vertical (tate) está ativo como ki do fogo. No movimento, torna-se ki da água, o receptor passivo. Nesse caso, seu movimento para a frente (tate) torna-se o ki do fogo, e o giro do corpo (yoko) torna-se o ki da água.

Basicamente, uma pessoa tem tanto um ki como o outro, embora o poder de sua concentração aumente sua eficácia. Como você mantém o seu ki e o direciona é o que conta. Inale suavemente com o som do Wi, abaixe seu corpo (tate) e direcione o ki do uke para o seu centro. No momento da unificação, mande o seu ki para o espaço comum entre vocês. O leve giro de sua cintura vira o corpo do uke para longe e leva o ki dele para cima, em uma espiral ascendente.

Simplesmente elevar, abaixar e girar o corpo é o primeiro exemplo do movimento tate e yoko. Se você aperfeiçoar essa maneira de mover-se e de sentir, poderá fazer com que o ki do uke suba independentemente do tipo de contato que você tenha com ele. Ao subir, o equilíbrio dele enfraquece, e o peso natural do seu corpo será suficiente para que o uke caia. Se o ki vertical não for predominante sobre o giro do seu corpo, você perderá a conexão com o uke e sua técnica falhará inevitavelmente.

A segunda relação tate-yoko é entre o movimento para a frente e o giro, ou *irimi-tenkan*. Nesse caso, o ki do fogo torna-se o espírito do irimi entrando diretamente para o ataque do seu parceiro, e o giro da sua cintura libera o poder do ki da água. Irimi é o espírito básico do Aikido. Tenkan pode ser entendido como a continuação do irimi, não como um movimento em si.

Para ser eficaz, deve sempre haver yang dentro do yin e yin dentro do yang. O irimi não será bem-sucedido se não tiver um certo grau de tenkan, e vice-versa. A mão que conduz o movimento e direciona o ki para dentro é o ki do fogo. A mão da água faz uma conexão física mais forte e direciona o ki para fora. Suas duas mãos como unidade, entretanto, direcionam o ki para fora do corpo do uke. O foco do seu hara equilibra isso, pois envia o ki, contínua e diretamente, para o hara do uke enquanto você faz o movimento.

Na técnica *morote tori*, por exemplo, seu parceiro segura um de seus braços com ambas as mãos. Se você empurrar contra a força dele com

Sangen:
O Princípio Único
do Monismo
Dinâmico

■ *Figura. 2.7. Espiral ascendente do Katate tori irimi kokyu nage.*

■ *Figura 2.8. Entrando com o Katate tori irimi.*

suas mãos, perderá. Em vez disso, você deve usar o mudra do fogo para levar o ki dele para fora do corpo enquanto você mesmo recebe esse ki. Dessa maneira, você pode usar a energia do uke para levantar o seu próprio braço.

O terceiro exemplo importante do tate e yoko é o movimento dos braços. Equilibrar o yin e yang das mãos requer, uma vez mais, que o tate mantenha-se dominante sobre o yoko. O movimento natural dos braços inclui apenas extensão, retração (tate) e giro (yoko). Se o equilíbrio do ki do fogo e o da água nos seus braços estiver correto, seu parceiro cairá livremente, como se estivesse num vácuo.

A mão do fogo (*hi no te*) e a mão da água (*mizu no te*) alternam-se como fatores dominantes na técnica, contudo, o fogo sempre conduz o movimento. A mão do fogo é ativa e controla a mente do uke, procurando seu centro ou ponto vulnerável, no qual o *atemi* pode ser aplicado. É uma conexão fisicamente frágil e, portanto, não pode ser usada com sucesso para fazer força. Entretanto, você sente essa conexão como a mais substancial e importante.

A mão da água é apenas uma conexão física e, portanto, não deve ser usada para fazer força. Deve ser encarada como sem substância. Existe apenas como uma ponte ou condutor passivo, direcionando a periferia do movimento. Essa ponte torna possível estabelecer a conexão de hara para hara com o uke. Em resumo, nenhum dos braços deve ser usado para fazer força.

O hara é a terra do ki, a fonte do ki do fogo e da água, e, novamente, mesmo essa energia deve equivaler à pressão de apenas algumas poucas

■ *Figura 2.9. Morote irimi nage: conduzindo o uke com suas mãos presas por ele.*

onças sobre o corpo do uke. Além do mais, nosso ponto um não tem nenhuma energia propriamente sua. Ele conta totalmente com a energia que recebe do uke e dá a ele uma nova direção. É por isso que os clássicos chineses dizem que três onças de pressão conseguirão mover milhares de libras. Ao atingirmos o estágio em que o ki do fogo e da água das cinco dimensões e as oito energias estejam adequadamente equilibrados, não haverá necessidade de uma força fora do comum.

Ser capaz de mover o corpo do seu parceiro com o mínimo de pressão depende da capacidade para mudar a mente dele. Se, por exemplo, o contato físico ocorre entre seu punho e o do seu parceiro, você deve tentar mover diretamente o hara dele sem interromper de maneira alguma o ponto de contato físico. O uke não conseguirá descobrir-se ou defender-se da fonte da sua energia. Esse tipo de pressão indireta mostra claramente o princípio do triângulo.

Não se deve tentar controlar o corpo do uke. Em vez disso, controle o espaço em torno do corpo dele. Se você controlar o espaço em torno do corpo do uke, ele será forçado a mover-se a fim de evitar ficar vulnerável a um ataque na face ou no corpo.

Novamente, se o tenkan, ou giro, estiver dissociado do tai-atari, o contato de corpo inteiro criado pela inércia do movimento será perdido. Essa é a conexão de corpo inteiro do tai-atari que faz com que seja possível seus braços moverem-se livremente. Se você não mantiver o contato direto de hara para hara, seus braços receberão a energia do uke, mas não conseguirão criar a forma apropriada da técnica.

Esse é o trabalho tríplice do fogo, da água e da terra; é o princípio do Aikido. É chamado simplesmente de *hara*. Daí a máxima samurai

"Faça isso com o hara" não possuir nenhum significado oculto, significa exatamente o que é dito.

TATE-YOKO DO HACHIRIKI

Quando as oito energias são visualizadas como as oito direções, elas são tate, yoko e *naname*, ou diagonais. São elas: para cima, para baixo, esquerda e direita, e as diagonais de ambos os lados do centro. Quando adicionamos o dentro e o fora, chegamos a dez direções que devem ser simultaneamente equilibradas no movimento correto do Aikido.

A subida e a descida no plano vertical (tate) mostram o kototama do Hi e Ni. Ele é controlado pelas pernas. Ao girar o corpo (yoko), é controlado pela cintura. Quando eles ocorrem simultaneamente, o resultado é o naname, a diagonal ou a forma espiral da técnica do Aikido.

Feito adequadamente, o giro da cintura evita o conflito direto, e também distribui o peso natural e a concentração do que recebemos do plano vertical. Mover para a frente com o irimi-tenkan manifesta o kototama do Si e Ri. Ti e Yi relacionam-se para o equilíbrio entre o interior e o exterior, a energia kokyu. Ki e Mi lidam principalmente com a forma e a manutenção do ki-musubi com o seu parceiro.

A manutenção do equilíbrio dinâmico das oito energias é essencial em todas as técnicas e movimentos do Aikido. No momento do contato direto de corpo inteiro com o parceiro, as mãos e os quadris irão se mover em direções opostas. Isso ocorrerá em ambos os planos — vertical e horizontal.

Ao descer e receber, deve estar no plano vertical com seu quadril alinhado com o do seu parceiro. Essa é a posição omote da qual as técnicas do Aikido têm início. Ao subir para encontrar a energia do seu parceiro, as mãos e os quadris se separam, movendo-se em direções opostas. Quando você estiver no limite de dificuldade dos seus quadris, novamente alinhe-se com o quadril do uke. Dessa maneira, não há colisão de forças, mesmo no momento do contato mais forte.

Se essa separação momentânea for visível, é porque foi excessiva. Deve mesmo parecer que o quadril não se move. Feito corretamente, seu quadril fica diante do de seu parceiro do início até o final do movimento.

O-sensei explicou esse equilíbrio em termos mais simples: *Dois mais oito é igual a dez. Quatro mais seis é igual a dez. Cinco mais cinco é igual a dez.* Ao longo desse processo, o ki do fogo e o da água criam o intercâmbio ativo da forma, enquanto o ki da terra funciona como o centro

Figura 2.10. A condução da espada mostra a separação das mãos e dos quadris.

estabilizador. A função do *sangen hachi riki* é o trabalho do ki do fogo e da água unidos pelo ki da terra.

Estudando princípios como tate e yoko, visualizamos a origem da forma. Na essência, o Aikido pode ser dividido em forma e sentimento. O sentimento é o reino do ki e, portanto, o kokyu. Embora a palavra *kokyu* seja usada constantemente no Aikido, é na maioria das vezes tratada de forma vaga ou é praticada sem a apreensão clara de todas as suas implicações. O que interessa na verdade é que o kokyu é o segredo (*himitsu*) do Aikido.* Como em todas as disciplinas espirituais, o kokyu está na raiz do treinamento. No Aikido, é o kokyu que cria não apenas a energia e a sincronia, mas também a capacidade de unificação, a marca registrada do Aikido.

---

* Muitos iniciantes pensam que as sofisticadas técnicas do Aikido que atacam as articulações ou provocam grandes desequilíbrios são as que dão poder à arte, e há mesmo escolas que enfatizam esse tipo de treinamento por desconhecerem que, sem o domínio do kokyu, nenhuma técnica vai ser efetivamente eficiente. De fato, qualquer técnica com kokyu vai funcionar em termos de defesa pessoal. É necessário ter consciência de que, na verdade, a técnica é um instrumento para se aprender o kokyu e não tem sentido intrínseco como muitos praticantes desinformados ainda pensam. (N. T.)

3 ■ IKI

O Sopro de Vida

■ *Iki* 意基

A RESPIRAÇÃO DO CÉU, DA TERRA E DO HOMEM

Há algo que percorre todas as coisas, unificando-as e dando-lhes vida. Isso é chamado de *iki*, ou o sopro de vida. O kototama do I é o ki da água, e o kototama do Ki é o ki do fogo. A substância do iki é o kokyu, o pulsar do universo. Todas as coisas que vivem, como tal respiram. O Sol, a Terra, e todas as coisas da Terra vivem, antes de tudo, por respirar. Esse é o ponto de partida da nossa vida e da nossa determinação para apreender seu sentido.

O ki do universo nos dá a vida por meio da respiração e sustenta a sua própria criação pela respiração. Ao tomar conhecimento conscientemente da respiração, do ki e da mente como nosso verdadeiro corpo, desaparece a ilusão da separação e torna-se possível a manifestação de uma energia muito maior que a força física muscular. Se você perceber essa realidade básica, conseguirá relaxar seu corpo completamente e até produzir uma força irremovível.

O ki do universo em expansão infinita é polarizado na respiração do Céu e da Terra. Novamente cito o *Kototama Hissho*, de Yamaguchi Shido: *O girar do Sol, da Lua e das estrelas é a respiração do Céu. O subir e descer das marés é a respiração da Terra. Quando a respiração do Céu e a respiração da Terra são combinadas, todas as coisas nascem. Quando a respiração do ser humano é unificada, nasce a capacidade do pensamento.*

Ao tomar conhecimento da tríade respiração, ki e mente como seu verdadeiro corpo, a separação desaparece. Dever-se-ia entender que a respiração do Céu e da Terra é a mesma que a respiração dos seres humanos. Se você deseja compreender o princípio do Céu e da Terra na sua mais ampla perspectiva, ele está tão próximo de você quanto sua própria respiração.

O kokyu do Céu e da Terra e o kokyu dos humanos são basicamente os mesmos. *Sendo uma função universal, ela é chamada de* kami, *o ki do fogo e da água. Nos seres humanos, ela funciona como* tamashihi, *nossa alma e espírito. O coração de um ser humano não é diferente da alma do Céu e da Terra. Tama é espírito, Shi é o ki da água e Hi é o ki do fogo. Inspirando, sentimos a respiração como frescor. Esse é o ki da água (I) subindo em virtude do fogo (Yi). O fogo queima em virtude da água; a água flui em virtude do fogo.*

A vida começa com uma silenciosa inalação. Quando uma criança nasce, é na inspiração que os pulmões se expandem na preparação para sua primeira declaração na vida o *gnnyaa* — o primeiro choro. Inspirando, nós nos unificamos com o ambiente. Expirando, o pensamento, a linguagem e o movimento nascem. A fim de manter o ki que foi absorvido, a exalação deve ser longa e vagarosa.

O ki do fogo se move, embora não tenha voz. O ki da água é movido, entretanto, ele dá voz à natureza. Quando as ondas do oceano retornam, há um pequeno som, embora, quando elas chegam, tragam o som e uma grande energia. As grandes árvores na floresta entoam seu temível crepitar enquanto expiram e liberam vapor. Em ambos os casos, essa é a energia do espírito, do ki ou da palavra.

Inalando, a respiração silenciosamente segue o ki do fogo. Soltando a respiração, o ki da água manifesta sua energia de movimento físico e da criação da forma. Essa é a primeira lei do processo criativo da natureza. Tomando consciência da respiração, você inicia o caminho para a autor-realização. Por meio da respiração, o ser humano se integra ao universo. O paraíso nunca foi perdido, contudo, ele é lembrado pela primeira vez.

Ao realizar sua primeira respiração como ser humano, você completa os 2,8 bilhões de anos de evolução e do primeiro passo nesta terra como um anfíbio na forma humana. Quando você completa a sua primeira dentição, atinge o primeiro nível como ser humano. A verticalidade física leva vários anos para se completar, contudo, nosso potencial espiritual requer toda uma vida.

OS TRÊS ESTÁGIOS DO KOKYU

O significado do kokyu não está limitado à respiração física; deve também ser entendido como a expansão e contração do nosso ki, ou o pulsar da vida. Geralmente, a respiração é um processo automático, assim como o bater do coração, embora os seres humanos tenham a capacidade de usar o kokyu para fortalecer e direcionar a força vital por meio da concentração da mente.

Simplificando, o kokyu pode ser usado para acalmar os cinco sentidos e aprofundar nossa percepção. Isso se assemelha ao kototama do Su. É o ponto de partida para o progresso no Aikido e para o crescimento espiritual em geral. Quando esse sentimento torna-se parte da nossa experiência sensorial cotidiana, temos a base do despertar espiritual.

Quando você se tornar consciente da respiração e da sua importância, irá além da repetição sem fim dos movimentos físicos e obterá o verdadeiro entendimento. Dizem os clássicos chineses que a mente dirige a respiração, e a respiração dirige o ki. Ao praticar dessa maneira, você aprenderá a direcionar o seu ki apenas com a intenção.

Assim como conduzimos a respiração para o ponto um e novamente a soltamos, a circulação do nosso ki e a nutrição do nosso sangue são abastecidas continuamente. Ao conduzirmos conscientemente nossa mente para o ponto um, seremos guiados em direção à descoberta da sabedoria. Kokyu é o caminho que unifica o corpo e a mente e o integra com o seu parceiro. Com toda a franqueza, pode-se dizer que o kokyu é a parte maior do Aikido. É a fonte tanto da energia (*Kokyu ryoku*) como da sincronia. No Aikido, a sincronia não lida com grandes velocidades, mas com a habilidade para o ki-musubi — atar sua respiração e o seu ki com os do seu parceiro.

O kokyu é a primeira função do princípio. É o processo tríplice de receber, carregar e liberar o ki. A respiração e o ki, assim como o alimento físico, devem ser absorvidos e digeridos antes de ser eliminados. O estágio intermediário de "carga" do ki é essencial para a capacidade de ki-musubi, ou unidade no movimento.

O receber inicia-se mesmo antes do contato. É o momento de maior extensão física. Assim que ocorre o contato físico, conduza o ki do seu parceiro para o seu centro com a sua respiração, enquanto seus braços se contraem. Quando o seu ki atinge o seu centro, o estágio de carga tem início e seus braços se estendem a partir do ponto um novamente.

Assim que seus braços se estendem, seu quadril deve mover-se para trás e criar um espaço entre você e seu parceiro (1, p. 92). Dessa maneira, o ponto de contato com o seu parceiro se mantém o mesmo (2 e 3, p. 92). Liberação, o estágio final, é simplesmente deixar sair enquanto

Figura 3.1. Ryote kokyu nage: recepção, carga e liberação.

você passa pelo centro do movimento (4). O estágio de carga do kokyu, portanto, é essencialmente quase a totalidade do movimento.

Essa carga do ki expressa o ki da terra do Na Ni Ne No Nu, que permanece no centro entre a inalação e a exalação. A inspiração é o ki do fogo da unificação, e a liberação da respiração é o ki da água.

No Aikido, você deve aprender a receber na primeira respiração, antes que o movimento da técnica se inicie. A habilidade de não reagir imediatamente é muito importante. Seu corpo pode estar em movimento quando você recebe, contudo, há um momento quase parado, quando a finalidade é fazer descer a energia do uke profundamente para o seu hara. Isso deve ser feito com a voz do Wi ou Sui, conduzindo o ki do uke para o interior como um vácuo. O som do Wi é como um poço sem fundo, a fonte da energia vital.

A respiração deve ser coordenada com o movimento do corpo. Ela pode ser vagarosa ou rápida, subir ou descer, mas nunca termina totalmente. Recebendo com seus braços, inspire e receba o ki do uke. Carregue esse ki e deixe-o descer profundamente para seu hara, movendo-se com a técnica. Finalmente, quando todas as dificuldades forem removidas, expire e siga a descida do uke para o tatame.

Quando você aprende a absorver o ki apenas com sua mente, a ingestão do ki pode ser continuada ao longo da técnica. Em outras palavras, o estágio de "carregar" é prolongado. Isso permite que o movimento inteiro seja completado apenas pelo ki-musubi, sendo importante na construção do potencial do ki tanto para o progresso marcial como para o espiritual.

No Aikido, a expiração deverá ser feita vagarosamente. Mesmo no caso de um grito, ou ki-ai, apenas pequena parte do ar deve ser liberada. Se o ki é todo gasto, será difícil se adaptar ao próximo movimento. Se você depender da força física para completar a técnica, seu kokyu irá parar e ficar caótico, tornando impossível a resposta adequada, imediata e pronta.

Na maioria das artes marciais, a ênfase é dada à nossa expiração a fim de criar uma explosão súbita de energia. Ao término da expiração, entretanto, é impossível reagir a um ataque súbito. Ensina-se no treinamento com espadas que você deve atacar quando seu parceiro termina de expirar no fim do movimento, antes que ele possa retomar a inspiração e iniciar um novo movimento.

Ao contrário dos ensinamentos da maioria das artes marciais, o Aikido enfatiza a importância da inspiração para o propósito de unificação. Entretanto, enquanto a respiração não chega até o hara, pode ocorrer de o ki fazer subir a parte da frente do seu corpo e sua estabilidade ficar prejudicada. A respiração para o hara permite que você complete a unificação de seu corpo e sua mente com os de seu parceiro. Quando isso é feito, o corpo dele se moverá como se fosse o seu.

A ideia de mover o corpo de outra pessoa é baseada no dualismo, portanto, uma perspectiva equivocada. É uma tarefa impossível. Em vez disso, crie um caminho livre com seus dedos e mova seu hara livremente. Se sua forma física ou técnica estiverem de acordo com seu kokyu e sua intenção, você será capaz de mover-se sem impedimento.

Iki:
O Sopro de Vida

KOKYU COMO ENERGIA E TIMING

Encarar o princípio apenas como uma ideia abstrata é de pouca valia. Mas, entendê-lo como kokyu possibilita a você apreender, pela primeira vez, a realidade do espírito e do corpo como unidade. Conduzir o ki da terra para baixo e o ki do céu para cima faz com que ele chegue até o centro do seu hara. Isso completa a trindade do Céu, homem e Terra.

Quando você unifica esses três fatores, recebe a força do seu parceiro na terra e, por isso, ela lhe dará energia e estabilidade. Você se torna irremovível mesmo estando completamente relaxado. Abrindo suas mãos, pegue o ki do Céu e dê a ele uma nova direção. A energia vem da terra, o kototama do Umn (que equivale ao Aum ou Om). A direção (E) vem da expansão do ki do Céu (A).

Quando você usa sua respiração para levar seu ki para seus membros e para o seu hara, suas pernas permanecerão leves e ágeis mesmo quando arraigadas na terra. O movimento dos braços segue a respiração. Quando o limite de sua extensão física é atingido, a respiração já começa a puxar para dentro (1). Os braços começam a seguir a respiração e se retraem (2). Expire novamente, a extensão dos braços segue a respiração (3). A respiração é do hara, portanto, o hara sempre dirige ambos os movimentos. Isso deve ser estudado cuidadosamente no kokyu ho.

Atingir não apenas seus dedos das mãos e dos pés, mas também todo o corpo e sentimento, e conduzir o ki para o seu centro. Quando o ki atinge o seu ponto um, estabelece-se o circuito completo de ki, ou energia espiritual. Isso é o *kitai*, ou corpo espiritual. Se você pudesse retirar a pele, chegaria aos ossos. Do mesmo modo, se você retirar os ossos, acharia o kitai, ou o ki do corpo. Simplesmente mantendo seu ki estendido pela sua concentração, o centro e a periferia de seu corpo são unificados. Com o tempo e a prática, isso torna-se automático e acaba não requerendo qualquer esforço consciente.

Em virtude disso, embora relaxados, os seus braços não entram em colapso, apesar do uke empurrá-los contra seu corpo. Isso também vale com relação a suas pernas, pescoço ou qualquer parte de seu corpo. Quando você está completamente relaxado e centrado, seu ki torna-se impenetrável. Meramente abrindo suas mãos e estendendo seu ki no momento do contato, o corpo do seu parceiro poderá bater no chão como se tivesse sido empurrado com toda a força.

Seus dedos deverão procurar a direção de menos resistência a fim de dispersar a energia excessiva da colisão. Essa energia dispersada permite ao corpo mover-se livremente em volta do centro da técnica. Não tente

■ *Figura 3.2. A respiração conduz o corpo. A retração e a expansão, ambas, seguem a respiração do hara.*

mover seus dedos contra a resistência do seu parceiro. Os dedos deverão indicar a direção do ki, contudo, é o corpo inteiro como unidade que se move.

É o kokyu que dita o movimento do corpo, por isso, o ritmo da respiração torna-se o *timing* do movimento. Absorvendo o ki do seu parceiro, unifique-se com o movimento dele, deixe que isso determine seu *timing*. O Aikido não é a arte da ação e reação. Pratique *sendo*, em vez de *fazendo*; *unificando com*, em vez de *reagindo a situações*. O fundador assim ensinou: *Quando meu parceiro é lento, eu sou lento; quando ele é rápido, eu sou rápido.*

Iki:
O Sopro de Vida

■ *Figura 3.3. Se você estender o ki no momento do contato, seu parceiro irá ao chão.*

O QUE É O KI?

As palavras japonesas utilizadas no contexto do treinamento de Aikido, muitas vezes recebem um significado místico e, outras vezes, simplesmente são empregadas de forma vaga. Como resultado disso, muitas vezes são mal-entendidas. O termo *kokyu* foi definido anteriormente, mas o ki, que nós respiramos e como ele influencia nossa respiração, também precisa ser desmistificado.

No treinamento meditativo, o desenvolvimento do ki é chamado de *joriki*, ou capacidade de concentração. No japonês falado cotidianamente, o ki geralmente refere-se ao sentimento ou sensibilidade. A expressão para o estar alerta, consciente, ou cauteloso é o *ki wo tsukeru*, "ligue o seu ki". Outra expressão é *sonna ki ga suru*, que significa, "Eu tenho um certo tipo de sentimento (a respeito de algo)".

Em uma só palavra, ki é *percepção*, inicia-se com um nível de sentimento. Na tradição páli ou sânscrita é chamado de *prana*, ou *prajna*, que tem o duplo significado de "respiração" e "sabedoria". Ki é a energia que está sempre oculta embora sempre presente. Ainda que apareça apenas como sentimento ou sensibilidade, nunca está separado desse sentido de energia. Sem ar nós conseguimos sobreviver por alguns minutos, mas sem ki seria impossível.

Por meio da prática do kokyu, chegamos a perceber que nosso corpo espiritual, ou kitai, é muito mais substancial que o corpo físico, e mais difícil de destruir. Isso cria uma perspectiva inteiramente nova da realidade. Nós não somos seres eminentemente físicos, somos preferencialmente seres de luz e ki. Isso muda a maneira de sentir e de nos movermos, e também como nos relacionamos com o corpo do nosso parceiro.

Pela prática do kokyu, o ki pode ser desenvolvido a ponto de não poder ser movido. Levando o ki para dentro com a respiração, é possível criar uma espécie de esqueleto espiritual que unifica o corpo. O corpo humano é extremamente frágil. Mesmo os ossos, que são a parte mais dura, forte e resistente do corpo, são facilmente quebráveis. O ki é como um esqueleto interno aos músculos e ossos, contudo mais resistente e durável.

O Aikido deve ser a mente, ou kokyu, prevalecendo sobre a matéria. Não é mágica; é o princípio criativo da natureza. O toque físico deve ser leve, ainda que o ki deva ser firme e forte, sem deixar nenhuma brecha. A fim de desenvolver essa sensibilidade, é útil tornar-se consciente das diferentes dimensões do seu ki, o kototama do A I E O U. Ao ser praticado desse modo, o Aikido torna-se uma ferramenta de transformação pessoal, em vez de ser meramente mais uma arte marcial.

A RESPIRAÇÃO BUDISTA *VERSUS* TAOISTA

Muito antes do advento do Aikido já se sabia da importância do desenvolvimento do ki para o poder físico e espiritual. Isso foi ensinado por Bodhidharma, o primeiro ancestral do Zen-budismo. Chegando da Índia ao templo Shaolin na China entre 55 e 75 d.C., ele viu que faltava aos monges vitalidade suficiente para seguirem seu treinamento com vigor. Para remediar essa situação, Bodhidharma criou o *chi kung*, um método de movimento e coordenação da respiração projetado para fortalecer o ki. Acredita-se que essa deva ser a origem das artes marciais chinesas.

O treinamento do corpo e do ki por meio da respiração é expresso em muitos provérbios ancestrais, tais como: *O homem superior respira com seus calcanhares.* Ou ainda: *O homem superior respira apenas uma*

■ *Figura 3.4. Respiração reversa.*

vez enquanto cruza uma longa ponte de pedestres. Bodhidharma chegou ao templo Shaolin para apresentar os ensinamentos de Buda, embora muitos monges fossem taoistas. O resultado foi uma mistura de práticas das abordagens indiana e chinesa.

Na meditação, era usado o método budista da respiração *natural*; na prática física, era empregado o chi kung, o método taoista de respiração reversa. O método taoista imita a respiração do bebê recém-nascido, e torna mais fácil para o iniciante descobrir a relação entre respiração e ki.

Nessa prática, o abdômen retrai-se quando inspiramos e expande-se quando expiramos. Embora isso contraste com a respiração mais natural do Aikido, é útil como um estágio intermediário para o desenvolvimento do controle mental do ki. Essa prática era também usada para desenvolver o legendário poder do ki-ai, a projeção do ki com grande força por meio do grito. Dizem que os mestres dos velhos tempos conseguiam derrubar um pássaro em voo ou desarmar um inimigo com um simples grito.

A RESPIRAÇÃO COMO PURIFICAÇÃO: AS FORMAS DO MISOGI

Embora muitas técnicas básicas do Aikido tenham suas raízes nas artes marciais mais antigas, alguns dos mais importantes movimentos são derivados do misogi, ou exercícios de purificação espiritual do Xintoísmo japonês. Esses exercícios são usados frequentemente como aquecimento para o treinamento, contudo, originalmente, eles eram práticas espirituais. Os primeiros exercícios são Funakogi e Furutama.

Iki:
O Sopro de Vida

■ *Figura 3.5. O Funakogi, ou remar o barco, gera ki.*

Funakogi e Furutama

Deguchi Onisaburo falava do significado do Funakogi do seguinte modo:

> *Dentro da grande secura da expansão espiritual, a névoa do ki do Su espalha-se infinitamente. Estendendo igualmente ambos os braços, nasce a energia do contraste* (tata no chikara). *Ambos os braços se estendem como se fossem um, ainda que contrastem um com o outro. Essa é a mente de makoto, estendendo e preservando o espaço infinito do universo. Neste momento, os seis planos do encontro das oito direções são estabelecidos, e a energia do contraste expande seus limites.*

Funakogi ou, remar o barco, imita exatamente o movimento de remar um barco. Ficando em *hanmi* com o pé esquerdo à frente, as mãos são apoiadas no corpo de maneira que se acomodam perfeitamente nos quadris (1), acima.

Mantendo naturalmente equilibrados, os braços projetam-se para a frente e para baixo, mandando o ki para fora e para baixo na frente do corpo. Esse movimento é direcionado pelo dedo indicador e acompanhado pelo ki-ai de IEt. (O som final "t" interrompe a respiração e segura o ki no interior, o que é necessário num ki-ai correto.) Para terminar na posição apropriada, ambas as mãos rotacionam para dentro enquanto elas são estendidas (2).

Deslocando o peso para o pé de trás, rotacione os braços para fora, direcionando o ki com os dedos mínimos. A respiração deve ser leva-

Iki:
O Sopro de Vida

Figura 3.6. O exercício Furutama faz circular o ki entre o hara e o cérebro.

da pela espinha acima enquanto você imagina estar realmente puxando algo muito pesado. Isso cria um tipo de tensão dinâmica. O ki-ai Sa acompanha esse movimento que puxa para trás. Para fazer do lado oposto, desloque o pé direito à frente, o ki-ai passa a ser IEt e Ho (3, p. 99).

O ki gerado pelo Funakogi é depois usado para purificar o sangue, tanto chegando como saindo do hara e do cérebro. Isso é feito com o exercício Furutama. De pé, com os pés abertos aproximadamente na mesma largura dos ombros, erga suas mãos acima da sua cabeça até que elas se encontrem. Isso é feito inspirando o ar (1, 2, 3, acima).

Enquanto expira, abaixe as mãos, coloque sua mão esquerda sobre a direita em cruz, na frente do seu hara. O lado esquerdo do corpo é mais yang, ou espiritual, e ficará na posição de controle (4).

Mantenha o peso sobre a planta dos pés, na parte arredondada entre os dedos e o arco, balance suas mãos e todo o corpo enquanto você leva a respiração e o ki para baixo, para o seu hara. Quando a respiração acabar, segure-a momentaneamente enquanto continua a balançar as mãos. Gradualmente, comece a usar a respiração para levar o ki espinha acima até chegar ao cérebro e supri-lo. Uma vez mais, segure a respiração e deixe o ki descer e purificar o cérebro. É esse o significado original de "lavagem cerebral".

Enquanto você começa a expirar novamente, use sua concentração para levar o ki para baixo à frente de sua face e corpo para que ele novamente preencha seu hara. Isso pode ser repetido quantas vezes lhe for confortável, contudo, é preferível aumentar a prática gradualmente. Se você mantiver essa prática por 10 a 15 minutos, o seu corpo inteiro permanecerá aquecido, mesmo do lado de fora da casa no inverno.

Novamente, as palavras de Deguchi Onisaburo:

> Junte todo o potencial do seu ser, e balance seu corpo todo enquanto canta o nome de Ame no Minaka Nushi. Dessa maneira, empenhe-se em despertar sua própria natureza. Esse processo deve ser repetido duas vezes ao dia por várias horas. Seu alimento nesse momento deverá ser uma tigela de arroz com umeboshi (picles de ameixa) e gomashio (gergelim com sal), duas vezes ao dia. Assim, você retornará à era dos deuses.

Shin Kokyu: Respiração Espiritual Profunda

Depois de vários ciclos de Funakogi e Furutama, termine com *shin kokyu*, "respiração espiritual profunda". Isso deve começar acalmando a mente e focando apenas no ponto um. Seu foco deve ser colocado em seu hara, que deve ser visualizado como um vaso de ki vazio.

Não é fácil realmente manter a sua consciência presente no seu hara; entretanto, você deverá começar utilizando sua respiração para levar o ki para o seu ponto um. Se você continuar essa prática na sua vida diária bem como no treinamento ao tatame, no fim você aprenderá a usar sua intenção para manter sua mente no ponto um.

Essa prática é o *chinkon kissin*, trazer os cinco sentidos para um estado relaxado e pacífico e retornar ao kototama do Su. Seu corpo deverá se manter ereto pela sua respiração e ki, e não pela tensão física dos músculos. Deve-se ficar de pé com os calcanhares próximos. Isso fecha o ânus e segura o ki no corpo. Relaxando os ombros, traga o ki do ponto um para a coroa da cabeça. Com esse sentimento, abra seus braços como se estivesse segurando um grande globo. Isso cria o mudra do céu, o kototama do AI.

Utilizando os dedos mínimos como pivôs, gire a palma da mão para cima. Isso expressa o kototama do A. O ki deverá ser focado principalmente nos dedos mínimos. Enquanto você traz seu ki e sua respiração para o ponto um, expanda a parte inferior da área do hara.

"Quando se fala da expansão do hara, isso se refere à energia centrípeta que está a trabalhar ao mesmo tempo que ocorre a expansão."[1] Em outras palavras, assim que seu ki atinge o ponto um ele é novamente trazido para baixo em direção a terra, e também sobe a espinha até o

■ *Figura 3.7. Shin kokyu: o mudra do céu com as palmas voltadas para cima expressa o kototama do A.*

■ *Figura 3.8. Use os polegares como ponto pivô para chegar ao mudra da terra, com as palmas voltadas para baixo, expressando o kototama do OU.*

chakra da coroa e, finalmente, em volta do terceiro olho, ou chakra da fronte.

Usando sua respiração e concentração, conduza o ki da terra para cima e o do céu para baixo. Seu corpo sobe sobre a planta dos pés, e sua cabeça eleva-se em direção ao Céu (1).

Assim que você começa a expirar, seu corpo novamente desce. Use os polegares como ponto pivô (2), gire as mãos acima e próximo ao corpo. Isso cria o mudra da terra e expressa o kototama do OU (3).

O mudra do céu é a versão mais expandida do mudra cósmico usado na meditação Zen. No Aikido, é usado em muitas técnicas para a prática da entrada e da unificação com o ki do seu parceiro. A subida dos dedos equilibra a descida do corpo, de maneira que você consegue "montar" o topo do centro do seu parceiro.

■ *Figura 3.9.*
O mudra cósmico.

Você deverá inspirar sempre pelo nariz. A expiração pode ser tanto pelo nariz como pela boca, contudo, deverá ser lenta, pacífica e relativamente silenciosa a fim de manter o ki que você acabou de receber com sua inalação.

O KI DO FOGO, DA ÁGUA E DA TERRA

O corpo inteiro deverá ser acomodado e controlado pelo ponto um, embora isso ainda não seja possível para um iniciante, ou até mesmo para um aikidoísta intermediário. Por isso, o local pelo qual podemos começar é o *dotai*, a área que fica entre o topo do diafragma e as pernas. Essa é a fonte do ki do corpo, e deve ser mantida aberta e desobstruída o tempo todo.

A área frontal do dotai, ou hara, é o ki da terra. É o espaço comum compartilhado por você e seu parceiro. É a área em que acontece a atividade do ki do fogo e da água — o movimento dos braços e mãos. O movimento dos braços deve sempre ser mínimo em comparação ao movimento total do corpo. Em outras palavras, o dotai move-se primeiro e é a fonte do movimento dos seus braços e pernas. O exemplo mais simples é mostrado no exercício chamado Kokyu undo.

Iki:
O Sopro de Vida

■ *Figura 3.10. O Kokyu undo ensina a maneira de mover o hara e mudar a forma de uma mão para a outra.*

Kokyu Undo

Sente-se formalmente sobre seus joelhos na postura *seiza*, incline seu corpo para a frente e transporte fisicamente o seu hara, primeiro para a esquerda e então para a direita. Essa ação ensina o modo como o hara se move, e não a fechar a área dotai e estender bastante os braços. O Kokyu undo não é um exercício de alongamento. O que ele ensina é a maneira correta de mover o corpo em geral e, em particular, de mudar a forma de uma mão para a outra.

■ *Figura 3.11. A "espada de mão" contra o corpo do parceiro no yokomen uchi, um golpe na lateral da cabeça.*

Os Mudras do Aikido: A Forma das Mãos

A palma é o hara, ou o coração da mão. É chamado de *tanagokoro*. O polegar é o governador dos dedos. É também o ki da terra, o kototama da dimensão U. Confortavelmente, ele (o polegar) dobra-se sobre a palma. A palma nunca deve ser colocada muito firmemente sobre o corpo do seu parceiro, isso corta a fonte da energia da terra e torna impossível a unidade. Na maioria dos casos, portanto, o tegatana ("espada de mão", lateral da mão do lado do dedo mínimo) precede a palma quando se faz contato com o corpo do uke.

O ki da palma, quando colocado diretamente sobre o corpo do parceiro, deve se orientar pela direção dada pelos dedos, não é para empurrar o corpo do parceiro. O dedo médio é o centro do centro. Seguindo a direção desse dedo, evita-se o contato direto com o corpo do seu parceiro, tal como no movimento Kokyu osae.

Tanagokoro, a palma, é o potencial de cura, oposto ao potencial destruidor do punho. Quando a mão é vista dessa maneira, a palma é o ki curador da água, e o dorso da mão é o ki destrutivo do fogo. Quando fechamos a mão, colocamos o polegar em cima do dedo indicador. Isso torna completo o circuito do ki da terra. Fechando o punho firmemente o fluxo do nosso ki para.

■ *Figura 3.12. Em volta dos ombros do parceiro.*

■ *Figura 3.13. O mudra do punho.*

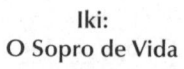

Iki:
O Sopro de Vida

■ *Figura 3.14. Atemi do Tenchi nage: em vez de buscar o ataque de seu parceiro, deixe que ele venha ao seu atemi.*

Ao golpear, o punho pode fechar ainda mais, contudo, haverá espaço no centro o tempo todo, e toda a tensão será liberada imediatamente após o contato. Em qualquer caso, o ataque ideal no Aikido é percebido da mesma maneira que o Kokyu nage. Trata-se de hara envolvendo hara, e o contato é feito considerando o corpo todo, como no Kokyu nage. É mais uma questão de deixar seu parceiro vir de encontro ao seu *atemi** do que buscar o ataque. Isso pode ser visto nesses movimentos do *ryote tori*.

---

* *Atemi*, golpe ou intenção com intuito de provocar uma reação no parceiro alternando seu estado mental e sua reação. (N. T.)

Iki:
O Sopro de Vida

Figura 3.15. Tekatana cortando por meio do braço de defesa do uke.

Em vez do ataque, entretanto, o ki do fogo é mais comumente visto no uso do tekatana ("espada de mão") quando cortamos atravessando a resistência do uke. Nesse caso, sua concentração deve estar em cortar o hara do uke, e não no movimento da mão dele. Se seu sentimento estiver correto, você conseguirá arremessar o uke sem sequer mover o braço dele.

■ *Figura 3.16. Kokyu nage pelo cotovelo.*

O ki da água é usado para pressionar para fora com o lado da mão do dedo indicador. Isso é visualizado no arremesso Kokyu nage pelo cotovelo do uke, e também quando levamos o uke para a frente e para baixo, e no movimento Yonkyo. Se isso for realizado com a palma da mão, seu ki fica exageradamente estendido.

■ *Figura 3.17.
Controle do espaço à
frente do dotai do uke.*

O uso apropriado do ki da terra permite o controle do espaço, especialmente o espaço comum em frente ao dotai do seu parceiro. Controlar esse espaço é uma maneira de expor a vulnerabilidade dele. Note que a palma da mão não toca o braço do uke na figura 3.17.

■ *Figura 3.18. O ki da terra, sem obstrução na palma das mãos, possibilita que você controle com o mudra do fogo e mude para o Ikkyo.*

Quando colocar sua palma no braço ou no corpo do seu parceiro, sua mão deverá sempre rotacionar levemente, para que a palma toque apenas suavemente e a ênfase caia sobre o lado do tekatana (fogo) ou do lado do dedo indicador (água).

O comum em todas essas formas é receber o ataque do uke com os pulsos, e não com a palma das mãos (1 e 2, p. 111). Ao receber com os pulsos, o ki da terra da palma é desobstruído, e você fica numa posição para segurar o uke de uma maneira mais favorável. Controlando com o mudra do fogo, por exemplo, você pode segurar e mover para cima o cotovelo do uke e mudar para o Ikkyo (3, 4 e 5, p. 111).

Ao controlar com o mudra da terra, você pode facilmente aplicar um ataque, ou atemi, ou mudar para o mudra do céu e levar seu parceiro para uma técnica como Irimi nage (6, 7 e 8).

■ *Figura 3.19.*
O mudra do céu para o Irimi nage.

■ *Figura 3.20. Utilizando o mudra da água para levar o uke para fora.*

■ *Figura 3.21. Aqui o mudra da água força o ki do uke para cima e para dentro.*

Entre as quatro formas de mão básicas do Aikido, as do Céu e as da Terra manifestam o ki vertical do tate, enviando o ki diretamente para cima e para baixo. As formas do fogo e da água também se movem verticalmente, contudo, elas são usadas para enviar o ki para a esquerda e para a direita também. Na forma adequada do Aikido, o giro do corpo sozinho cria o movimento horizontal.

Quando um de seus braços é agarrado, dê um passo para afastar-se do seu parceiro e use o mudra da água para levar o uke para longe do seu corpo (1 e 2).

Enquanto você se aproxima dele com o mudra da água, conduza o ki para cima da sua espinha e envie o ki do uke para cima e para dentro (3).

Iki:
O Sopro de Vida

■ *Figura 3.22.*
Utilizando o mudra do fogo para trazer o uke para baixo e para dentro.

■ *Figura 3.23.*
Tenchi nage com uma mão: levar o ki do uke para cima com o mudra da água.

Quando você se afasta do seu parceiro com o mudra do fogo, ele é trazido para baixo e para dentro (4).

Levar o ki do seu parceiro para cima com o mudra da água é comum a todas as técnicas básicas de Kokyu nage que devem ser estudadas cuidadosamente (5, 6 e 7). O seu braço não sobe. A única subida é feita pelo seu hara ao direcionar o ki espinha acima, mesmo enquanto você estende seus dedos. O equilíbrio sutil de conduzir o ki para dentro enquanto estende a energia, cria uma onda-padrão — um ponto essencial do treinamento de kokyu.

Figura 3.24. A mente guia a respiração, os pulsos e os dedos do mudra do céu para o mudra do fogo.

A respiração sempre guia o movimento físico do corpo. Mudando da forma do céu (1) para a forma do fogo, coloque seus polegares em linha reta com seus pulsos (2) e rotacione os dedos em volta do polegar até que surja o mudra do fogo (3). A mente guia o ki da respiração enquanto você inspira (fogo), levando primeiro os pulsos e, então, os dedos para cima no mudra do fogo.

Iki:
O Sopro de Vida

■ *Figura 3.25. Mudar do mudra do fogo para o mudra da água e voltando para o mudra da terra.*

Para mudar do mudra do fogo para o mudra da água, use os dedos mínimos como pontos pivôs e gire suas mãos para fora até que os polegares fiquem exatamente no topo (4, 5). Do mudra da água, volte para o mudra da terra usando os polegares como pontos pivôs (6). Assim, a mente guia a respiração, a respiração guia o ki, e o ki guia o corpo. Alternando entre essas quatro formas básicas, todos os movimento de mão do Aikido surgem naturalmente.

■ *Kokyu ho* 呼吸法

KOKYU HO

Kokyu ho, o método de kokyu, é a primeira prática do Aikido com um parceiro. Era originalmente chamado de Reiki ho, ou método de treinamento para o desenvolvimento do ki espiritual. Faz parte de todo período de prática do Aikido, é um método de descoberta intuitiva — a maneira adequada de focalizar o ki para chegar à unificação de todo o corpo e da mente.

Como mostrado na seção das oito energias, o movimento visível nasce com a energia do contraste, o advento do ki da dimensão A. Essa expansão visível, entretanto, deve estar enraizada no ki da dimensão I, seu ponto um. Todo aspecto do movimento deve sempre ser equilibrado pela direção da força oposta, ou ki. Com sua primeira inalação, de todas as direções saem linhas retas de ki para seu ponto um. Como mencionado no Capítulo 2, essas linhas retas de ki deverão passar e apoiar a forma encurvada dos seus braços. Você deveria empenhar-se em harmonizar os movimentos do seu corpo físico com essas linhas retas de ki. Desse modo, sua energia para prosseguir, o ki do tate, será sempre mais forte do que o ki do yoko.

■ *Figura 3.26. As linhas retas de ki (I) chegam ao nosso ponto um de todas as direções, e apoiam a forma (E) cursiva dos nossos braços.*

■ *Figura 3.27. Ten no kokyu: a respiração do Céu.*

Ao subir, manifeste o *ten no kokyu*, "a respiração do Céu" (1). Conduza a respiração e o ki para baixo, para o tanden no ichi — o ponto um no centro do seu hara. Isso traz o *hi no ki*, a inspiração de *izanagi*, para o seu próprio hara e possibilita a união com a terra. Quando seu corpo se abre (A), você direciona a inspiração, estabilizando seu centro (I).

■ *Figura 3.28. Chi no kokyu: a respiração da Terra.*

■ *Figura 3.29. Hanmi handachi: arremessar segurando pelos quadris.*

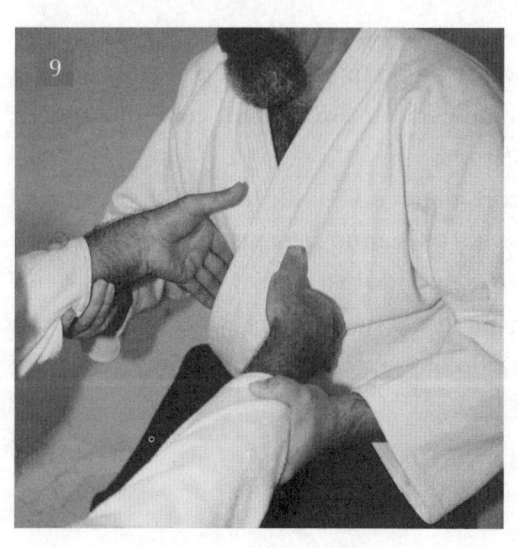

■ *Figura 3.30. Mizu no te inicia o Kokyu ho: estabelece a conexão vertical entre uke e nage.*

Iki:
O Sopro de Vida

119

Esse é o kototama do AI. No momento em que tomam suas mãos para abri-las e para conduzir a inspiração, seu corpo inteiro é preenchido e unificado pelo ki. Enquanto você conduz esse ki para baixo até o seu centro, dê a ele direção com seus dedos. Do ponto um, as linhas retas de ki estendendo-se em todas as direções criam a energia do contraste (Ta). (Veja 2, 3 e 4, p. 118). É o *kokyu ryoku*, ou energia kokyu. É o resultado de empurrar sobre o seu próprio centro em vez de empurrar contra a energia do seu parceiro.

Antes de conseguir mover outra pessoa, você deve estar apto a receber a energia da terra e unificar-se com ela. Sinta o vazio do seu próprio corpo físico. Esse é o ki da dimensão U. No centro do hara está Wi, a fonte contínua da energia vital. Coloque seu polegar contra o dedo médio, conectando o kototama do U e I, e inspire. Isso manifesta o *chi no kokyu*, "a respiração da Terra" (5 e 6, p. 119).

Praticando com um parceiro, esse mesmo kokyu é utilizado para conduzir o ki dele para o seu hara, e então descer ainda mais para a terra. O uke descobrirá que ele mesmo está empurrando o ki verticalmente para a terra, e não horizontalmente contra sua energia (7, p. 119). Estendendo o seu ki e unificando com a energia dele, você conseguirá movê-lo como quiser (8, p. 119).

Com sua primeira inalação (Yi), o impulso vital (I) e a energia vital (Wi) são unificados. Levar esses dois até seu ponto um é permanecer no centro e unificar o ki do fogo e da água. Quando puder realmente fazer isso, você conseguirá destruir a mente de conflito antes mesmo que ela possa manifestar-se.

■ *Figura 3.31. O quadrado torna-se dois triângulos.*

Sentados na posição formal de seiza, seus joelhos e os do seu parceiro formam um quadrado. O ki do lado esquerdo do seu quadril deveria cortar diagonalmente o quadrado e entrar diretamente no ki do quadril do lado esquerdo do seu parceiro.

A primeira relação a se considerar no Aikido é sempre a conexão vertical entre uke e nage (9, p. 119). Quando seus pulsos são segurados, você deveria arremessar direto, seguindo para o centro do uke com o mudra da água. Conduzir a inspiração e sua espinha para cima causará a elevação do ki do uke, permitindo que suas mãos mudem gradualmente para o mudra do fogo.

■ *Figura 3.32. Kokyu ho: o movimento realizado com a resistência do uke é circular.*

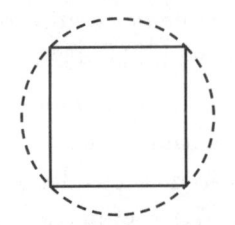

■ *Figura 3.33. O círculo em torno do quadrado.*

A unidade vertical que você estabelece com o uke deve ser mantida e distribuída horizontalmente enquanto você se move durante a técnica. O movimento realizado com resistência do uke é circular. A fim de visualizar isso claramente, conecte os quatro cantos do quadrado com um círculo. Esse é o padrão que seu corpo seguirá enquanto você se move com a resistência do uke.

Quando você percebe que seus quadris se conectam energeticamente com os de seu parceiro, o foco do seu ki deve ser para entrar diagonalmente em direção aos quadris do seu parceiro e passar pelo ponto um dele e sair do lado oposto. Para ver isso mais claramente, observe o formato da caixa pélvica (veja a figura 3.34). Vista de cima, ela forma um círculo incompleto.

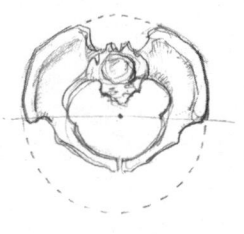

■ *Figura 3.34. A caixa pélvica formando um círculo incompleto.*

Iki:
O Sopro de Vida

Se o círculo fosse completado, seu ponto um se tornaria o centro do círculo, e mais adiante parte do círculo se transformaria no espaço comum compartilhado com o seu parceiro (veja a figura 3.35). Quem controla esse espaço comum controla a situação.

É muito sutil o ponto em que se capta o sentimento correto para girar a parte superior do seu corpo enquanto seus quadris passam energicamente pelos quadris do seu parceiro. Antes de tudo, seu foco de hara para hara deve mandar o ki do uke para cima, de maneira que o desequilibre. Se houver qualquer quebra ou tentativa de forçar o giro dos quadris, sua energia ficará fora do corpo do uke e a unificação se perderá.

Nas técnicas ryote tori, os braços direito e esquerdo frequentemente parecem ter a mesma função. Um lado, entretanto, é o ki do fogo, e o outro, o da água. O ki do fogo guia o movimento e conduz o ki do uke para fora do corpo dele. Se isso falhar, haverá colisão de forças. Não tente elevar seus braços. A sensação das mãos é de que estão se movendo independentemente do corpo. Não deve haver quase nenhuma sensação de conexão física entre os quadris e os punhos, é como se as mãos e os quadris fossem conectados apenas pelo ki. Seus braços subirão naturalmente de acordo com o grau de equilíbrio em que o uke é erguido pelo contato de todo o seu corpo.

A direção da ponta de seus dedos dá à energia de colisão um canal de saída, que, ao girar, permite a continuidade do movimento. A direção dos seus dedos irá diferir caso a caso, dependendo da maneira que o uke segurar os seus braços. Se o uke segurar de cima, você o erguerá ainda mais.

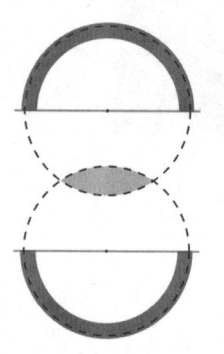

■ *Figura 3.35. Dois círculos conectando um espaço em comum.*

■ *Figura 3.36. Kokyu ho: quando o uke o segurar de cima, leve-o para cima.*

■ *Figura 3.37. Kokyu ho: se o uke segurar seus braços por baixo, abaixe-o.*

Se o uke o segurar por baixo, abaixe-o.

Iki:
O Sopro de Vida

KOKYU NAGE

Parece haver uma variedade sem-fim de técnicas de Kokyu nage no Aikido, contudo, todas essas técnicas, se inspecionadas mais de perto, parecem seguir os mesmos princípio e forma básicos. Como técnicas de Kokyu, se baseiam no princípio tríplice de receber, carregar e liberar o ki e manifestar a forma básica do Kokyu ho.

Entretanto, o estágio final, de liberação, é ligeiramente diferente com relação ao que está implícito no termo *nage*. No Aikido, o uke cai principalmente quando ele perde o equilíbrio, o que é chamado de *kuzushi*. Seus braços repousam sobre o corpo do uke e sobem como uma onda do oceano que bate nas rochas no mar. Nunca empurre para baixo o corpo do uke. Embora seu ki force diretamente em direção ao hara do uke, seu peso deve descer em direção a terra, diretamente onde você está.

Quando você fica sobre o centro do uke dessa maneira, a reação dele é empurrar para cima para proteger-se de um possível ataque. Quando o uke reagir empurrando para cima, receba a energia dele no seu ponto um e unifique. Feito isso, ele se desequilibrará facilmente.

Como o Aikido não é uma arte marcial competitiva, requer uma atitude séria no que diz respeito à proteção contra o perigo. Nas palavras de O-sensei: *Um sopro no Aikido é capaz de matar um oponente. Na prática, obedeça a seu instrutor e não faça do seu período de treinamento um momento para testar uma força desnecessária. Não há lugar para o ego na prática do Aikido.*

Ao menos em teoria, não há limitações quanto aos ataques possíveis, ou até mesmo quanto a técnicas letais, que poderiam ser aplicadas. Em alguns casos, portanto, o uke irá cair intencionalmente a fim de evitar a possibilidade de ser ferido. Isso desenvolve o conhecimento apropriado para a real autodefesa.

Às vezes, a expressão Kokyu nage é traduzida como "arremesso ritmado". É como uma onda de energia por meio da qual você se comunica com o seu parceiro. Quando o uke avança com rapidez para segurar seu pulso, ele está expirando. Estendendo seus braços, você inspira e, dessa maneira, harmoniza-se com o kokyu e a intenção dele. No caso de um praticante experiente, isso pode acontecer mesmo antes do contato físico.

Como resultado, a energia do uke retorna para ele no momento do contato. O primeiro movimento do seu parceiro, portanto, já é seu segundo movimento, pois o primeiro foi realizado apenas pela mente e pela respiração. Ao praticar dessa maneira, mesmo quando o ataque é um soco ou quando seguram seu braço, a atitude para responder a ambas as situações deve ser a mesma. Vamos nos deter em alguns exemplos específicos.

Tenchi Kokyu Nage

Tenchi nage, o arremesso Céu-Terra, geralmente não é considerado um Kokyu nage, embora depois do Kokyu ho seja o passo mais natural. Como em todas as técnicas do Aikido, o hara dá início ao movimento, cujo ki é então transferido para os punhos. Por último, a ponta dos dedos chega à sua posição final. Dessa maneira, a mão de cima (fogo) inicia-se no mudra da água e conduz o ki do uke para cima e para fora. Se ela mudar para o mudra do fogo muito rápido, a técnica falhará. A mão de baixo (água) leva o ki centripetamente para o hara do uke (1, p. 126). Juntas, elas criam a forma do movimento.

A sutil realidade é, novamente, oculta no relacionamento entre as partes superior e inferior do corpo, quando seu quadril se move para trás e seus braços se estendem (tate). Enquanto seu corpo sobe, seu quadril gira em uma direção oposta ao movimento dos seus braços (yoko) (2 e 3, p. 126). Isso exemplifica o princípio do equilíbrio das oito energias. Como resultado, o grau ou intensidade do contato físico com o uke mantém-se imutável, e o ki do tate mantém-se dominante sobre o do yoko durante todo o movimento. Não há nem empurrar, nem puxar, apenas a expansão e contração do seu corpo. Esse movimento é o que cria a ondulação ou o padrão de ondas das técnicas do Aikido. Se as mãos e o quadril movem-se juntos na mesma direção, é porque você ainda está usando força contra força.

Quando as suas duas mãos são agarradas, parece que você não consegue se mover, mesmo que seu quadril esteja livre. Pelo equilíbrio entre tate e yoko, como descrito anteriormente, seus braços parecem mover-se enquanto o quadril mantém-se estacionário. Entretanto, na realidade, é apenas o hara que inicia e mantém o movimento (4 e 5, p. 126). O ki do uke é direcionado para fora do corpo dele, e ele é conduzido para a frente como se ali houvesse um vácuo. Como você não empurra o seu parceiro, ele não consegue usar a sua energia a favor dele. Como você não o puxa, ele não consegue sair sem o risco de ser atacado. Dessa maneira, as técnicas do Aikido empenham-se em estabelecer uma unificação constante com o seu parceiro enquanto você se move durante a técnica.

■ *Figura 3.38. Tenchi kokyu nage: o quadril move-se para trás enquanto os braços se estendem, conduzindo o uke para frente como se fosse para um vácuo.*

O trabalho feito pelos pés no Tenchi nage é exemplar dentro das técnicas do Aikido em geral. A técnica é executada em três passos, contudo, estes são harmonizados de maneira que podem aparentar ser apenas dois. Dê um passo para trás com o pé direito enquanto sua mão se estende, você então desloca seu peso para a perna esquerda, fazendo com que ela se torne o ponto pivô para que a perna direita se mova para a frente novamente. Dessa maneira, parece que são apenas dois passos.

Esse deslocamento de peso de um lado para o outro é o jeito correto de se movimentar no Aikido. O único momento em que seu peso fica sobre os dois pés é quando eles são colocados suficientemente juntos. Seu movimento deve se parecer com o de uma grande árvore sendo soprada em uma tempestade. Dessa maneira, aprenda a usar a energia do hara em vez dos ombros. Essa maneira de se mover deve ser colocada em prática também nos treinos de *ukemi*.

■ *Figura 3.39. No arremesso final, não tentar empurrar horizontalmente.*

■ *Figura 3.40. A forma kotai do Tenchi nage com o cotovelo colocado abaixo do queixo do uke.*

■ *Figura 3.41. Mova-se diagonalmente ao corpo do uke para o arremesso.*

Finalmente, no Tenchi nage assim como no Irimi nage, a liberação final ou o arremesso, não deve ser realizado tentando empurrar o uke horizontalmente. Um momento de reflexão revelará que o confronto horizontal pode ser bem-sucedido apenas com a força bruta.

Conduzindo o ki do uke para dentro com a mão do fogo, gire a cabeça dele para trás. Na forma kotai do Tenchi nage, o cotovelo é realmente colocado abaixo do queixo para inclinar a cabeça dele para trás. O uke será contornado por cima e facilmente arremessado diretamente para o tatame. Em outras palavras, ao arremessar, seu braço de arremesso deverá ser invertido, em vez de ser estendido.

Para arremessar, mova-se diagonalmente ao corpo do uke.

Iki:
O Sopro de Vida

■ *Figura 3.42. Katate tori kokyu nage: para evitar a mão livre do uke ou um chute, dê um passo para trás da perna dianteira dele.*

■ *Figura 3.43. Receba o uke com o mudra da água para enviar o ki para cima.*

Katate Tori Kokyu Nage

As técnicas de *katate tori*, ou segurando com uma mão, é um dos métodos de treinamento mais básicos no Aikido. É comum questionar por que alguém faria um ataque com apenas uma mão (katate tori), contudo, um artista marcial treinado pode derrubar um homem dessa maneira. Entretanto, o perigo imediato no katate tori é a mão livre do uke ou um chute. Para evitar isso, fique um passo atrás do pé dianteiro dele, de modo a manter o corpo do uke afastado.

Pode-se dizer que esse tipo de técnica é ineficaz porque a pessoa a ser arremessada pode soltar seu braço. Essa é uma percepção errônea. Se o seu ki está sempre na direção do ponto fraco do uke, ele não consegue soltar o seu braço sem se tornar vulnerável a um ataque.

Quando o uke prende o seu punho, o caminho de menor resistência determinaria a direção dos seus dedos. Independentemente do grau de força do uke, sua mão está do outro lado da pegada dele, e seus dedos podem mover-se livremente. A fim de ir diretamente em direção ao hara dele, e também enviar o ki dele para cima, receba com o mudra da água. Se receber adequadamente, você controlará o uke com o seu hara, mesmo enquanto ele segura seu braço.

Seu ki deve entrar por baixo do hara do uke e continuar a subir sob a energia dele. Se esse sentimento for entendido, você evitará uma colisão de forças. Isso ilustra claramente a primeira relação tate-yoko do movimento do Aikido — o de uma espiral subindo verticalmente.

Iki:
O Sopro de Vida

Figura 3.44. Tate-yoko: seu ki deve entrar por baixo do hara do uke e ascender em uma espiral vertical.

Ao direcionar a energia do uke para fora do corpo dele com seus braços, enquanto envia o ki do seu hara diretamente para o hara dele, fica estabelecido o princípio do triângulo. Como resultado, o uke irá estranhar, porque não consegue descobrir qual é a fonte da energia que o move, e você por sua vez conseguirá mover seus braços livremente. Enquanto parece que você encontrou diretamente a força do uke, suas mãos e quadril movem-se em direções opostas. Isso mantém o foco do seu hara diretamente no hara do uke, em vez de seguir os braços dele, o que causaria em você uma superextensão.

Movendo-se para a frente, as mãos simulam um ataque com uma espada ou lança. Como se estivesse com uma lança, a mão que está mais perto do seu hara é a que provê a energia para o ataque. Embora essa mão não tenha nenhum contato físico, ela carrega a energia do hara. A prática com esse tipo de concentração usa todo o movimento do corpo e, novamente, ajuda a evitar o problema de superestender seus braços.

Na forma kotai, o nage entra na diagonal do uke e ameaça com um atemi de cotovelo.

Quando o sentimento de unidade de todo o corpo for dominado, é possível realizar um ataque direto e frontal, e fazer com que o corpo do uke se afaste de você.

■ *Figura 3.45. Atacando com uma lança.*

■ *Figura 3.46. A forma kotai ameaça o uke com um atemi de cotovelo.*

■ *Figura 3.47. Com a unidade de todo o corpo, um ataque direto pode afastar o uke para longe de você.*

■ *Figura 3.48. Ao arremessar, não vire as costas para o uke.*

Assim como num ataque de lança, a mão dianteira vira para dentro em direção ao centro do movimento. O giro dos braços é um movimento horizontal (yoko) e deve se manter secundário ao ataque frontal (tate). Ao arremessar, não tente virar as costas para o uke. Continue na sua direção frontal até que o uke se desequilibre.

■ *Figura 3.49. A forma correta do arremesso katate tori; o corpo continua afastado do uke.*

O movimento de arremessar simula a retirada de uma lança depois do golpe. Seu corpo continua o movimento sem virar as costas. Assim que você arremessa, sua mão de cima vira para fora, abrindo o corpo. É a abertura e o fechamento do seu kokyu.

Ryote Tori Kokyu Nage

Quando o seu parceiro segura as suas mãos, você pode receber um chute ou uma cabeçada. A maneira mais simples de lidar com essa situação é trazê-lo para baixo com o mudra do céu. Deixe a direção do seu ki envolver os braços dele (tate) em vez de empurrá-los para baixo (1 e 2). Se você empurrá-lo para baixo, ele escapará e o atacará (3, p. 132).

■ *Figura 3.50. Traga o uke para baixo com o mudra do céu, em vez de tentar empurrar os braços dele para baixo.*

■ *Figura 3.51. Traga o uke para baixo com um braço e o atemi.*

■ *Figura 3.52. Arremessando o uke com um movimento Kaiten nage.*

Se houver tempo, dê um passo para trás diagonalmente e traga o uke para baixo com um braço (1) e use o ataque atemi (2).

Se o uke desviar do seu atemi e tentar atacar suas pernas (3), mantenha um hanmi largo (4) e arremesse-o com um movimento Kaiten nage (5).

Figura 3.53. Técnica básica (kihon waza) do Ryote tori kokyu nage.

Para a técnica Ryote tori kokyu nage mais básica, entre em direção à energia do uke com o mudra da água (6) e traga-o para baixo com a forma do fogo (7). Enquanto você dá um passo para trás, seu braço de fora se torna o ki do fogo e leva o ki do uke para fora do corpo dele. Se você conduz o corpo dele apropriadamente, o ki dele irá subir e tornar--se instável (8).

■ *Figura 3.54. Ryote tori kokyu nage: tentar arremessar o uke para baixo possibilita a ele empurrá-lo por trás.*

Entender o Kokyu nage, ou qualquer das técnicas de Aikido, requer uma atitude muito prática. Se você ignorar o foco apropriado e tentar arremessar o uke para baixo, ele irá facilmente soltar as mãos e o empurrará por trás (1 e 2). Ao contrário da percepção comum, arremessar nunca é derrubar.

Abaixar seu corpo e empurrar diagonalmente o uke é uma preparação para a defesa (3 e 4, p. 136). Isso também é uma preparação para bloquear o corpo ou atacar. Arremessar adequadamente é como golpear com um chicote; o resultado dinâmico está bem no final, não no momento de estender. Pode parecer que os braços arremessam movendo-se para fora, mas não é esse o caso. O arremesso em todos os casos é o resultado da liberação da tensão, permitindo que os braços recuem em direção ao corpo (5, p. 136). O movimento real do arremesso é para cima.

Iki:
O Sopro de Vida

■ *Figura 3.55. Ryote tori kokyu nage:* abaixar o seu peso e liberar a tensão é a técnica correta para arremessar o uke.

Morote Tori Kokyu Nage

Outro importante Kokyu nage é o do ataque morote tori, em que o parceiro segura um dos seus braços com ambas as mãos. Esse tipo de ataque é usado para aplicar o controle Yonkyo que será discutido no Capítulo 4. É também usado para conservar um lado do seu corpo quando várias pessoas o atacam. Esse último caso será tratado em seguida.

Quando o uke o segurar com morote tori, desequilibre-o com o mizu no te e use o ataque atemi com o hi no te (1, p. 138). Seu braço que está preso manda o ki para cima com o mudra do fogo, dessa maneira, equilibre a descida abaixando o seu hara. Novamente, essa é a forma externa ou visível. O sentimento do seu ki é de que seu quadril move-se na direção oposta à do seu braço preso.

A fim de evitar seu atemi, o uke pode tentar mover-se para trás de você. Nesse caso, incline seu corpo para a frente e afaste-se dele (2, p. 138). O dorso da sua mão deve estar virado para o seu corpo e o ki dos seus dedos estendidos de maneira que você possa mover o uke com o seu hara (3, p. 138), em vez de tentar puxá-lo com seu braço. Seu braço deve descansar suavemente sobre seu corpo como se estivesse segurando um objeto frágil sob ele.

Direcionando o movimento com o seu braço livre, mova seu corpo em uma espiral em expansão (4, p. 138). O sentimento deverá ser o de escapar das garras do uke, em vez de tentar puxá-lo. Se você puxar o uke, como com uma corda, ele irá facilmente interromper o seu movimento. Mantenha seus braços inclinados e estenda o ki com os seus dedos. O uke deve ser guiado pelo ki da sua conexão de hara para hara.

Enquanto o uke se aproxima, direcione sua mão para a frente com o mudra da água (5, p. 138), gradualmente levante seus dedos com o mudra do fogo. É impossível levantar os braços dele com os seus. Receba a energia de resistência dele em seu hara e use-a para mover seu próprio braço para o arremesso (6, p. 138).

A forma final do arremesso é a mesma usada na técnica Katate tori kokyu nage, pode ser visualizada como a forma de conduzir uma espada cortando diagonalmente para baixo (7, p. 138).

■ *Figura 3.56. Defendendo-se de um ataque Morote tori com um Morote tori kokyu nage.*

■ *Figura 3.57. Defendendo-se de um ataque morote tori por duas pessoas.*

Por fim, como mencionado anteriormente, se duas pessoas o atacarem (1), a seguinte variação é apropriada. Escolha o lado do oponente mais forte e mova-se na direção dele como na técnica Katate tori shiho nage (2). Dê um passo, conduza o outro oponente para o seu braço que está levantado, como se colocasse linha na agulha (3). Entre profundamente com irimi, arremesse ambos os oponentes simultaneamente (4).

Iki:
O Sopro de Vida

■ *Figura 3.58.*
Defendendo-se de um ataque ushiro com kubi shime, um sufocamento.

Ushiro Kokyu Nage

O número de técnicas Kokyu nage possíveis no Aikido é quase infinito, e os alunos que captaram os princípios básicos descritos anteriormente podem aplicar essas ideias em diversas situações. A abordagem do Kokyu nage seria, entretanto, incompleta sem considerar os ataques *ushiro*, ou que são feitos por trás.

No ataque ushiro é frequentemente apropriado manter a parte frontal do corpo côncava e abaixar os ombros. Tentar manter o corpo rigidamente vertical é comum no Aikido, e isso leva a uma exploração muito limitada da técnica. O corpo deve estar sempre firmemente enraizado no hara, mas deve ser possível incliná-lo em todas as direções.

Kubi Shime

No ataque ushiro, é frequente a tentativa de puxar para trás ou de sufocamento. Se o seu corpo for flexível, você pode se inclinar com esse tipo de movimento e utilizá-lo a seu favor.

■ *Figura 3.59. Técnicas para se defender de um ataque ushiro ryote tori.*

Ryote Tori

Quando ambos os seus punhos são agarrados por trás, livre-se de toda tensão e abaixe para o hara do uke. Deixe sua respiração, ou só a energia ki, tornar seu corpo impenetrável ao ataque do uke (1).

Uma defesa comum contra o ataque ushiro ryote tori é tentar um ataque com o cotovelo. Se o uke bloqueia esse atemi, a pegada dele pode ser usada para arremessá-lo (2 e 3).

Se, no entanto, você mantiver as palmas elevadas por muito tempo, o uke irá segurar o seu corpo e impedirá seu cotovelo. Estenda seus braços para fora com o sentimento de estender, em vez de subir, e eleve seu hara para preencher o vazio do ataque do uke. A partir dessa posição, você pode arremessá-lo como se ele deslizasse por uma parede (4 e 5).

No Ushiro ryote tori kokyu nage padrão, seus braços deverão subir do seu hara de tal maneira que todo o peso do corpo do uke chegue até eles, embora não deva haver tensão nos seus ombros. Essa subida é feita apenas com o seu hara (6), nunca com os braços. Arremessar nesse caso, como em muitas técnicas de Aikido, é uma questão de mudar de lugar com o seu parceiro. Se a função de seus braços é ficar em um espaço confortável na frente do seu corpo, o uke não conseguirá liberar os braços dele. Se, por outro lado, você superestender seus braços, o uke irá puxar você facilmente ou soltar os braços dele e empurrá-lo para a frente.

Como no exemplo anterior de morote tori, descer o corpo é uma preparação para o arremesso. Se você retirar o seu próprio corpo, deixando o uke sem nada para empurrar, ele perderá o equilíbrio. Isso é mais óbvio se você arremessá-lo sentando-se e deixando o uke voar sobre você. O golpe de misericórdia é elevar seus braços para dar ao uke um *momentum* adicional (7, 8 e 9).

4 ■ SHUGYO

O Treinamento Espiritual da Técnica

■ *Shugyo* 修行

O SISTEMA DE RANKING DO AIKIDO

O *ranking* tradicional nas artes marciais japonesas é dividido em três níveis: *shoden, chuden* e *okuden. Sho* significa "principiante", *chu* significa "intermediário" e *oku* significa "profundo" ou avançado. *Den* significa "passar ou transmitir". Em outras palavras, o nível da pessoa dependia somente da habilidade realmente adquirida. Como você poderia ser convocado para se defender, proclamar um título além da sua habilidade real poderia resultar em uma situação extremamente embaraçosa, ou até em morte.

A ideia do sistema de dan parece ter tido origem na China, contudo, pode haver sobreposições aproximadas sobre a ideia desses três níveis. Nessa perspectiva, shoden, o nível principiante, pode ser visto como dividido em *shodan, nidan* e *sandan*. O nível médio de chuden é dividido em *yondan, godan,* e *rokudan* — quarto, quinto e sexto dan. O nível de mestre inicia-se no sétimo (*nana*) dan e termina no nono dan. O décimo dan não tem lugar nesse sistema. O número dez, escrito como uma cruz, é o símbolo da perfeição de Deus.

A prática física do Aikido é uma ferramenta que usamos para descobrir os princípios do movimento, subjacentes a ambos, o corpo e a mente. Deve ser entendido como no provérbio japonês *ishi no ue ni san nen*, ou seja, três anos sentado na pedra. Significa que você deve se devotar determinadamente, sem o mínimo desvio, por pelo menos três anos a fim de tornar-se um shodan — um principiante.

Shodan, no Aikido, implica que a forma da técnica básica, ou o treinamento kotai, foi entendida. No nível nidan, o aikidoísta deve ser fluente nessas formas e ser capaz de executá-las naturalmente e com rapidez. Não é aconselhável concentrar-se muito na força nesse ponto. Se

■ *Ishi no ue ni san nen*

o aikidoísta torna-se preso à forma nesse nível, pode destruir a fluidez necessária para um desenvolvimento superior.

Sandan (terceiro nível) é o nível de maestria do shoden e o início do treinamento ryutai. A energia é adicionada à fluidez. É um tipo de *shinshin toitsu*, ou unificação do corpo com o ki. Dizem, às vezes, que é o momento de maior potencial físico, contudo, a estagnação é o maior perigo nesse período. Se houver um equívoco no domínio da força e da técnica, o progresso futuro torna-se impossível.

No nível sandan, deve-se refletir sobre o equilíbrio entre a vontade (fogo) e a vitalidade (água). Quando a vitalidade vem a reboque da vontade, haverá harmonia. Entretanto, quando a vitalidade é maior que a vontade, levará ao caos. Aprender a equilibrar essas duas coisas e a harmonizá-las leva à sabedoria do autoconhecimento.

No Yondan, inicia-se o treinamento chuden; a fusão do corpo e do ki obtida no nível sandan deve ser desatada a fim de se descobrir maior liberdade e controle. Cada parte do corpo deve ser capaz de mover-se independentemente, contudo, sem perder a unidade do corpo todo. Em outras palavras, a direção do movimento do corpo físico não necessariamente indica a direção em que o ki está focado.

No nível yondan, inicia-se o estudo intuitivo das oito energias como yin e yang. Deixando a potência física do sandan, as mãos e os quadris ficam livres e torna-se possível mover-se em um estilo complementar, independente um do outro. A concentração é constantemente deslocada entre forma e sentimento. Primeiro deve-se dar importância à forma, até o momento em que se obtém a unificação com o seu parceiro. A partir de então, o sentimento torna-se mais importante.

Godan (quinto dan) é o ponto pivô no estudo do Aikido. Cinco, é o meio do caminho entre o um e o nove, indica o ki vertical da dimensão I, o fulcro do princípio. Colocar a mente no ponto um é o início do treinamento, ainda no quinto dan, o ponto um deve ser assimilado como o ponto pivô para o yin e yang, o centro do controle do corpo todo.

Tradicionalmente o quinto dan era o primeiro nível em que se considerava aceitável ensinar aos outros. Nesse nível, o aikidoísta deve ser capaz de descobrir e corrigir seus próprios erros. O que não é possível sem uma atitude humilde e modesta. Em outras palavras, se necessário, o praticante deve ser capaz de continuar a crescer na direção saudável e correta mesmo sem um professor.

No sexto dan, a constituição espiritual deve ser estabelecida. Isso significa que seu ki tornou-se yang, ou positivo. Nesse nível seu kitai, ou ki do corpo, é entendido como uma realidade fundamental. Há ali um grande potencial, mas sempre em reserva. Exteriormente manifesta-se um sentimento gentil. Isso é o *mono ni narimashita*, ou tornar-se pleno.

O sétimo dan é o primeiro nível da maestria. O foco não é mais a técnica, mas a completa liberdade em manifestar o princípio do Aikido. Nesse estágio, o aikidoísta deve ser capaz de controlar o seu ki apenas com a intenção. A realidade é que ninguém tem mais ki do que o outro; o que importa é como usamos nossa mente e direcionamos nosso ki. Esse é o início do real treinamento espiritual; não deve haver nenhuma ira e nenhum apego pela vitória.

O oitavo e o nono dan são níveis que se ocupam principalmente da aplicação do entendimento de todos os aspectos da vida. Independentemente do *ranking*, a única coisa e a mais importante de todas para o estudo do Aikido é a busca espiritual contínua. Sem isso, dificilmente alguém será um mestre.

Ao iniciar como shodan, é fundamental assimilar o significado de cada nível, de maneira que o aluno fique ciente do conhecimento requerido para o próximo passo do treinamento. É também de grande valor que haja consistência quanto ao *ranking* entre os alunos ao redor do mundo. Sem isso, o sistema todo perde seu sentido.

Há uma tendência no Ocidente de se usar o *ranking* como um meio de constituir uma organização. Essa é uma atitude irresponsável e danosa ao sistema, assim como para os alunos individualmente. Se a graduação é concedida muito cedo, há uma forte tendência de o aluno perder a direção e estagnar.

OS NÍVEIS DE TREINAMENTO

Embora o Aikido seja fortemente influenciado tanto pelos espadachins japoneses como pelo jiu-jítsu, seu princípio espiritual deriva unicamente do princípio do kototama como ensinava Deguchi Onisaburo. Sabe-se que O-sensei discursava sobre isso de tempos em tempos no Byakko, ou na organização "luz branca" em Tóquio. Assim ele descrevia o Aikido: *O Aikido é um espírito, quatro almas, três origens e oito energias.*

No Capítulo 1, os três níveis chamados de *kanagi*, *sugaso* e *futonorito* foram apresentados. Um espírito e quatro almas foram também explicados como as dimensões das vogais. Em nosso treino físico, devem ser entendidos como: A = expansão, a vida da técnica; O = contração e continuidade; U = hara, a fonte de nosso ki; E = a direção de nosso ki; e I = o ponto um, a fonte do nosso movimento.

O sentimento de expansão contínua da dimensão A deve ser mantido o tempo todo. Sem isso, nossa técnica reverte-se para a força bruta. O ki da dimensão O cria o peso natural e a concentração, a fonte de nossa energia. O ki da dimensão E dá a direção para essa energia, e o ki da dimensão I enraíza essa energia em nosso centro.

O-sensei também usava o ensinamento do kanagi, sugaso e futonorito para explicar os estágios do desenvolvimento e do treinamento do Aikido. São eles: kotai (sólido), jutai (flexível) e ryutai (fluido), e cada nível depende do domínio do precedente. Ryutai já está no nível da maestria, contudo, ultimamente, o quarto nível de kitai, a técnica da mente sobre a matéria, foi acrescentado. Vamos observar como esses níveis trabalham no aperfeiçoamento do Aikido.

Kanagi (Treinamento Kotai)

O kanagi é físico, é uma abordagem baseada na perspectiva física do ki da dimensão U, contudo, ao final também revela o ki do nosso corpo. Nosso ki é como um cabide em que nosso corpo físico fica pendurado. Esse tipo de prática é chamado de *kotai*, um sólido treinamento corporal.

Com essa abordagem, nós não conseguimos ver a qualidade expansiva do ki da dimensão A, mas o treinamento kotai desenvolve nosso sentido de toque e nos centraliza no ponto um. No budo japonês, o treinamento do *sumo* é baseado no *tai-atari*, uma colisão direta de forças, e era originalmente praticado por todas as crianças do sexo masculino. Sem esse tipo de treinamento, haverá dificuldade em descobrir a habilidade para unificar-se com o ki do seu parceiro num nível mais profundo. Aqueles que repudiam o contato físico direto raramente descobrirão no início a energia de unificação da qual o Aikido depende.

O treinamento kotai é a base para o nosso conhecimento físico, o nosso sentido de tato. A pele é o nosso cérebro original; o sentido de tato, portanto, é a base da percepção intuitiva. Tanto no treinamento físico como no espiritual, o primeiro conhecimento importante a ser desenvolvido é o conhecimento do corpo.

A real dificuldade para se mover enquanto você é firmemente agarrado oferece uma oportunidade para a mudança de foco do músculo físico para a técnica. Dessa maneira, os intrincados detalhes da técnica são assimilados um a um.

É nessa situação de conflito direto, na qual o músculo físico não funciona mais, que nos deparamos pela primeira vez com o princípio do triângulo, a base de todas as técnicas básicas. O treino kotai também aplica-se aos movimentos básicos, o treinamento em letras maiúsculas, em que o aluno se move dentro do padrão triangular da técnica. Usando essa forma, um confronto direto do músculo físico pode ser utilizado para descobrir o método básico para desequilibrar o parceiro.

É o que O-sensei chamava de treinamento Aratama. A ênfase aqui é no desenvolvimento da força física e na resistência dos ossos e dos músculos, embora isso não deva ocorrer em prejuízo da flexibilidade. A progressão natural do desenvolvimento é do flexível para o sólido.

A Terra, por exemplo, nasceu de um estado gasoso que depois materializou-se em água, e finalmente na firmeza da terra. Até mesmo nossos ossos são muito flexíveis quando nascemos. O progresso chega abruptamente e dá uma pausa quando uma forma fixa é constituída. O treinamento apropriado do Aikido, portanto, deve começar com movimentos largos, livres e flexíveis.

Um músculo rígido não consegue ficar mais forte. Não vale a pena, em momento algum, praticar com os músculos tensos. Você deve encarar o treinamento básico como o contato do corpo todo com a mente, embora os músculos, especialmente os dos ombros, nunca devam estar tensos. Estudando o tai-atari, ou o contato do corpo, procure o método de se movimentar além da força de colisão direta.

Sugaso

Em contraste com a ordem física do kanagi, a ordem sugaso (AOUE) possui um enfoque mais espiritual para o treinamento. Está baseada na expansão contínua do ki da dimensão A. É o AO, o treinamento de Sakitama e Nigitama. O ki da dimensão A cria a atitude que abriga tudo, necessária para uma prática relaxada, sem tensão. A dimensão O dá a ele continuidade como *ki-musubi*, unindo seu ki com o do seu parceiro. Quando o ki da dimensão A amadurece, ele se manifesta como O. O apego diminui, e a harmonia substitui a competição por uma ferramenta para o sucesso mútuo, tanto seu como do seu parceiro.

O ki da água de AO manifesta o jutai, ou a abordagem do corpo flexível para a técnica do Aikido. Em continuidade ao treinamento kotai, esse é o próximo passo natural. Somando-se ao desenvolvimento sem esforço da flexibilidade e da força, isso também nutre a maturidade de maiores qualidades humanas — o senso de cuidar e nutrir os outros. Isso induz a um senso de orientação para trazer coisas para a fruição.

O treinamento de Nigitama é o desenvolvimento do ki e a capacidade para projetá-lo. Isso é impossível enquanto toda a tensão não for removida de seus ombros. O mestre Koichi Tohei certa vez afirmou: "Há espaço entre a pele e os ossos." Em outras palavras: se você for flexível, sempre haverá um espaço para se mover.

À primeira vista, isso pode parecer contraproducente, porque a energia não surge imediatamente. Mas a longo prazo, será descoberta uma energia muito maior. No enfoque sugaso para as técnicas do Aikido, toda defesa deve ser eliminada. Esse é o espírito de aceitação que tudo abarca. Se você está de corpo aberto continuamente, os braços deixam de ser uma obstrução entre o uke e você.

Como um método de aprendizado, sugaso ensina a esperar e receber totalmente a energia do seu parceiro antes de tentar arremessá-lo. Enquanto isso não for assimilado, a técnica de Aikido não será eficaz, nem como autodefesa e nem como treinamento espiritual. Resistindo ao impulso de arremessar, você perceberá que há tempo mais do que o suficiente.

Manter a unidade no movimento, é o ki-musubi, a singularidade do treinamento de Aikido. É desse modo que você manifesta o *inori*, ou prece. É fazer a fusão do seu ki com o do seu parceiro e carregar sobre o centro dele. No Aikido nós devemos tentar controlar por cima, em vez de fazer oposição um ao outro no plano horizontal.

A abordagem sugaso também não é confiável como autodefesa enquanto o domínio do ryutai não for atingido; isso tende a deixar o iniciante excessivamente vulnerável. Entretanto, nos seus últimos anos, O-sensei preferia enfatizar a beleza e o sentimento espiritual do Aikido por meio desse enfoque. Ele usava esse tipo de movimento em suas demonstrações públicas, mostrando precisamente que o movimento expansivo e gracioso realmente pode ser eficaz.

Futonorito

O enfoque futonorito expressa a integração do físico com o espiritual. É o caminho do meio, a maneira de se manter no centro. É baseado no kototama do IE, a expressão da suprema sabedoria. Essa ordem manifesta-se como técnicas ryutai. Novamente, esse é o treinamento do Kushitama (I) e do Aratama (E).

Com a ordem futonorito (AIEOU), a expansão da dimensão A é instantaneamente ancorada na dimensão I, nosso ponto um. É o AI, a harmonia, de onde deve surgir o movimento adequado. Com a expansão de A que está enraizada na dimensão I, se dá a direção econômica e precisa pelo julgamento do E. No equilíbrio entre os três kototama, AIE, está a marca do mestre. É a ordem mais alta tanto do corpo como da mente.

A ênfase aqui está no contínuo desenvolvimento de maior precisão, sutileza e sensibilidade. Enquanto o julgamento (e, portanto, o movimento) torna-se mais refinado, há o aumento da sensibilidade para a dimensão I e, em consequência, da função do ponto um. Quando o ponto um torna-se a fonte do seu movimento, o Aikido transforma-se no "zen em movimento".

A prática do movimento da ordem futonorito mimetiza o movimento da natureza e, assim, desenvolve um movimento econômico e preciso. A unificação do Céu (A) e da Terra (I) é como o Sol derretendo o gelo no inverno e dando liberdade aos riachos e afluentes, que, procurando pelo caminho da menor resistência (E), correm para o oceano. As águas preenchem os oceanos (O) que unem as terras (U).

Baseado na ordem futonorito, o treinamento ryutai é prontamente prático e espiritual. No treinamento ryutai não há separação entre ataque e defesa. No instante em queo seu parceiro se coloca em movimento, você já deve estar conduzindo o ki dele para o seu hara. Praticando o *sente*, ou a iniciativa, você se move ao mesmo tempo que o seu parceiro.

Em outras palavras, você deve conseguir fazer uma conexão mental imediata entre o hara do uke e o seu. Se você tentar conduzir o ki dele sem esse tipo de foco mental, ele usará seu movimento contra você. Se você mantiver essa consciência, o uke não conseguirá remover a intenção original dele.

Nas técnicas ryutai, todos os pontos básicos do kotai são abreviados, mas nunca omitidos. O processo de três passos — entrar, executar a técnica e arremessar — deve acontecer em um movimento. A forma torna-se definitivamente simples, mas imediatamente eficaz. Isso é possível à medida que o grau da sua fé no próprio centro aumenta.

Por meio do treinamento ryutai, o ki da dimensão E amadurece, trazendo precisão, graça e habilidade ao seu movimento. A dependência da força e da manipulação é substituída pela confiança e fé no seu próprio ser. O ki da dimensão I pode ser atingido apenas pela contínua e sagaz percepção do ki da dimensão E. Essas duas dimensões são tão bem amarradas que não é possível treinar uma sem treinar a outra.

Quando ryutai, o treino prontamente mais prático e realista do ki da dimensão E, passa a ter a maior ênfase em nosso treino diário, o kotai e o jutai podem ser usados para enfatizar pontos particulares dependendo, caso a caso, da situação. Para o aluno avançado, a ênfase pode ser ocasionalmente movida de técnicas ryutai (E) para kitai (I). É o desenvolvimento do espírito ou da mente sobre a matéria. Isso requer a capacidade de direcionar o seu ki instantaneamente para onde quer que seja necessário, e criar mudanças sutis para uma dada situação, meramente ajustando o foco do seu ponto um.

Nas técnicas kitai pode haver ou não alguma conexão física, contudo, se o uke conseguir estabelecer contato, ele deve ser imediatamente arremessado pelo próprio contato. Em outras palavras, seu ki deve estar conectado tão fortemente como se houvesse conexão física.

MOVIMENTO DO CORPO

Nas cinco regras de Aikido de O-sensei, encontramos: *A prática diária começa com um suave movimento do corpo, gradualmente aumentando em intensidade e força, mas não deve haver sobrecarga. É por isso que mesmo uma pessoa mais velha pode continuar a praticar com prazer e sem prejudicar o corpo, pois é justamente assim que ele atingirá a meta de seu treinamento. Não contrarie a natureza; a moderação é a chave.*

Essa abordagem descontraída começa mesmo antes do movimento. As dimensões das vogais podem ser colocadas em prática no estudo da maneira como sustentamos nosso corpo, da maneira como tocamos, da unificação e direção do nosso ki. Inicia-se com nossa postura, a maneira como portamos nosso corpo e mente.

A verdadeira posição para o Aikido é o *shinzentai* ou *mugamae*, uma postura natural, em pé. Quando damos um passo à frente, formamos o triângulo, a posição hanmi, esse estado relaxado deve ser mantido. Praticar com a postura baixa ajuda a desenvolver os quadris e as pernas — a fonte de sua energia.

"O centro de gravidade do corpo é um pouco acima da metade exata da altura do corpo. No Budo, são os joelhos que se encarregam de ajustar essa diferença. Dobrando levemente os joelhos e abaixando o centro de gravidade, este e o centro do corpo são unificados."[1]

Figura 4.1. A posição hanmi apropriada forma uma linha reta entre a orelha e o joelho.

Nas artes marciais chinesas, isso é chamado de "posição para subir a montanha". Seu sentimento deve manter-se aberto. O sentimento de defesa convida ao ataque, enquanto uma posição positiva e aberta, estar alerta e de prontidão, dificulta a invasão. Estar relaxado, mas consciente, torna você mais bem capacitado para lidar com o que quer que lhe aconteça.

Tentar ficar muito vertical cria tensão na parte de baixo das costas e dificulta o relaxamento. Praticar por muito tempo dessa maneira pode realmente causar danos na parte inferior das costas. O corpo deverá manter-se ereto pela respiração e pelo ponto um. Quando a mente está firmemente centrada no ponto um, a postura torna-se automaticamente ereta.

Uma posição hanmi adequada deve formar uma linha reta de sua orelha até o seu ombro, descendo até o joelho. Dessa maneira não haverá tensão na parte de baixo da coluna.

Uma vez que você entendeu o sentimento correto com relação à sua postura, o próximo passo é praticar a extensão do ki. De pé em hanmi, fique na postura de gratidão. Respire o ki da atmosfera (céu) e da terra para o seu ponto um, estenda os seus dedos e devolva o ki, retornando-o para a natureza e o universo.

Cada articulação controla a articulação que está acima, contudo, é a respiração, ou ki, percorrendo as articulações que as torna funcionais. Quando o uke segura seu pulso, você ainda consegue mover seu cotovelo e ombros livremente, sem destruir toda a conexão corporal. Seus

■ *Figura 4.2. A postura de gratidão.*

dedos devem procurar o caminho da menor resistência em que a energia de colisão será liberada.

Uma linha reta de ki entre seu ponto um e o do uke deve ser criada pelo seu foco. Essa conexão espiritual deverá ser firme, sem nenhuma folga. Sua conexão física, entretanto, deverá ser frouxa, com uma boa margem entre você e o seu parceiro. Os dedos deverão subir em um mudra de fogo apenas enquanto a resistência do uke diminui.

Para que seu ki seja muito bem estendido, é necessário liberar a tensão de todas as articulações do seu corpo. Quando o ki está em seu máximo de extensão, os cotovelos e os punhos ficam levemente dobrados. Se os braços forem superestendidos, a extensão do ki vai a zero. Os dedos mostram a direção do ki, embora eles sigam o movimento dos punhos.

Os punhos, por sua vez, seguem o movimento da cintura. Dessa maneira, a direção do ki se desenrola constantemente. "No movimento, todas as partes do corpo devem estar leves, ágeis e alinhadas."[2] A ponta dos dedos procura o caminho de menor resistência, a direção para a liberdade, embora seja o hara que se move primeiro e equilibra essa direção.

O hara se move sozinho, e os dedos o seguem como um rabo de cometa, mais devagar e dispersando o excesso de energia gerado pelo movimento. Em outras palavras, seu dedo nunca deve apontar diretamente para a dificuldade. A direção dos dedos mostra o ki do fogo. É espiritual no sentido de oposto ao físico, fraco exteriormente, com pouca capacidade para suportar a força física.

O ki do fogo dá à energia do uke uma nova direção em vez de uma direção diretamente oposta. O ki da água deve manter-se passivo e seguir a direção do fogo. Essencialmente, isso significa que a quantidade de tensão no corpo inteiro deve ser equivalente à quantidade requerida para manter as mãos abertas. Mesmo ao estender os dedos, todas as articulações da mão devem estar livres e móveis. Ensina-se que é aconselhável colocar uma leve quantidade de tensão no ponto um, contudo, isso retarda o movimento e deve ser evitado.

As pernas também devem estar soltas, leves e capazes de se mover rapidamente. Contudo, o corpo todo deve estar enraizado na terra. A máxima de um velho samurai afirma: "O corpo deve ser pesado, embora os pés devam ser leves." De pé e em movimento, seu peso deve apoiar-se sobre seus próprios pés.

Especialmente ao girar, seu peso nunca deve estar em ambos os pés. Se o seu peso estiver em ambos os pés e se eles estiverem muito afastados, você não conseguirá responder às mudanças de movimento do seu parceiro.

A parte superior do corpo é governada pelo ki do céu e deve flutuar naturalmente. Se seu corpo está unificado pelo seu ki, seus braços parecerão flutuar encaixados nos ombros e a parte superior do corpo parecerá não pesar sobre o quadril. A prática desse sentimento desenvolve o ki da dimensão A, o ki do céu.

Seus braços devem apoiar-se no corpo do uke apenas com o peso deles. Essa é a prática da água, ou o ki da dimensão O. Tentar colocar o peso sobre o seu parceiro apenas o torna mais estável. Para equilibrar, a direção dos seus dedos ramifica-se horizontalmente. Essa é a prática do ki do fogo da dimensão E. Dessa maneira, a concentração do seu peso natural cria um vácuo entre o uke e você, e ele é levado para baixo pelo seu ponto um, ou o ki da terra.

Num movimento relaxado seu peso deverá permanecer na planta dos pés, entre os dedos e o arco do pé, com os calcanhares apenas tocando levemente o tatame. Os pés movem-se rapidamente em *suriashi*, com o dedão alinhado à tíbia. Às vezes, vemos o uke batendo os pés. Isso é chamado de *bataashi* e essa não é a forma ideal de se movimentar. É melhor manter contato com o chão.

Entretanto, deslizar o pé desnecessariamente é um equívoco. Não é adequado, visto que em geral o terreno natural da terra não é plano, o

■ *Figura 4.3. Os dedos sobem quando você corre rápido.*

que dificultaria o deslizar. Quando você corre rápido, seus dedos devem ser levantados e os calcanhares fazem contato com o tatame primeiro.

Mantendo o corpo adequadamente com o seu ki estendido, iniciar o movimento para a frente do seu hara. O movimento do seu corpo todo deve ser muito maior do que o movimento dos seus braços. A força física vem da terra e é expressa por meio de nossas mãos e braços. "O movimento deve ser enraizado nos pés, liberado pelas pernas, controlado pela cintura e manifestado pelos dedos."[3]

O iniciante não deve tentar criar energia quando seu corpo está completamente parado. O movimento do corpo todo de um mestre é frequentemente indetectável, mas, se estiver faltando, a conexão com o ki é perdida. Ninguém tem mais ki que ninguém, contudo, sua eficácia depende do foco apropriado e de não obstruir sua função natural.

O movimento das mãos e dos braços é criado pelo levantar, abaixar e girar do corpo (1). O movimento natural dos braços é apenas de extensão, retração e giro. Todos os outros movimentos envolvem força não natural. Quando abaixamos o corpo, o hara abaixa-se liberando as pernas. Em seguida, os punhos descem e em consequência os dedos se elevam (2).

Os dedos deveriam sempre enviar o ki levemente além da energia do uke. A ideia é contornar ou ir além da energia do seu parceiro. Entretanto, o ki do seu hara deve ser passado diretamente para o quadril do

Figura 4.4. O movimento dos punhos e o das mãos seguem o movimento do hara.

uke. Se suas mãos estiverem livres, sua mente deverá estar livre também. Mesmo entrando em direção à resistência do uke, você deverá ser capaz de encontrar um espaço em que seu corpo inteiro possa se mover livremente.

O-sensei dizia: *O trabalho do universo está em nossas pernas; o trabalho da mente está em nossas mãos.* Os quadris controlam a parte inferior do corpo. Nossa energia vem da terra e é distribuída pela cintura. O hara controla a parte superior do corpo. O ponto de unificação dos dois é o ponto um. Se você receber a energia do seu parceiro no ponto um e descobrir uma direção livre com seus dedos, será impossível deter seu movimento.

O ponto um também é o ponto de encontro entre tate e yoko. Quando você aprende a respirar, pensar e sentir por esse centro psíquico, não há mais separação entre corpo e ki. Não se trata mais da mente se sobrepor à matéria, mas de mente e matéria unificados. Esse é o método que a natureza usa exclusivamente. Empurrar, puxar, levantar, reprimir, ou qualquer manipulação com os braços que seja, não deveria existir. O ponto um, entretanto, sendo uma função da mente, está livre para quebrar todas essas regras.

UKEMI

Finalmente, é necessário dizer algo sobre a arte do ukemi. Essa é a ferramenta mais importante para o aprendizado do Aikido. É somente recebendo o sentimento do seu professor e seus seniores que a transmissão direta do Aikido é possível. A imensa quantidade de repetições é talvez um mal inerente a todas as disciplinas físicas e espirituais. Se essa repetição levar a um movimento habitual e não ao conhecimento elevado, isso será difícil de ser desfeito.

As quedas dinâmicas praticadas pelo uke podem ser um meio habilidoso de escapar de posições frágeis e vulneráveis, contudo, isso não deve se tornar uma resposta habitual. Para o iniciante é um excelente condicionamento físico, embora numa situação real de autodefesa isso também possa levar a uma falta de foco.

Essa questão é especialmente problemática em virtude da sensação de bem-estar proveniente da repetição física. O aluno facilmente vicia-se nos benefícios físicos desse tipo de condicionamento e confunde isso com o entendimento real. O falecido Kisaburo Ohsawa, nono dan, afirmava: "Se você deixar o Aikido por três anos, poderá demorar apenas três dias para obter novamente o que você perdeu."[4]

Nos primeiros três anos, a grande quantidade de *renshu*, ou prática repetitiva, é absolutamente essencial. É um tipo de misogi, ou purificação espiritual, que transforma você num canal de aprendizado intuitivo. "Não é possível aprender a espontaneidade e a naturalidade. Mas é possível desaprender todos os fatores inibidores para mantê-lo sendo você mesmo, naturalmente e sem esforço."[5]

Se você ainda depender da repetição depois de dez anos de prática, você perdeu inteiramente o significado do Aikido. Dentro de três a dez anos, o aluno deveria prosseguir além do renshu e graduar-se para *keiko*. A palavra *keiko* significa "estudar e incorporar a sabedoria do tempo passado". Isso é impossível sem uma atitude humilde e sem arrogância.

A arte do ukemi é a arte de receber, embora esse receber inclua inicialmente a capacidade de receber crítica com gratidão e, no final, aprender a descobrir seus próprios erros antes mesmo de lhe chamarem a atenção. Tradicionalmente, os professores raramente criticam um aluno a menos que sintam que ele tem um potencial excepcional. Um aluno talentoso pode tornar-se um professor, mas, se for mantida uma atitude egocêntrica, a arte degenera.

Nas palavras do fundador: *Parece que as pessoas modernas pensam que podem dominar o Budo simplesmente movendo o corpo sozinhas. Quando olho essas pessoas que estão sendo treinadas com essa atitude, sinto uma dor inexprimível e ao mesmo tempo uma grande responsabilidade. Um dojo é um*

■ *Keiko*

lugar para o treinamento de um caminho, apesar de nos dias de hoje os dojos se assemelharem mais a fábricas.

A prática física de receber se inicia com a arte da queda — aprendendo a receber no tatame. Você deve aprender a cair com segurança e habilidade, mas sem abrir um *suki*, ou ponto de vulnerabilidade. A prática do ukemi ensina você a se manter mentalmente centrado mesmo quando o equilíbrio físico é perdido.

A meta aqui é aprender a ver o que não é aparente — abrir os olhos da mente. É desenvolver a habilidade de intuir o movimento do seu oponente antes que ele seja executado. Um momento de reflexão revelará que essa habilidade é, de fato, essencial para a arte de autodefesa. A harmonia é a mais impenetrável de todas as defesas. Se você lê a intenção do seu parceiro, você será capaz de mover-se junto com o ataque.

Desenvolver esse tipo de sensibilidade também significa ser capaz de escapar de perigos antes que eles ocorram. Por essa razão, a prática do ukemi do Aikido pode parecer uma derrota consentida. Mas, é evitar o que ainda não aconteceu. Por outro lado, se o seu parceiro abre um suki, o que deve ser feito para harmonizar é preencher essa abertura com um atemi, um ataque, ou *kaeshi waza*, uma técnica reversa.

O Aikido é uma arte marcial não competitiva. Não há regras como nas competições de karatê e judô. Entretanto, é necessário levar a sério todas as possibilidades abertas pelo seu parceiro e ser responsável para defender-se delas. Se essa atitude for perdida, os valores espiritual e marcial do Aikido deixam de existir. Não há a possibilidade de uma defesa eficaz sem a possibilidade do ataque.

O Aikido algumas vezes é descrito como *sente no nai budo*, ou a arte marcial que não inicia o ataque. Isso não significa, entretanto, que você deverá esperar pelo ataque e tentar harmonizar se a ele. Tal atitude leva à ação e reação e à força de colisão física. "Se os outros se movem suavemente, eu me movo primeiro."[6]

Na prática, seria impossível conduzir ou harmonizar-se ao ki do seu parceiro sem o potencial do atemi. Ao entrar diretamente com o atemi, você muda a intenção do seu parceiro. Nesse momento o ataque dele torna-se defesa. E é a esse movimento defensivo dele que você deverá se unificar.

Se você tentar se unir ao ataque do seu parceiro, estará contribuindo com a tentativa dele de atacá-lo. Se, por outro lado, você se opuser a ele diretamente, o resultado será quase o mesmo. A maneira de o Aikido tratar a situação é a seguinte: reagir à intenção do seu oponente antes que ela tome uma forma física. O fundador afirmava: *Mesmo aquele que apenas considera a possibilidade de me atacar, já perdeu; pois ele está corrompendo a ordem do universo.*

A meta do Aikido é chegar a um nível em que um ataque real seja desnecessário; é ser capaz de conduzir a mente do seu parceiro, por meio do seu próprio conhecimento de uma outra possibilidade. De acordo com o fundador, entretanto, em um confronto real, 70% é atemi e 30% é técnica. Na prática diária, portanto, você deverá estudar os vários atemis relacionados a cada técnica.

Por meio da arte do ukemi, no final o aluno entenderá como a competição e a rigidez são fúteis. É necessário eliminar ambas as amarras, do corpo e da mente. Enquanto você carregar um sentimento de competição, cairá na ação e reação. Isso torna impossível uma prática produtiva. Um bom atemi não é nem a obstinação nem a complacência, mas ouvir e harmonizar.

Ao ser forçado para baixo, você deve sempre receber a energia do nage em seu hara e então inclinar a cintura. Sempre incline para o lado, nunca diretamente para trás ou para a frente. Como um acrobata andando sobre a corda, inclinando-se de um lado para o outro enquanto se move para a frente. Dessa maneira, você pode aprender a usar a energia do hara, em vez da pouca força dos seus braços. Quando forçado para baixo, abaixe todo o seu corpo em vez de resistir com seus ombros e pernas. A resistência causa a estagnação do movimento e possibilita o ataque do seu parceiro.

Os primeiros alunos do fundador já eram mestres de outras artes marciais, contudo ele não permitia nenhuma resistência física antes de três anos de treinamento, ou do nível sandan. Para aqueles que começavam sem nenhum conhecimento marcial, seriam dez anos de treinamento. O iniciante não está consciente das possibilidades abertas pelo seu parceiro, portanto a resistência não faz sentido.

Por outro lado, o uke é responsável pela realização de um ataque significativo. Se o ataque não for real ou faltar vitalidade, seu parceiro não conseguirá exercitar apropriadamente o kokyu e o sincronismo. O ataque deve ser desferido instantaneamente, com uma tensão momentânea e a liberação dessa tensão no momento do contato. "Armazenar a força internamente como se estivesse tracionando um arco (fogo). Liberá-la como se estivesse soltando uma flecha (água)."[7]

A liberação da tensão não só prepara você para receber e harmonizar-se com a energia do nage, como também o libera para um segundo ataque. Se você mantiver a tensão após o seu ataque, não será capaz de adaptar-se à resposta do seu parceiro.

Ao segurar o punho do seu parceiro, evite pressionar a palma da mão firmemente contra ele. Isso interrompe a extensão do seu próprio ki. Sua pegada deve sempre enfatizar os lados do fogo e da água de suas mãos, a palma da mão deve tocar suavemente. Empurrando para dentro, use o mudra da água. Puxando de volta, use o dedo mínimo e o mudra do fogo.

Quando seu parceiro ataca com velocidade e força, há uma tendência para enrijecer e reagir com os ombros. O medo de ser golpeado deve ser substituído pelo sentimento de transparência. Não bloqueie ficando estático e preso ao chão, em vez disso mova-se para fora do ataque e direcione o ki do seu parceiro. Os castelos japoneses geralmente têm um fosso em volta, de maneira que o inimigo não consegue atacar. Nossa mente pode se tornar a água que nos separa do ataque. O-sensei ensinava: *Use a ponta da lança de seu inimigo como seu escudo.*

A arte do ukemi é a arte da vida. Os seres humanos deveriam ser os receptores mais sensíveis de todos os seres. Aprender a receber e carregar o ki do seu parceiro é essencial para o ki-musubi, portanto, para todas as técnicas do Aikido. Esse ki carregado é a sílaba sagrada Aum ou Om. É a vibração do universo manifestando-se.

Mestre Ueshiba iniciava seu *kagura mai*, ou dança dos deuses, entoando *Omoomoomu* várias vezes. Ele explicava que com o som do O e do U ele expressava o início do movimento natural. O ki do O, mistura-se com o ritmo do M e também cria o kototama do Mo. O Mo tem a função de trazer o kototama mais perto uns dos outros e mantê-los unidos. Em termos do Aikido, essa é a atividade do ki-musubi.

O ESPÍRITO DO IKKYO

Ikkyo, Irimi nage e Shiho nage são os três pilares do Aikido. Ikkyo — literalmente, "o primeiro ensinamento" — é o mais simples, o exemplo mais fundamental de suberu, o princípio espiral do Aikido. O movimento inteiro do Ikkyo abre como Su-A-I-E-To-Su. Ikkyo é o de-ai, o ponto de encontro de duas forças.

O símbolo do Su (representado no primeiro capítulo) mostra o centro do seu parceiro e a periferia da técnica. Com o seu hara focado diretamente no centro do uke, hi no te e mizu no te direcionam o ki do uke para o vazio. Como na expressão bíblica: "Uma roda no meio da roda." Em outras palavras, a forma espiral criada pelo tate e pelo yoko

■ *A representação simbólica do Ikkyo*

■ *Ikkyo*

desequilibra o uke para que ele possa ser abaixado com uma pequena pressão.

Prosseguindo, o ki da não resistência manifesta o kototama do Su. Levantar do ponto um e expandir é o Ya. A é o ki da água dentro do céu vazio da dimensão U. O I é o centro desse ki, que dá a ele movimento. O ki da dimensão E ramifica-se horizontalmente, enquanto o ki da dimensão O pousa no centro do uke apenas com o peso natural do corpo.

Mantendo o equilíbrio das oito energias, passamos pelo centro da técnica com graça e sem esforço. Esse é o kototama do To-Su. Em termos espirituais, o kototama do To-Su é o ki do cruzamento sem esforço para a outra margem. É o *satori*, ou a claridade da iluminação.

Ao manifestar dessa maneira a ordem futonorito das vogais, mantém-se o perfeito equilíbrio entre: um espírito, quatro almas, três origens e oito energias; enquanto você se move sem esforço durante a técnica. De acordo com as palavras de sensei Yamaguchi Seigo: "Existem apenas o tate, o yoko, o naname e o tsuki. Não há nada além do vertical, horizontal, diagonal e do impulso para o centro." O equilíbrio dinâmico entre o tate e o yoko cria o naname, a forma diagonal do movimento do seu braço. Ao atravessar o centro é abastecida a fonte contínua de ki para seus braços.

Shomen Uchi Ikkyo (Ryutai)

Entrada: De-Ai

Como foi explicado no Capítulo 3 sobre o kokyu, há três estágios em cada técnica: receber, carregar e liberar o ki. A entrada é a parte mais importante de qualquer técnica de Aikido. No Aikido, você entra com o propósito de receber no seu ponto um a energia do seu parceiro. Assim que entrar, estenda seus braços e leve o ki dele para o seu hara (1).

Você deve alinhar seus quadris com os do seu parceiro enquanto ele ataca e então, ao abaixar-se, receba o ki dele no plano vertical (tate). Ao receber adequadamente, você internaliza a energia do uke e dá a ela nova direção (2). Assim que receber a energia do uke, guie-a para cima e para fora do corpo dele.

■ *Figura 4.5. De-ai: entrada.*

■ *Figura 4.6. Estabeleça a unidade de todo o corpo e desequilibre seu parceiro imediatamente.*

■ *Figura 4.7. O ki descendo e subindo — quadris e braços movem-se em oposição.*

Seu corpo move-se diretamente para o uke, contudo não deve haver nenhum empurrão que seja. Um verdadeiro mestre é sempre um receptor. Dessa maneira, você estabelece a unidade e desequilibra seu parceiro imediatamente. A descida do seu corpo e a subida dos seus braços devem ser simultâneas (3 e 4). Essa é a maneira correta de manifestar as energias do Hi e do Ni, Céu e Terra.

■ *Figura 4.8. Virando em direção ao ataque do uke.*

■ *Figura 4.9. Submeta o uke controlando o espaço em volta dele.*

Quando seu parceiro atacar, simplesmente gire seu corpo na direção do braço dele. Desse modo, você dirigirá a energia do braço dele para fora mesmo enquanto avança no omote dele, que é o ponto de equilíbrio mais frágil (1 e 2). Em vez de tentar controlar o corpo ou o braço do seu parceiro pela manipulação direta, submeta o movimento dele controlando o espaço em sua volta (3).

Figura 4.10. O ataque kiri oroshi de encontro com a tesoura.

Uma Variação para Receber

Se o uke atacar com o *kiri oroshi*, ou um ataque forte de cima, há uma tendência de receber com a palma das mãos o braço que desce. Em vez disso, ajuste seu *ma-ai*, ou distância, e levante seus braços na forma de Kokyu undo. Sua mão que sobe criará um efeito tesoura com o braço do uke que desce. Se isso for executado apropriadamente, você deslizará sobre o ataque do uke sem que haja qualquer contato efetivo.

Tai-sabaki: O Julgamento em Movimento

De acordo com os ensinamentos do fundador: *O primeiro movimento da técnica do Aikido é o tsuki*. Primeiramente, isso indica as linhas retas do ki da dimensão I ramificando-se do seu hara para todas as direções. Entretanto, também se refere ao avanço real do nosso corpo para a frente.

Ao receber o ki do uke e levá-lo para o seu hara, seu corpo novamente domina o centro do uke. Seus braços direcionam o ki do uke para fora do corpo dele, ainda que seus quadris continuem diretamente de frente ao centro do uke. Equilibrando o movimento dos quadris, a mão do fogo (E) empurra para a frente com um movimento de espiral em direção à face do uke. Nunca puxe o braço do uke para o lado; isso possibilita que ele escape e o ataque. Em vez disso, deixe que o giro do seu braço leve-o para fora.

Shugyo:
O Treinamento
Espiritual
da Técnica

Empurrando e virando, a mão de fogo naturalmente sobe e então segue para fora e para baixo em direção ao hara do uke. Mais uma citação do *Kototama Hissho: O ki do fogo está originalmente no reino do céu, contudo, seguindo para fora ele desce para a terra.*

Equilibrando o movimento de expansão (yoko) da mão do fogo, a mão da água vira por cima para pousar no topo do braço do uke e, portanto, sobe verticalmente (tate). *O ki da água é originalmente da terra, contudo, subindo, ele circula nos céus.*

Deve-se notar aqui que embora o movimento de empurrar dos braços seja criado principalmente pelo movimento do corpo para a frente, não deve ocorrer nenhum empurrão. Empurrar é o erro mais comum ao tentar executar o Ikkyo e é também o problema mais difícil de eliminar.

A forma da técnica é criada principalmente no reino do tai-sabaki, portanto, o movimento dos braços deve ser explicado com mais detalhes agora. Ao ser perguntado sobre a essência do espadachim, O-sensei respondeu: *Claro, é cortar e empurrar!* Além do valor expresso nessa afirmação, há também aqui um profundo significado.

Empurrar (*tsuki*) e cortar (*kiru*) no Aikido não são dois movimentos separados, mas sim dois lados de um princípio. Empurrar é tate, e cortar é yoko. Enquanto você executa o movimento Ikkyo, a ação de empurrar dos seus braços deve limpar continuamente o caminho para eles descerem.

A mão do fogo sempre conduz o movimento do início ao fim da técnica. Ela nunca exerce força física, em vez disso, segue o caminho da menor resistência. A mão da água segue atrás como se estivesse sendo guiada para um vácuo. É importante notar aqui que a mão da água não segue a do fogo apenas na posição. Ela inicia seu movimento ligeiramente depois de a do fogo iniciar o movimento. É como balançar os braços de um lado para o outro; a primeira mão quase termina o movimento antes de a outra começar.

Suas duas mãos são como generais saindo para uma batalha como chamariz para deter o ataque longe do hara, que é o senhor. No final, é o ponto um sozinho que leva o uke para baixo. Isso é possível porque toda a dificuldade já foi removida; o ponto um não possui a força por si próprio.

Ambas as mãos devem tocar o braço do uke o mais suavemente possível, para que a ênfase recaia sobre a conexão invisível de hara

Figura 4.11. A mão do fogo dirige o ki para longe do centro do uke, enquanto a mão da água dirige o ki para dentro.

para hara. O movimento de suas duas mãos juntas empurra para a frente e abre a porta para seu hara avançar diretamente. Enquanto o ki do fogo e da água abre a porta, o ki da terra passa através do centro e os unifica.

O hi no te (yoko) leva o cotovelo do uke para fora e para longe do centro dele, enquanto o mizu no te (tate) redireciona o ki dele para dentro e em direção ao centro. O mizu no te está associado à terra, atua como um meio para o ki do seu hara alcançar o centro do uke. Os dois juntos, em harmonia, criam um movimento em espiral, ou a forma triangular, em direção ao hara do uke. A função combinada de ambas as mãos, entretanto, é levar o ki do uke para fora do corpo dele. Isso contrasta com o hara, que envia o ki diretamente para o hara do uke, causando um crescimento do ki dele.

Se o hi no te continuar a conduzir apropriadamente, não haverá parada e o mizu no te não irá receber o peso do uke e será forçado a empurrar. O ki da água manifesta a energia como movimento, contudo, a água nunca empurra a terra para baixo. Seguindo o caminho de menor resistência, ela procura o local mais baixo para repousar. Quando a energia mantém-se em repouso e reserva, ela manifesta o julgamento e uma sabedoria mais elevada.

O movimento do Aikido é fundamentalmente o mesmo do da espada. Ao virar seu corpo enquanto você pressiona em direção ao centro do

Shugyo:
O Treinamento
Espiritual
da Técnica

■ *Figura 4.12. Tekatana sobre o pescoço.* ■ *Figura 4.13. Kesa giri.*

movimento do uke, a extensão do ki do seu tekatana descerá por uma linha sobre o pescoço do uke. Isso imita o corte *kesa giri*. Exatamente como a espada, seus braços estendem-se, embora eles conduzam o ki do uke para dentro, enquanto você se move durante a técnica.

Sempre tente controlar a articulação imediatamente acima do local do contato físico. Enquanto sua mão do fogo controla o cotovelo do uke fazendo uma extensão vertical, sua mão da água deve controlar o ombro dele por meio de um giro horizontal. Isso é feito não empurrando diretamente, mas girando para dentro e em direção ao hara dele. Não deve haver nenhuma manipulação direta do braço do uke.

A energia da técnica do Aikido parece ser criada pelos braços, embora na realidade seja gerada pelas pernas, quadris e hara. O uso adequado de pernas, quadris e hara elimina o problema de superestender os braços. A energia gerada pelas pernas e quadris pode ser invisível aos olhos, mas é difícil de ser detida. O Aikido, por essa razão, parece ser falso ou mágico. Com o treinamento, acabamos entendendo que não é nem uma coisa nem outra.

Figura 4.14. Hanmi handachi ikkyo.

Nage e Osae

É quase inevitável que um aluno principiante atinja a meta de ser capaz de arremessar seu parceiro com sucesso. O problema é que mesmo alunos avançados parecem manter essa atitude, como se houvesse um critério de habilidade real. Na realidade, se seu foco está em arremessar, seu Aikido não é aplicável a uma situação real de autodefesa.

Ao tentar arremessar seu parceiro, você estará em seu ponto de maior vulnerabilidade. O arremessar é uma ideia herdada das antigas raízes do Aikido, contudo, na realidade, o Aikido não encara o arremesso da mesma maneira que o judô ou o jiu-jítsu. O Koshi nage do judô é um excelente treinamento para o desenvolvimento dos quadris e das pernas, embora geralmente não seja considerada uma técnica essencial para o estudo do Aikido.

Em vez do *nage*, ou arremesso, o Aikido concentra-se no *osae*, baixando as defesas do seu parceiro e expondo a vulnerabilidade dele. Mesmo que a queda seja bem-sucedida, quando se dá uma ênfase muito grande em provocar a queda, perde-se ponto. A ênfase na técnica do Aikido está em executar o movimento sem impedimentos.

■ *Figura 4.15. To-Su e inori: ao passar pela técnica, o ki do uke é levado horizontalmente para fora do braço dele.*

Seguindo o padrão da terra, fogo, água e novamente da terra, seus braços acompanham a descida do uke naturalmente sem empurrá-lo ou puxá-lo. Quando isso é feito, o uke cai exatamente onde está.

De acordo com as palavras de O-sensei, nós descobrimos a atitude adequada para finalizar uma técnica de Aikido: *Traga seu parceiro para baixo inspirando-se no significado do símbolo do quadrado.*

Estude uma maneira de mover o corpo do uke sem romper a ligação com os braços dele. Quando você conseguir o contato direto de hara para hara, o corpo inteiro do uke irá descer. Quando ele tentar erguer os braços para defender o rosto, todo o corpo dele estará sob controle. Quando ele é derrubado dessa maneira, o ideal é que você passe pela técnica pacificamente. A palavra-chave é *o-ryoki*, que significa "o suficiente". É a economia do movimento que cria a eficácia e a beleza.

Figura 4.16. Ajustando o seu ponto um para manter o controle.

To-Su (passando por) e *inori* (montando ou conduzindo o ki do seu parceiro) são os principais ingredientes da técnica do Aikido. Ao entrar adequadamente, não reverta a direção dos seus quadris, mas mova-se diretamente para a frente em sua nova direção. Aqui, o ponto-chave é que a mão da água deve estar sempre passiva.

Executando o movimento continuamente, mantenha o uke fora de equilíbrio e impossibilitado de se estabilizar no chão. Se o empurrar para baixo, você chegará ao fim da técnica. Isso devolve ao uke a estabilidade das pernas e permite que ele recupere o equilíbrio. Ao guiar o ki do uke horizontalmente para fora dos braços dele, você consegue manter o controle (1 e 2, p. 168). Como o uke luta para levantar-se, continue a manter o controle ajustando o foco do seu ponto um (3 e 4).

■ *Figura 4.17. Suwari waza ikkyo: fique com as pernas unidas enquanto se ergue.*

Suwari Waza Ikkyo

Suwari waza, uma técnica executada de joelhos, é especialmente importante, pois permite ao aluno estudar o movimento da parte superior do corpo sem cair nas evasivas, um erro comum. Também é um método extremamente valioso para desenvolver quadris e pernas, a fonte da energia do Aikido. Ao movimentar-se a partir da postura sentado em seiza, traga as pernas unidas enquanto você sobe e se levanta sobre os joelhos, as pontas dos dedos se inclinam como se você estivesse prestes a se levantar (1).

Há três passos na forma básica do omote. O primeiro passo é para ajustar o próprio ma-ai, ou distância. Isso começa com o *ai-hanmi*. Quando seu parceiro ataca com o *shomen uchi*, avance para o omote dele em ai-hanmi. O outro lado do seu corpo deve realmente recuar a fim de receber a energia do uke. Você deve enfatizar um ataque às costelas do uke, e não ao braço de ataque dele (2).

É importante receber a energia do uke corretamente. Gire seus quadris na direção do braço de ataque dele e deixe a mão do fogo impulsionar para a frente até que seu braço pouse acima do ataque do uke (3). Deslizando acima do braço do uke que está descendo, você evita a colisão.

O segundo passo move diretamente para o centro do uke e o desequilibra. Quando a mão da água sobe, você deve girá-la para cima do braço dele em vez de receber o peso dele com a palma da mão. Isso o ajuda a evitar o erro comum de empurrar.

■ *Figura 4.18. A forma básica do omote.*

Seu terceiro passo leva o uke para fora do hara dele com a mão do fogo, enquanto a mão da água permite que seu peso natural recaia sobre o centro dele e o leve para baixo (4). Evite pegar nos punhos do uke até o final da técnica. Mantenha o mudra do fogo enquanto você segura. Apenas quando o uke mostra a palma da mão, a chave Yonkyo é aplicada.

■ *Figura 4.19. Mantenha o mudra do fogo enquanto você segura (1 mostra a forma incorreta e 2, a forma correta).*

■ *Figura 4.20. A passiva mão da água bloqueia com sucesso o chute do uke.*

O erro mais comum no Ikkyo é empurrar com a mão da água. Isso o expõe a uma variedade de contra-ataques, especialmente a um grande chute circular (1). Se a sua mão da água permanece como um receptor passivo do ki do uke (2), você pode facilmente deixá-la deslizar para baixo e interromper o chute do uke (3, 4, 5 e 6).

Suwari Waza Ikkyo Ura

Suwari waza ikkyo ura mostra dois pontos muito importantes sobre a técnica em geral. Primeiro, indica claramente como todas as técnicas de Aikido começam com a forma omote. *Omote* significa "positivo" ou ki yang ou confronto direto. *Ura*, por outro lado, é yin ou evasivo. Iniciar uma técnica com atitude evasiva enfraquece e geralmente falha. A tentativa de iniciar um ataque diretamente por trás do seu parceiro nunca é bem-sucedida em uma situação real.

Omote refere-se à técnica básica, e ura é uma aplicação mais avançada. Nesse sentido, podemos dizer que ura é a continuação do omote. Nas técnicas omote, você deve entrar diretamente para a técnica e controlar de dentro. As técnicas ura começam com a entrada em omote, e depois utiliza-se o tenkan para escapar do ataque do uke indo para fora e controlar a partir dessa posição.

A entrada é o primeiro estágio da técnica, e deve sempre iniciar em omote. A fim de evitar um possível atemi na face, o uke é forçado a levantar o ombro e direcioná-lo para fora do seu corpo. Seus cotovelos tornam-se um "ponto flutuante" dentro do triângulo formado pelo punho, cotovelo e hara (1).

■ *Figura 4.21.O cotovelo torna-se um ponto flutuante.*

Figura 4.22. Usando o ponto de entrada como ponto pivô para girar.

Figura 4.23. Quando direcionado pelo hi no te, o uke se move sem ser puxado.

Na entrada para o Ikkyo omote, a maneira de alinhar os seus quadris com os do seu parceiro não é diferente da forma descrita na seção sobre o Kokyu ho. O ki do seu quadril direito deve passar para o quadril direito do seu parceiro (2). Entretanto, ao mudar para a forma ura, use o ponto de entrada também como um ponto pivô para o movimento tenkan.

O segundo ponto, que é bem ilustrado no Ikkyo ura, é a importância da mão do fogo para direcionar o movimento. O hi no te deve conduzir continuamente o movimento do uke, mesmo quando o contato físico é perdido (3). Se você reverter para tentar mover o uke com sua mão da água ou tentar puxar fisicamente com o hi no te, você falhará.

■ *Figura 4.24. O mizu no te direciona o ki do uke para fora do corpo dele. O hi no te recai acima do ataque dele.*

■ *Figura 4.25. O uke é desequilibrado pela mão do fogo.*

Mantendo o arco criado pela inclinação do braço do uke e fazendo com que o seu peso natural seja transferido para o uke por meio da mão da água, o contato de hara para hara com o uke pode ser estabelecido, e o uke pode ser movido sem ser puxado (4). Essa relação do omote para o ura deve ser verificada em todas as técnicas do Aikido.

Katate Tori Ikkyo

O katate tori ikkyo apresenta um conjunto de dificuldades muito úteis, cada qual com sua lição a ensinar. Se o uke segurar seu braço empurrando-o diretamente para baixo, será impossível se opor diretamente à força dele. A sua mão que está presa é o mizu no te, ainda assim, em virtude da natureza do ataque, faça como o princípio do fogo e leve o ki do uke para fora do corpo dele.

O hi no te está livre e ameaça um atemi, contudo, no início dessa técnica use o princípio da água e fique acima do ataque do uke. Aqui temos o clássico exemplo do fogo dentro da água e da água dentro do fogo.

Nesse momento de contato, seu peso deve mover-se para o seu pé dianteiro e, dessa maneira, levar a energia para a mão da água. Ao receber o ki do uke, esse ki sobe pela sua espinha e, desse modo, faz com que o ki dele suba. O uke é então desequilibrado pela mão do fogo.

■ *Figura 4.26. O mudra da água leva o ki do uke para cima.*

Pelo fato de mizu no te ser confrontado com a energia do uke, há uma tendência para responder diretamente, e o hi no te perder sua importância. O hi no te deve direcionar o movimento, levando o braço do uke horizontalmente para fora, permitindo, dessa maneira, que o mizu no te envie o ki verticalmente para cima para recair sobre o braço do uke. Ao descer, envie o ki do uke para cima com o mudra da água.

■ *Figura 4.27. Estenda a mão da água para espiralar em torno do polegar do uke. Perceba a direção dos dedos longe da energia do uke.*

Assim que você estende a mão da água, deixe-a espiralar em volta do polegar do uke até alcançar o topo do braço dele. Lembre que o sentimento de extensão (tate) deve sempre superar o sentimento de virar (yoko). Perceba a direção dos dedos longe da energia do uke. Cada um de seus braços tem sua própria função, ainda que ambos devam mover-se como um. O pequeno movimento da mão do fogo é que faz a extensão da mão da água ser bem-sucedida.

Como em todas as técnicas do Aikido, a fórmula é a mesma. A função complementar das duas mãos dá a elas liberdade para movimentar-se como se estivessem num vácuo. Suas funções combinadas abrem a porta para que o hara passe pela técnica. A energia real para o movimento vem totalmente de suas pernas e é distribuída pela sua cintura.

■ *Figura 4.28. Men tsuki ikkyo omote: Ikkyo em resposta a um soco no rosto.*

Men Tsuki Ikkyo Omote

O ikkyo como uma resposta a um soco no rosto (*men tsuki*) mostra o papel do *gedan* como uma postura defensiva. Se tentar receber o soco com as mãos levantadas, você não conseguirá direcionar o ki do seu parceiro. Mantendo seus braços para baixo como se estivesse segurando uma espada em gedan, você facilmente sobe de encontro ao ataque. Em particular, esse ikkyo também evidencia que qualquer empurrão é contraproducente. Você deve aprender a moldar-se à forma do seu parceiro enquanto recebe a técnica.

■ *Figura 4.29. Men tsuki ikkyo ura na forma kotai.*

Men Tsuki Ikkyo Ura

A fim de apreender a forma ura, você deverá primeiro vê-la como *kotai*, ou forma básica. Quando seu parceiro golpeia seu plexo solar, use o mudra do fogo para levar o braço dele para baixo (1 e 2) e então golpeie a face dele com seu braço de bloqueio (3). Se ele conseguir bloquear o seu ataque, use esse bloqueio para executar o Ikkyo. O movimento termina com o padrão do Ikkyo nage (4 e 5).

Shugyo:
O Treinamento
Espiritual
da Técnica

Figura 4.30. Men tsuki ikkyo ura na forma ryutai abreviada.

Uma vez que a forma básica tenha sido entendida, você pode abreviar para a forma ryutai. Os movimentos de bloqueio são cobertos apenas pelo seu foco, e você entra diretamente para a posição de ataque. Isso será muito difícil se você não tiver dominado a forma básica primeiro. Se tiver qualquer medo de ser atingido, você provavelmente será. O final é o mesmo da forma kotai vista anteriormente.

Gyakute

Gyakute significa literalmente "virar o punho contra a sua direção natural de movimento". É um termo tomado do jiu-jítsu e não é realmente aplicável ao Aikido. Foi da melhor forma possível adaptada ao Aikido, pois torcer as articulações é um erro. Torcer as articulações causa dor, ainda que não necessariamente controle o corpo do uke ou evite que ele faça um contra-ataque. Torcer uma articulação é um movimento horizontal (yoko) e deve, portanto, ser seguido por uma extensão (tate) da articulação. Dessa maneira, os tendões entre as articulações são estendidos e controlados com um mínimo de pressão.

Embora o kung fu chinês contenha centenas de movimento gyakute (*chin na*), o fundador do Aikido enfatizava apenas três variações do Ikkyo. Indo de um para o próximo progressivamente, eles possuem um significado filosófico. O Ikkyo é a esfera perfeita, ou *tama*, representando a polaridade pura, o espírito original indiferenciado. Nikyo é criado pela condução do ki para dentro da esfera, criando a espiral da materialização.

Quando a contração chega a seu extremo, a espiral começa a expandir-se novamente na técnica Sankyo. No final, essa expansão chega a seu extremo e retorna. Isso é o *motogaeri*, retornando à origem, o ensinamento do Yonkyo.

Apesar de essas serem as técnicas de Aikido mais básicas, apenas depois de muitos anos de treino elas chegam a ser dominadas a ponto de se tornarem eficazes. Como resultado, elas são frequentemente aprendidas para depois serem descartadas como elementares e ineficazes. A realidade, entretanto, é que elas são a primeira alternativa em uma situação real de autodefesa. Elas são um estágio intermediário entre ataques e podem eliminar a necessidade de lutar.

■ *Figura 4.31. Motogaeri: retorno à fonte (Trabalho artístico de Cynthia Zoppa).*

Kata Tori Nikyo

Nas técnicas gyakute do Aikido, o modo de segurar corretamente é essencial. Você deverá segurar abaixo do punho, em vez de propriamente nele. Caso não se faça uma manobra no punho do uke, a resistência dele será bem-sucedida. Portanto, a fim de controlar qualquer articulação, seu contato deverá ser abaixo daquela articulação.

Se o seu contato for acima do punho do uke, você controlará o cotovelo dele. Se for acima do cotovelo, você irá controlar o ombro dele. Se o seu contato é com o tronco do corpo dele, como no Irimi nage, você deverá controlar o hara dele diretamente. No Nikyo e no Sankyo, você deverá segurar de tal maneira que controle também o polegar do uke. Quando você controlar o ki da terra dele diretamente, ele não conseguirá resistir.

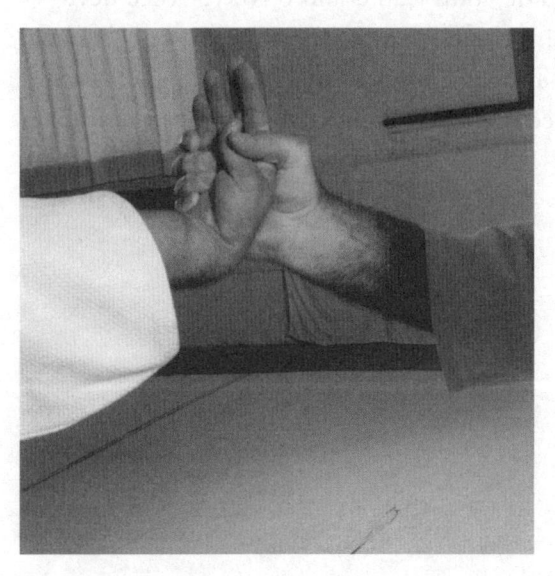

■ *Figura 4.32. Kata tori nikyo: controle o polegar do uke segurando abaixo do punho, em vez de segurar o próprio punho.*

Shugyo:
O Treinamento
Espiritual
da Técnica

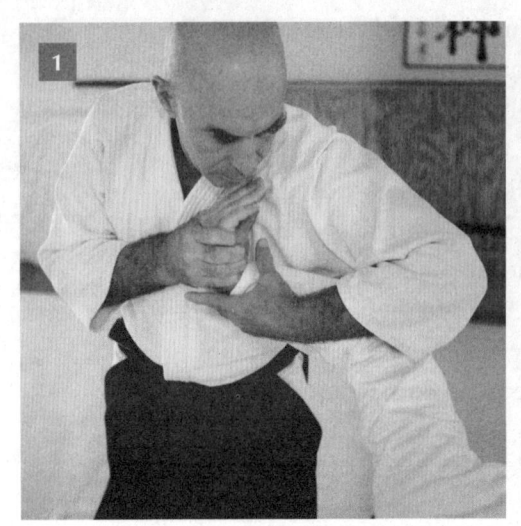

Figura 4.33. Controlando o punho do uke com a técnica Kata tori nikyo.

Na técnica Kata tori nikyo ura, a defesa mais forte do uke é estender o braço e empurrá-lo diretamente. Dessa maneira, os punhos dele ficam imobilizados e protegidos de dor e danos. Se você usar o movimento do seu quadril para conduzir a imobilização para fora do uke verticalmente (tate), sua mão oposta conseguirá virar o punho dele horizontalmente (yoko) (1). Quando controlamos o punho e a mão do uke, controlamos sua mente.

Isso também dá a você um potente atemi (2). Ainda enquanto você conduz o ki para fora do braço do uke, seu hara envia o ki diretamente para o hara dele.

Mesmo em uma técnica de contração como o Nikyo, você deve segurar o corpo do seu parceiro como se carregasse uma criança pequena. Seu sentimento deve ser de abrigar, em vez de matar o ki do uke. Ao contrário do que parece, se você segurar firmemente, seu parceiro escapará com mais facilidade.

Figura 4.34. Use o polegar como ponto pivô para abaixar o uke.

Shomen Uchi Nikyo: Movimento Ura

Quando o uke é levado para baixo com o Ikkyo, ele tentará subir e atacar novamente. Sua mão da água o mantém subindo, enquanto sua mão do fogo utiliza o polegar como ponto pivô e segura na posição Nikyo (3). Empurrar para baixo o braço do uke é um erro. Quanto menos pressão for colocada no braço dele, melhor. Se você mantiver a ênfase em ajustar o equilíbrio do uke com um movimento horizontal (yoko) e de cima (tate), ele será controlado com pequena quantidade de pressão do seu peso natural (4). Utilizando o polegar como ponto pivô, segure na posição Nikyo e leve o uke para baixo.

Figura 4.35. Complete a chave segurando o braço do uke. Note que a variação mostrada na Foto 6 não é recomendada.

Para completar a chave, há vários passos. Enquanto você traz o braço do uke para o seu corpo, a mão da água deve inclinar o cotovelo dele. É importante que o uke esteja completamente dominado apenas com a mão da água, enquanto a mão do fogo é posicionada (5).

Algumas vezes os alunos poderão tentar dobrar a palma da mão do uke até o cotovelo deles. Francamente, a dificuldade para se conseguir isso mal valerá o esforço. Ao tentar fazer isso, você poderá perder totalmente o controle (6).

Em vez disso, simplesmente coloque sua mão atravessando sobre o braço do uke ou, se precisar de mais força, segure na sua própria roupa e incline o braço do uke em direção à cabeça dele (7). O braço do uke deve ficar com a forma de um arco. Se dobrar muito ou deixar muito reto, ele escapará facilmente.

■ *Figura 4.36. Segurando o uke pelos dedos, um passo intermediário para o Sankyo.*

■ *Figura 4.37. Os dedos presos podem ser usados para levar o uke para baixo imediatamente.*

Shomen Uchi Sankyo Omote

O método básico de segurar em Sankyo também começa com a posição Ikkyo. Se o uke estiver tentando escapar, ele apresentará a você o dorso da mão dele. Isso leva naturalmente ao Nikyo, que foi visto há pouco. Se ele estiver tentando empurrá-lo, é mais provável que lhe mostre a palma da mão. Nesse caso, você pode segurá-lo pelos dedos, um passo intermediário para o Sankyo.

Esse tipo de pegada não tem a finalidade de torcer os dedos, mas de estender os tendões dos braços. Isso também pode ser usado para levar o uke para baixo imediatamente, se necessário.

■ *Figura 4.38. Sankyo omote.*

Dando um passo em direção ao omote do uke e estendendo seu braço, empurre o cotovelo do uke na diagonal dele a fim de desequilibrá-lo (1). Segure em Sankyo com a sua mão oposta e gire a palma da mão dele afastando-a de você (2 e 3). Não tente girar o punho dele (yoko) sem estender (tate). É a ação de estender o braço que torna possível girar a palma da mão dele afastando-a de você.

Enquanto você continua a se mover para o omote do uke, o giro dos seus quadris se transforma na energia para levá-lo para baixo, contudo, é a extensão do braço dele que continua a direcionar o movimento (4 e 5).

A pegada adequada do Sankyo, mais um vez, deve ser ligeiramente abaixo do punho. Como no Nikyo, o importante é controlar o polegar. Em Sankyo, isso é feito com a articulação do meio do seu polegar posicionada para aplicar pressão no ponto atrás do polegar do uke.

■ *Figura 4.39. O giro dos quadris do nage leva o uke para baixo.*

■ *Figura 4.40. Aplicar pressão no ponto atrás do polegar do uke com a junta do meio do seu polegar.*

Se você segurar muito no alto ou no punho do uke, fica fácil para ele descer o cotovelo e fazer um Kokyu nage. Você deve estender todas as articulações do uke, elevando o ki dele para cima com seu hara. Se você estiver segurando adequadamente e com os braços relaxados, um ligeiro movimento dos seus quadris transferirá energia suficiente para realizar a técnica.

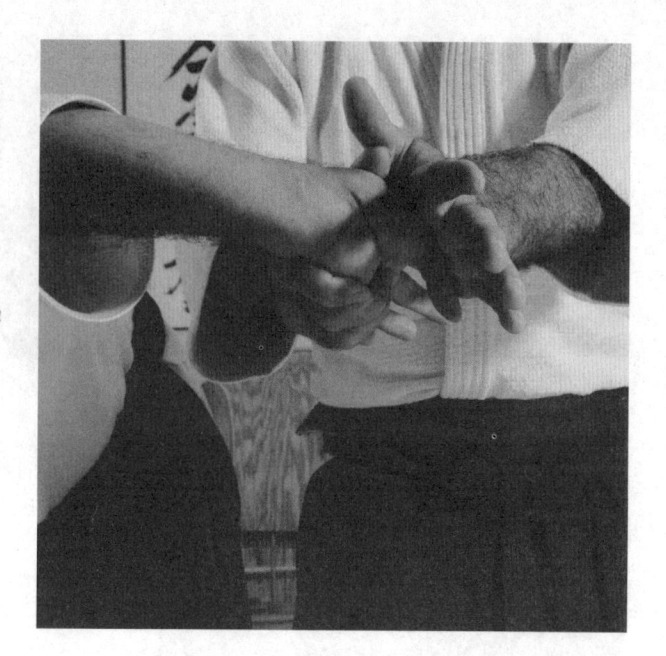

■ *Figura 4.41. A pegada Sankyo para o nage cujas mãos são menores do que as do uke.*

Às vezes, há um problema quando o nage tem a mão comparativamente pequena e está praticando com um parceiro maior. Nesse caso, alinhe sua mão oposta perpendicularmente à mão do seu parceiro e role seu polegar em direção à palma da mão do uke. Mesmo o maior dos oponentes não conseguirá resistir.

Yonkyo

Um dos preceitos mais comuns do Aikido é "usar a energia do seu parceiro contra ele". Isso tem se tornado um clichê, embora seja verdade. Mas a questão é: "Como isso é realmente feito?" A fim de usar a energia de outra pessoa contra ela mesma, é necessário, primeiramente, unir-se com essa energia e realmente incorporá-la em seu próprio corpo até que não exista mais separação.

O ponto principal é que você deve fazer com que o uke empurre a sua mão para então você receber a energia dele em seu hara e nas pernas. Assim que você conseguir fazer com que a pressão dele chegue diretamente ao seu hara, o uke será movido.

Se você empurrar contra a energia do seu parceiro, ele irá resistir facilmente. A pressão colocada no braço do uke pode ser dolorosa, mas isso não detém determinados adversários. Os primeiros dois passos são idênticos aos da técnica do Sankyo, exceto por a mão inteira do uke ser agarrada ligeiramente abaixo do punho. Isso facilita a aplicação do mudra da água exatamente sobre o punho dele.

■ *Figura 4.42. Yonkyo: mova o uke permitindo que a pressão dele sobre sua mão entre diretamente para o seu hara.*

■ *Figura 4.43. Segure a mão inteira do uke ligeiramente abaixo do punho e aplique o mudra da água exatamente sobre o punho dele.*

■ *Figura 4.44. Yonkyo com uma mão: quando for agarrado dos dois lados, o nage pode usar o Yonkyo para virar seus adversários um contra o outro.*

A eficácia dessa abordagem pode ser demonstrada praticando o Yonkyo de uma mão com os seus dois braços sendo segurados. Se estiver recebendo adequadamente, você conseguirá controlar os dois lados e usar os movimentos deles um contra o outro.

入り身投げ ■ *Irimi nage*

O ESPÍRITO DO IRIMI NAGE

Assim como o espírito do Ikkyo empenha-se em emanar o kototama do Su, o Irimi nage caracteriza o kototama do Su-A, entrar e abrir. Entretanto, como técnica irmã do Ikkyo, também incorpora a progressão inteira do kototama AIEOU. Entrando diretamente com o ki do Su, seu corpo abre (A) enquanto você faz um pivô para evitar o ataque do uke.

Como sempre, a estreita fenda do ki do I, a atividade do ponto um, mantém-se oculta. A mão do fogo (E) guia o ki do uke para fora, dando a ele nova direção, enquanto a mão da água (O) pousa sobre o topo da espinha dele, criando o ki-musubi. Essa é, novamente, a ordem futonorito das dimensões das vogais.

Como o Ikkyo é associado ao triângulo e à entrada direta de omote, a prática usual do Irimi nage está associada com o círculo e os movimentos circulares das técnicas ura. Isso leva facilmente a uma impressão equivocada sobre o espírito do Irimi nage. A forma visível do Irimi nage empenha-se em manifestar o círculo do Su-A-I, a forma da perfeita harmonia. Entretanto, o espírito invisível por trás dessa forma é extremamente vigoroso.

O Aikido é originalmente uma arte marcial dos campos de batalha; portanto, deve ser acima de tudo eficaz, não apenas bela, pois é essencial. A beleza tem valor apenas quando é resultado do movimento e do princípio corretos. Nas palavras de R. Buckminster Fuller, "Quando estou trabalhando em um problema, nunca penso na beleza. Penso apenas em como vou resolver o problema. Mas quando termino, se a solução não é bela, sei que está errada".[8]

Em outras palavras, a beleza e a forma fluida do Irimi nage é criada pela entrada muito direta e prática ao ataque do seu parceiro. O espírito do Irimi nage é fundamentalmente linear; não é uma técnica de fuga ou para dar abertura ao corpo desnecessariamente. Segundo as palavras de sensei Yamaguchi Seigo, *O espírito do Irimi é* ai-uchi, *ou escolher a morte a fim de viver.*

Na prática da espada japonesa isso se expressa como *Sei shi kami ichi mai*: "A diferença entre a vida e a morte possui a espessura de uma folha de papel." É com essa atitude que o Irimi nage deve ser encarado. Ao entrar com um sentimento forte de omote, direcione o ataque do uke para fora e então, no último instante, evite isso com um tenkan. *Se seu oponente o atacar com fogo, contenha-o com a água, tornando-se completamente fluido e flua livremente.*

O Irimi nage é quase sempre praticado como se fosse uma forma ura. Por essa razão é essencial entrar com um sentimento forte de omote antes de girar para evitar o ataque do uke. Nesse sentido, o Irimi nage é muito parecido com o Ikkyo ura. Mesmo quando não houver tempo para entrar em uma posição omote, essa mentalidade ao entrar deve estar presente. Na entrada, a mudança de omote para ura forma a letra S, o símbolo da não resistência ou do movimento desobstruído.

Na técnica Irimi nage, a forma é criada quando ambas as pessoas, movendo-se em direções opostas, unem-se e circulam em volta uma da outra. De maneira que podemos ver que a letra S dentro de um círculo cria o símbolo do yin e yang, a origem do movimento. Seu movimento para a frente atravessando o centro desse símbolo cria a forma kototama do To-Su.

O fundador referia-se a essa integração mútua como a dança das divindades Izanagi no kami e Izanami no kami. Em seu ritual de corte, essas divindades circulam em direções opostas em volta de um pilar vertical até se encontrarem e se unirem. Como foi descrito no Capítulo 2, esse é o processo do *karami*, pairando em torno um do outro e unificando o ki vertical do I e Wi, o impulso e a energia vital.

■ *Figura 4.45. A letra S dentro do círculo cria o símbolo do yin e yang.*

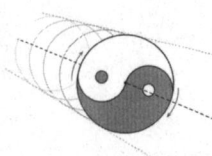

■ *Figura 4.46. A forma kototama do To-Su.*

■ *Figura 4.47. Izanagi no kami e Izanami no kami circulam em direções opostas em volta de um pilar vertical até se encontrarem e se unirem.*

Shugyo:
O Treinamento
Espiritual
da Técnica

■ *Figura 4.48. Shomen uchi irimi nage: se você tentar empurrar seu parceiro quando entrar, ele o atacará com o cotovelo.*

Shomen Uchi Irimi Nage (Ryutai)

Entrada

Em todas as técnicas do Aikido, o *ryutai*, ou a forma fluida, é a prática mais importante no dia a dia. Como no Ikkyo, o ataque shomen uchi é a maneira mais importante também para a prática do Irimi nage. Quando executado com velocidade e precisão, esse ataque força o nage a aprender qual o sentimento e a forma apropriados para a entrada. Se o seu parceiro ataca e você tenta empurrá-lo pela lateral, ele irá atacá-lo com o cotovelo.

Quando é feito o contato, simplesmente role seu punho contra o braço do uke, ele não conseguirá libertar-se para um ataque. Seu foco deve estar nos movimentos dos pés do uke, e não nos braços dele. Seu tenkan (pivô) deve ser completado antes que você coloque seu peso no pé oposto. Dessa maneira, você imediatamente estará pronto para o próximo movimento.

■ *Figura 4.49. Ao contato, simplesmente role seu punho sobre o braço do uke.*

■ *Figura 4.50. Complete seu tenkan antes de mover seu peso para o pé oposto.*

■ *Figura 4.51. O método do triângulo sankaku ho feito com espadas.*

Entretanto, o ideal é evitar o contato total. Sankaku ho, o método do triângulo, é ilustrado aqui com a espada. Entrar diretamente cortando para cima, ou *kiriage*, o movimento que mostra a essência do sentimento omote. É o confronto direto e ofensivo (1, 2 e 3). A falta do potencial ofensivo constante no Irimi nage, em uma situação real seja com uma faca ou espada, resultaria no mínimo em suicídio.

Enquanto desce a espada do uke, dê um passo para a diagonal dele e corte em *kiri orosu*, ou diagonalmente para baixo (4 e 5). Se ele entrar com mais profundidade, faça um pivô maior e coloque a espada atrás do pescoço dele. A conexão da sua posição inicial e final com a posição original do uke revela a forma triangular.

Shugyo:
O Treinamento
Espiritual
da Técnica

197

■ *Figura 4.52. Sankaku ho feito de mãos livres.*

Em uma técnica de mãos livres, a espada torna-se mental, instantaneamente cortando para cima e direcionando o uke para dentro quando ele ataca (1). Cortando para cima e depois para baixo, como se estivesse abrindo e fechando um guarda-chuva, parece que você foi para trás do uke, quando na realidade foi ele que passou pela sua frente. Quando o ataque do uke não o atinge, você já estará de pé atrás dele (2).

Se houver qualquer intenção de fugir do ataque do uke, não haverá ofensiva e você nunca chegará ao segundo movimento. Se tentar ir para trás do uke movendo-se para a frente e diagonalmente a ele, você não escapará. Isso é muito parecido com um caçador treinando a mira com aves voando. É um alvo fácil e previsível.

Sem a forte intenção do omote, o ura não consegue ser bem-sucedido. É um erro esperar pelo seu parceiro para atacar e então tentar se harmonizar com o movimento dele. Isso irá contribuir para sua própria destruição. O Aikido não é uma prática tão simplista assim. Tão logo a mente do seu parceiro se colocar em ataque, entre com atemi. Desse modo, você cria o *timing* do seu parceiro e então se harmoniza com a resposta dele. Sem esse yang, ou atitude positiva, é impossível se harmonizar com um ataque malicioso.

O princípio do irimi-tenkan dita que todas as técnicas do Aikido são fundamentalmente lineares (tate), o giro ou o movimento circular (yoko) existem apenas para ajudar no movimento para a frente. No Irimi nage, o pivô deve ser realizado em um momento, embora com a intenção de continuar a entrar. Uma leve sensação de tensão, ou o torque do giro, deve ser mantida nos quadris o tempo todo.

Tai-sabaki

Uma antiga história zen diz que dois monges discutiam se eram os ventos que moviam as árvores ou se eram as árvores que moviam os ventos. A moral da história é que não há separação, contudo, há uma diferença. Em nossa sociedade atual, as pessoas agem como se as árvores movessem o vento. Essas pessoas veem apenas o que é físico e aparente como a causa do movimento e da energia.

O senso comum, entretanto, dita que o vento é a força maior e move as árvores. Enquanto não aprendermos a ver o mundo do ki e do espírito como fonte de nossa energia, a realidade do Aikido não se revelará. No movimento adequado do Aikido, o que parece estacionário é o que está de fato em movimento.

Ao entender isso, devemos eliminar todos os empurrões e puxões comumente vistos no Irimi nage e substitui-los pelo movimento do corpo. Enquanto você move seu corpo para mais perto ou mais longe do uke, sua conexão com o hara dele mantém-se imperturbável.

Tai-sabaki é a transição entre o movimento para a frente e o giro. Em outras palavras, é a junção do princípio irimi-tenkan. Discutindo o uso apropriado do tenkan, portanto, é uma boa ocasião para mover seu foco da entrada para o tai-sabaki.

Mesmo antes do contato, somos unidos pelo ki e pela consciência. O processo de criação continuamente alterna entre unificação e separação. Seguindo esse princípio da natureza, nossa unificação física é imediatamente seguida pela separação. Isso manifesta o kototama do Ha-A-Wa-Ya.

Esse padrão é essencial nas técnicas de Aikido. Primeiro há unificação antes da separação, o ki do Su-U. Ao receber o ataque do seu parceiro, a unificação deve ser estabelecida. Em seguida, você deve criar espaço novamente para se afastar do uke. Expandir seu corpo é diferente de empurrá-lo. Não faça esforço para mover o uke com seus braços. Tentar puxar o uke para baixo é o erro mais comum cometido na prática do

Figura 4.53. Depois de receber o ataque de seu parceiro, você deverá separar-se dele novamente.

Irimi nage. Em vez disso, faça com que o ki dele suba enquanto seu ki o impulsiona diretamente para baixo, passando pelo centro dele.

Coletar a energia para o seu corpo também é diferente de puxar. Uma vez que você criou o espaço entre o uke e você, manifeste o koto-tama do Ya, subindo para o espaço comum que os unifica. Quando as mãos e os quadris se juntam novamente, não há mudança na intensidade do contato com o uke. Quanto mais levemente você toca o corpo do uke, maior será o potencial do contato de hara para hara. É esse permanecer no centro e abrir que traz o uke para baixo sem empurrar nem puxar.

Quando usado para aumentar a energia do movimento para a frente, o giro dos seus quadris deve ser tão gradual que é imperceptível. Quando usado para evitar um ataque, deve ser vigoroso e rápido. Se você enfatizar o sentimento de verticalidade, seu peso se manterá sobre seus pés e você conseguirá mover suas pernas livremente. Se você tentar puxar seu parceiro para baixo, suas pernas irão ficar rígidas e o uke irá virar-se facilmente e atacá-lo.

■ *Figura 4.54. Kototama do Ya: permanecer no centro e abrir leva o uke para baixo.*

O superior controla o inferior, e quando você aprende a ver seu parceiro de cima, ele pode ser controlado com o mínimo de esforço. "Uma pedra pesando milhares e milhares de quilos é extremamente pesada. Mas, embora seja pesada se encarada por baixo, é fácil manipular a pedra de cima."[9] No Aikido, não tentamos nos tornar fortes, mas buscamos eliminar a necessidade de força.

Osae/Nage

A separação das mãos e quadris deve ocorrer tanto vertical como horizontalmente. Descendo seu corpo, não tente puxar o uke para baixo. Em vez disso, deixe o mizu no te repousar no topo da espinha do uke. Envie o ki dele para cima (tate) mesmo enquanto seus quadris descem. A mão do fogo direciona o ki dele para fora horizontalmente (yoko). Isso possibilita que o seu peso natural fique sobre o centro do uke.

Aqui, sua fé e seu entendimento são testados. Você conseguirá se livrar de toda dependência de manipulação física e confiar plenamente no poder do ponto um, o poder do espírito? Se nutrir esse sentimento, no final você descobrirá a raiz do princípio do Aikido.

■ *Figura 4.55. Osae: o uke deverá cair como se as pernas dele tivessem sido removidas de debaixo dele.*

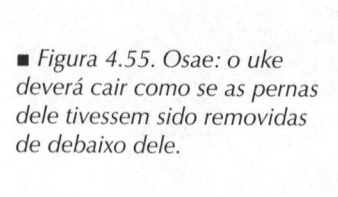

Você deve tentar levar o uke para baixo sem interferir de maneira alguma na parte superior do corpo dele. A parte superior do corpo é o ki do céu e a parte inferior do corpo é o ki da terra. Seguindo as leis do Céu e da Terra, o ki da parte superior do corpo do uke deve subir, e a parte inferior do corpo do uke deve descer. Observando o equilíbrio entre tate e yoko, o uke deve cair de costas em diagonal como se as pernas dele tivessem sido removidas de debaixo dele.

Dessa posição, o uke pode ser controlado por quanto tempo for necessário, simplesmente ajustando o foco do seu ponto um e enviando o ki dele para fora horizontalmente com seus dedos. Se você tentar segurá-lo empurrando para baixo, ele irá facilmente se recompor sobre as pernas, empurrar para cima e escapar.

Ao enviar o ki do uke para fora, não deixe seu braço em frente ao corpo dele, pois ele poderá agarrar e usar o seu braço para arremessá-lo. Enquanto o uke tenta subir, continue a direcionar o ki dele para fora do corpo dele. A fim de evitar o atemi, ele deve abaixar a cabeça e impulsionar os pés para a frente de modo a escapar do ataque.

Como alternativa, se o uke conseguir segui-lo, use um deslizamento de perna no final da técnica.

■ *Figura 4.56. Continue a direcionar o ki do uke para fora do corpo dele.*

■ *Figura 4.57. Levando o uke para baixo com um deslizamento de perna.*

■ *Figura 4.58. O Irimi nage dispersa o ki do uke pelos seus dedos.*

■ *Figura 4.59. Ao entrar com o tenkan, sua mão oposta segura por baixo para repelir um ataque de cotovelo.*

Katate Tori Irimi Nage (Kotai)

A forma básica, ou kotai, do Irimi nage deve ser praticada a partir do katate tori, ou o ataque segurando uma mão. Quando seu parceiro agarra seu braço, ele está dando a você a energia dele. Se usar sua mente e o kokyu apropriadamente, no momento do contato você segurará o corpo dele inteiro com seu ponto um. A direção dos seus dedos deverá automaticamente continuar na direção do ki do uke. No momento em que o uke segura seu braço, o ki dele é disperso pelos seus dedos e o ki do seu hara vai para o centro dele diretamente.

Ao entrar com o tenkan, você pode tornar-se vulnerável a um ataque de cotovelo. A fim de prevenir isso, sua mão oposta deve segurar por baixo do cotovelo do uke. Dessa maneira, você também o ameaça com um golpe de cotovelo na face.

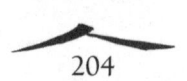

■ *Figura 4.60. Ao entrar com irimi, segure por cima antes de fazer o pivô.*

■ *Figura 4.61. Ao se posicionar atrás do uke, o lógico é expandir, afastando a face dele.*

Se você usa o enfoque do irimi, agarre por cima antes de fazer o pivô. Desse modo, você protegerá sua face. As diferenças técnicas entre as versões irimi e tenkan do Aikido são geralmente vistas de maneira superficial, e o vilão, ou o atemi se você preferir, fica esperando para ver se você negligencia os detalhes.

Ao se posicionar atrás do uke, um erro comum é puxá-lo em sua direção e colocar a cabeça dele contra seu corpo. Puxar seu parceiro para si, seja qual for o propósito, é convidá-lo para o ataque. A abordagem lógica para esse movimento é expandir, afastando a face dele.

Figura 4.62. Katate tori irimi nage.

Pode ser útil mencionar a ordem desse processo mais uma vez. Primeiro, é o seu braço de dentro que direciona o uke no processo tenkan (1 e 2). Em seguida, seu braço de fora leva o uke para fora, seguido pelo seu braço de dentro, que expande, afastando o uke de você (3). Enquanto você continua a despejar o seu ki para o centro do uke, o ki dele sobe até ele ser desequilibrado e levado para baixo pelo seu braço de fora (4). Depois, seu braço de dentro, a mão da água, leva o uke para baixo (5). Enquanto ele sobe e vira para você a fim de refazer o ataque, seus braços de fora finalizam com o arremesso descrito há pouco (6).

Shugyo:
O Treinamento
Espiritual
da Técnica

■ Shiho nage 四方投げ

O ESPÍRITO DO SHIHO NAGE

O Shiho nage está relacionado com o quadrado, que ao girar representa as oito energias do yin e yang. Como fundamento do Kokyu nage, é provavelmente a técnica mais importante para o desenvolvimento do hara. *Shikaku* é a palavra para quadrado, literalmente significa "quatro cantos", e esse kototama também significa "competência". Na linguagem japonesa, essa palavra indica uma certa maturidade espiritual.

Quando o quadrado é visto como um ideograma, ou *kanji*, é pronunciado *kakomu*, que significa "as fronteiras do universo", o reino das oito energias do yin e yang. Shikaku é a habilidade de permanecer no centro e manejar livremente a espada do discernimento nas oito direções. O termo budista para essa autoridade espiritual é *jiyu jizai*, que significa "liberdade ilimitada".

No ritual xintoísta, o monge balança o bastão sagrado em oito direções com o propósito de purificação. No Aikido, são os movimentos tanto da espada quanto das mãos livres.

O estudo do Shiho nage se concentra na descoberta da liberdade da mente. Mas, quando seus punhos são agarrados, como é possível liberar seu ki? Se você está profundamente centrado em seu ponto um e segue as leis de tate e yoko, o caminho da liberdade é revelado.

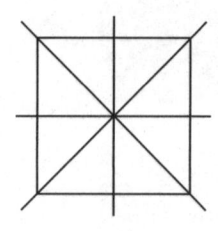

■ *Figura 4.63.* Quadrado contendo linhas retas em todas as direções.

■ *Jiyu jizai*

■ *Figura 4.64. Hirai no tachi: golpeando com a espada nas oito direções.*

Shugyo:
O Treinamento
Espiritual
da Técnica

■ *Figura 4.65. Entrando em Ryote tori shiho nage.*

Ryote Tori Shiho Nage
Entrada

Como base do Kokyu nage, o Shiho nage deve ser estudado primeiro a partir do ryote tori, ou ataque segurando com as duas mãos. A mão de fogo leva o ki do uke para fora do corpo dele, enquanto a mão da água manda o ki para cima dos braços dele a fim de controlar o ombro. Indo de encontro ao ataque do uke, direcione o ki dele para dentro (1). Quando a energia do ataque dele for totalmente recebida no seu hara, a unificação do ki deve ser completa.

A ênfase está na direção vertical do braço do uke. Use isso como se estivesse golpeando com uma espada, empurrando-a na direção do cotovelo dele e girando levemente para fora (2). A mão da água é passiva — pousa sobre o braço do uke, direcionando levemente para fora, mas nunca empurrando para baixo. Enquanto você mantém seus braços relaxados e seu ki estendido, sua conexão de ki pode ser mantida apenas pela concentração.

■ *Figura 4.66. Tai-sabaki: na postura combinada, os pés de ambos criam a forma do paralelogramo.*

O fogo conduz a água, ambos são apenas mensageiros para o ki da terra no hara. Sua função complementar é eliminar a resistência do uke de maneira que você possa se unir diretamente com o hara dele. Suas mãos não devem nunca estar simétricas; uma está sempre guiando e a outra, seguindo ou apoiando.

Tai-sabaki

No momento do encontro, a posição dos pés de ambos é a mesma, essa é a postura *ai-hanmi*, que cria a forma de um paralelogramo, ou um quadrado em movimento. Desenhando uma linha perpendicular partindo do seu próprio hara em direção ao ponto central entre os dois pés do uke, revela-se o caminho de entrada e passagem da técnica. Quando você conecta os quatro cantos com a forma circular, o movimento para a frente do paralelogramo torna-se uma espiral — a forma completa do movimento do Aikido.

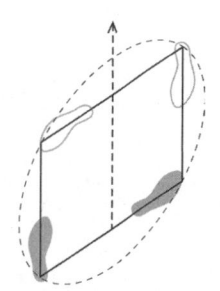

■ *Figura 4.67. Paralelogramo com círculo e linha perpendicular.*

Figura 4.68. Use o mudra da água para levantar o ki do uke enquanto você envia seu ki para baixo e golpeia como se usasse uma lança.

Usando o mudra da água para levantar o ki do uke, abaixe seu hanmi e impulsione para a frente, para além da influência da resistência dele (1). Essa é a mesma posição das mãos de quando você estiver golpeando com uma espada ou lança. Quando você envia seu ki para baixo e arremessa, o ki do uke sobe para o seu centro de equilíbrio (2). É muito parecido com uma onda do oceano rolando sobre uma pedra.

Não tente elevar o braço do uke. O movimento para fazer um pivô a fim de inverter sua direção deve ser rápido e preciso (3). Leve seus braços para trás de seu próprio corpo enquanto você faz o pivô. Seu pivô deve ser concluído antes que seu pé dianteiro chegue ao chão. Se o peso for colocado sobre o seu pé dianteiro antes de você começar a fazer o pivô, o uke irá deter seu movimento.

■ *Figura 4.69. Faça um pivô para inverter a direção com um movimento rápido e preciso que você completa antes que seu pé dianteiro chegue ao chão.*

■ *Figura 4.70. Seus braços deverão cair com o próprio peso enquanto seu corpo acompanha a queda livre deles.*

Seus dedos devem procurar o caminho da menor resistência — o caminho em direção à liberdade. Passando pela resistência do uke, seus dedos gradualmente sobem para o mudra do fogo. Assim que seus dedos e, portanto, sua mente estiver livre, o uke não conseguirá deter seu movimento. O-sensei ensinava que: *A tensão em seus dedos deve ser igual ao grau de resistência do seu parceiro.*

Tensão, nesse caso, refere-se à tensão do seu ki, não é a tensão física dos seus músculos e articulações. Mesmo quando seu ki estiver totalmente estendido, todas as articulações de sua mão devem estar móveis.

Nage

A inclinação dos quadris ensina o uso do *momentum* para a frente, em vez da utilização dos seus braços em um arremesso. Como em todas as técnicas do Aikido, seus braços devem pender com o próprio peso enquanto seu corpo acompanha a queda livre deles (4). Em virtude de sua postura hanmi, você conseguirá inclinar-se para o lado e nunca colocar seu peso sobre os dois pés igualmente.

■ *Figura 4.71. Cortando com uma postura jodan hasso.*

O golpe em Shiho nage deve ser praticado com o *momentum* para a frente, como que cortando com a postura *jodan hasso*. Como se fosse com a espada, arremessar com um movimento expansivo, mesmo enquanto estiver concentrando o ki internamente. O mizu no te segura o braço do uke, embora seja o hi no te que guie o movimento. Se você tentar arremessar com a mão da água, há uma tendência para enrijecer os ombros e puxar para baixo. O uke pode conseguir deter esse tipo de movimento forçado.

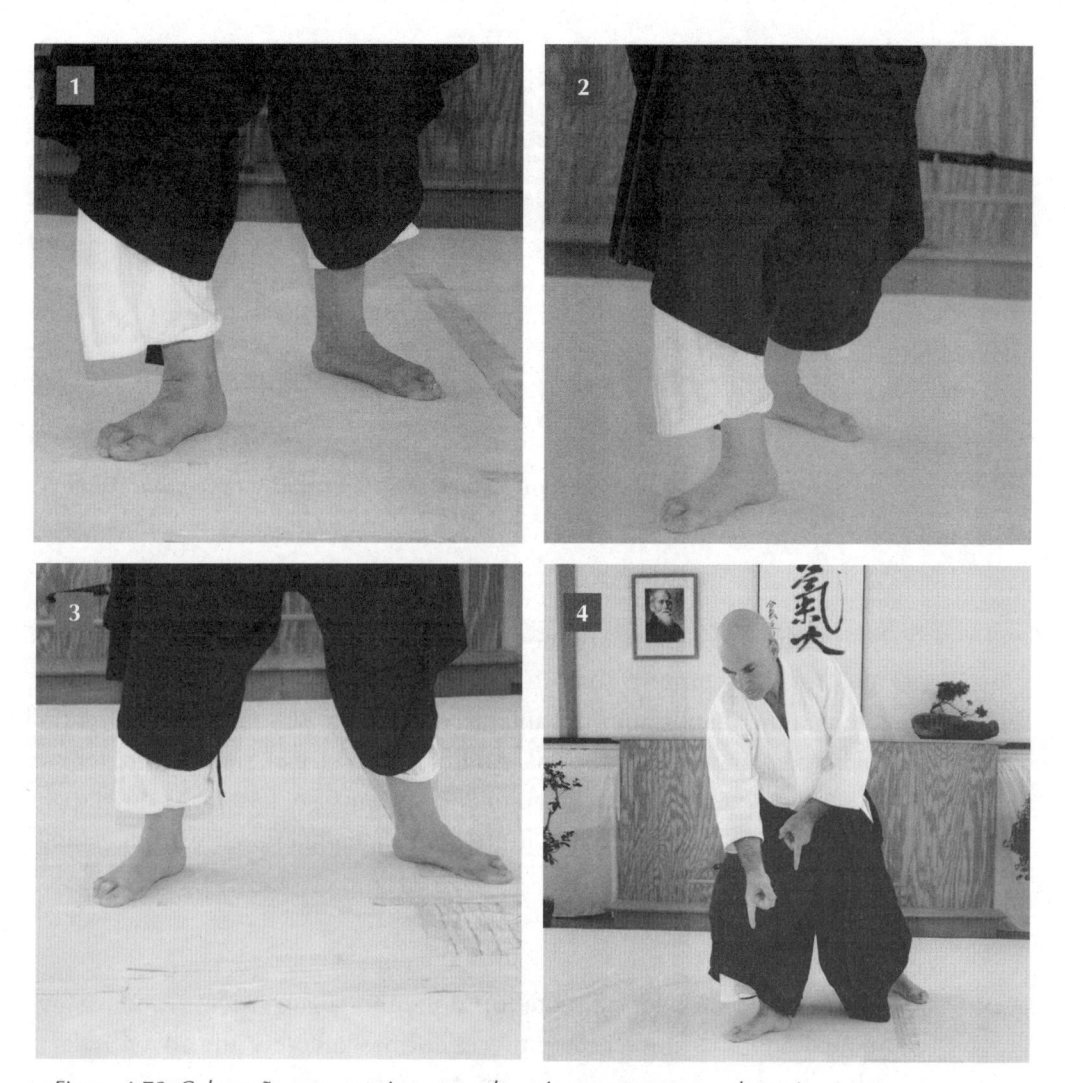

■ *Figura 4.72. Colocação correta e incorreta dos pés em uma postura hanmi.*

Seus pés devem estar em ângulo, calcanhar com o arco do outro pé ou, no máximo, calcanhar com calcanhar (1). Se sua postura estiver muito estreita, calcanhar com os dedos, você ficará instável lateralmente (2). Se for mais largo do que calcanhar com calcanhar, você ficará instável na direção dianteira (3). A linha do arremesso passa entre as suas pernas (4).

■ *Figura 4.73. Assim que você completa o arremesso, seu hara deve puxar para trás, de modo a evitar que o uke puxe você para baixo com ele.*

Assim que o uke é arremessado, a direção do seu hara deve se inverter, por isso empurre suas costas para cima, como se fosse um gato se alongando. Temos aqui novamente o princípio das mãos e quadris trabalhando em direções opostas. Ao finalizar com esse sentimento, tem-se o *zanshin,* ou mente serena, ao final do arremesso. Isso torna difícil para o uke puxar você para baixo junto com ele enquanto ele é arremessado.

Ura Waza

Antes de deixar a forma ryote tori do Shiho nage, é necessário falar um pouco sobre as diferenças entre as formas omote e ura. A entrada, é claro, sempre começa com o omote; embora na forma ura você deva permanecer um tanto quanto mais alto do que no omote. O ura começa com um pequeno hanmi projetado para executar um vigoroso pivô, se necessário.

Na forma ura, receba como se estivesse preparado para arremessar com o Kokyu nage. Fazendo contato com o seu tekatana ("espada de mão", lateral da mão do lado do dedo mínimo), corte para baixo vigorosamente (1). Isso deve desequilibrar o uke e também levar você para a posição ura, ou para trás dele (2).

Chegando ao chão, suas mãos se encontram e bem perto do punho do uke, como em um mudra de meditação. Se você tentar agarrar com força, o uke conseguirá deter seu movimento. Não tente elevá-lo. Se você segurar frouxamente e usar o mudra da água para passar pela resistência dele, ele irá ceder (3).

■ *Figura 4.74. Shiho nage ura.*

■ *Figura 4.75. O arremesso final cria uma espiral que se move para a frente em espiral.*

Talvez o equívoco mais comum no Shiho nage ura seja a tentativa de estender os braços para longe do hara do uke. Seus braços devem ficar próximos ao seu corpo enquanto você empurra para trás para o corpo dele (veja a figura 4.69, na p. 213). Direcionar o ki do uke para dentro dessa maneira é o mesmo que levantar a espada para cima em uma postura jodan. Novamente, o arremesso final cria uma espiral movendo-se para a frente enquanto você desce (4).

Shugyo:
O Treinamento
Espiritual
da Técnica

■ *Figura 4.76. Enfatize o mudra da água ao responder a um ataque shomen uchi.*

KOTE GAESHI E KAITEN NAGE

As técnicas básicas do Aikido são muito poucas. Ao verdadeiramente assimilar a essência do Ikkyo, Irimi nage e Shiho nage, você deverá ser capaz de aplicar esse entendimento facilmente para todas as outras técnicas do Aikido. É, de fato, essa habilidade que determina seu grau de entendimento.

■ *Figura 4.77. Mude o mudra do fogo para controlar o movimento para trás do uke.*

Katate tori kaiten nage compartilha muitos pontos com o Katate tori ikkyo, assim como o Shomen uchi kote gaeshi com o Shomen uchi irimi nage. Kote gaeshi e Kaiten nage, entretanto, reforçam fortemente o princípio do movimento da mão e do quadril e, por isso, são brevemente comentados aqui.

Shomen Uchi Kote Gaeshi

De um ataque shomen uchi, desequilibre o uke imediatamente levando-o para baixo com o mudra da água. Se você enfatizar o contato com a palma da sua mão, ele escapará facilmente ou mesmo mudará a técnica para o Kaiten nage. Se, entretanto, enfatizar fortemente o mudra da água, você conseguirá não apenas levá-lo para baixo, mas também retê-lo naquela posição momentaneamente (1, 2 e 3).

Mudando para o mudra do fogo e enfatizando o contato com o tekatana ("espada de mão", lateral da mão do lado do dedo mínimo), controle o movimento dele para trás (4 e 5). Alternando entre o uso do ki do fogo e da água com o mizu no te, e mantendo o contato direto de hara para hara, você conseguirá ajustar o movimento do uke.

Shugyo:
O Treinamento
Espiritual
da Técnica

■ *Figura 4.78. O kote gaeshi controla o uke alternando entre os mudras do fogo e da água e mantendo o contato direto de hara para hara.*

O uke, a fim de levantar-se com segurança, deve conseguir elevar seu braço sem ficar vulnerável ao atemi (6). Enfatizando as direções opostas das mãos e dos quadris, empurre o uke para fora com o mudra da água. Isso é um movimento irimi e traz você com segurança para trás dele (7).

Quando a sua mão da água retorna para o seu corpo, o uke é desequilibrado pela sua conexão direta com o hara, e não pelo seu braço, como aparenta (8). O foco do ki, entrando no ponto um do uke por cima, torna impossível para ele retomar o equilíbrio. O uke deve ser desequilibrado antes que você fique de frente para ele. O erro comum aqui é virar em direção ao uke antes de iniciar o arremesso. Isso permite a ele recuperar o equilíbrio e deixa você vulnerável ao contra-ataque dele.

Quando o uke começar a cair, use o giro do seu corpo para levá-lo ligeiramente para fora. A mão do fogo faz um leve contato com os dedos do uke e guia o ki deste suavemente para o lado de fora do corpo dele (9 e10).

Francamente, o Kote gaeshi não é um bom nome para essa técnica. Ele vem do antigo Kote hineri, que literalmente significa "torção de punho". Não deveria haver nenhuma torção de punho no Aikido. Se você controla seu parceiro com o contato direto de hara para hara o tempo todo, um ligeiro movimento de seu ponto um deve ser suficiente para trazê-lo para baixo quando você decide.

Figura 4.79. Kote gaeshi: um chute circular e potente nas costelas.

No Aikido, o Kote gaeshi é consumado ao desequilibrar o seu parceiro, em vez de virar o punho dele com força para fora. Se você tentar arremessar o uke pela aplicação de pressão no punho dele, ele ignorará a dor e usará o *momentum* do seu movimento para desferir um soco ou um potente chute circular nas suas costelas.

Tsuki Kaiten Nage

O uke desfere um *mune tsuki*, um soco no meio do seu torso. Usando o princípio do irimi, evite esse golpe e traga-o para a frente, desequilibrando-o com o mudra da água. Para a prática iniciante, é melhor apoiar-se em um dos joelhos para levar o uke ao desequilíbrio (1).

De pé novamente, guie o ki do uke para fora do corpo dele com a mão do fogo (2). O ponto-chave do Kaiten nage é manter o uke continuamente fora do equilíbrio, guiando o ki dele para fora do braço dele. Enquanto você continua esse movimento, o uke é arremessado (3 e 4).

Nunca empurre o corpo do uke com a mão do fogo. Com isso, o uke recupera seu apoio sobre as pernas e torna-se forte novamente.

■ *Figura 4.80. No Tsuki kaiten nage, mantenha o uke fora do equilíbrio guiando o ki dele para fora do braço dele.*

■ *Figura 4.81. A forma incorreta: empurrar contra o corpo do uke com a mão do fogo permite a ele recuperar a sua base.*

Shugyo:
O Treinamento
Espiritual
da Técnica

223

5 ■ INOCHI

O Aikido como um Caminho Espiritual

■ *Inochi* 　人之道

Cada um de nós, assim como nossa herança divina, tem uma conexão direta com o absoluto. Cada um de nós é um *bunrei*, ou parte individual do grande espírito universal. A citação "criados à imagem de Deus" significa que cada um de nós tem *a priori* todos os aspectos do espírito do grande criador do universo. Assim como um copo de água colhido do oceano não é diferente do oceano inteiro, nossa alma e espírito não são diferentes do espírito do criador do universo.

Segundo as palavras de O-sensei, *Ware soku uchu*, ou "O universo e eu somos um e os mesmos". Essa afirmação tem sido equivocadamente traduzida como "Eu sou o universo". Essa é uma interpretação incorreta do original japonês. Tal atitude seria a de um tolo e não a de um homem santo ou sábio. Como seres humanos, seremos sempre uke, receptores de vida.

Os aparentemente conflitantes pontos de vista da evolução e do criacionismo não são estranhos um ao outro. São, de fato, dois lados da mesma moeda. Nascemos do espírito universal e contemos a essência dessa perfeição. Contudo, devemos progredir em nosso próprio desenvolvimento a fim de fazer jus a tudo que implica a nossa herança.

O espírito universal, não tendo limitações, nem de tempo e nem de espaço, é necessariamente sem *self*. Tem apenas uma função ou propósito — evoluir e manifestar sua própria perfeição. O primeiro passo nesse processo da expansão infinita do ki da dimensão A é que, sem cessar, ele dá a vida e oferece suporte a tudo na vida. Esse ki é a substância real da compaixão divina — a consciência do Su, o espírito criador do universo.

O universo, bem como nossa própria existência, tem início com um pensamento. Isso é mostrado na palavra japonesa *souzou*. Ela tem o significado duplo de "criar" e de "contemplar". O ki do espírito infinito (*ana*) surge no mundo manifesto como mente (*mana*). Nossos pensamentos, de momento a momento, criam e renovam a realidade que percebemos. O impulso vital do universo não consegue realizar sua meta de perfeição sem os seres humanos. Há algum sentido maior para a vida que esse?

A substância básica do universo é a consciência. É a força do espírito universal que se autoperpetua. Essa compaixão abundante (A), se encontra, cria centros sem-fim (I) dos quais nascem as formas de vida. Desses centros, a vida se expandirá como o julgamento perfeito do IE e criará a forma espiral implícita em todas as manifestações.

Se o universo é ou não autoconsciente, é outro assunto completamente distinto. Essa é talvez a questão mais importante que podemos formular, embora a resposta deva ser encontrada por cada pessoa individualmente. Coloquei aqui minhas próprias observações porque elas são pertinentes ao tema que proponho.

A consciência não pode existir sem um corpo — o meio que carrega sua vibração. O corpo universal, entretanto, é infinito. Seu centro é todo lugar e não há lugar que ela não preencha. Sendo esse o caso, não há como apoiar a ilusão de um *self* separado. Estando o centro em todo lugar, há apenas o aqui e agora para sempre. Esse é um conhecimento sem *self*; essa é a iluminação absoluta, ou a consciência de Deus.

Guiado pelo espírito universal, nossa própria evolução tem nos conduzido por meio de estágios graduais, e tornamo-nos fisicamente eretos. O hara, nosso centro físico, e o "terceiro olho" no centro do nosso cérebro estão conectados verticalmente, nos transformando em antenas para a percepção mais elevada — um receptor potencialmente perfeito da sabedoria universal.

Perceber esse potencial, entretanto, requer prática consciente. É destino do ser humano participar conscientemente da nossa própria evolução. Essa prática, *inochi*, é o caminho de um ser humano verdadeiro. É seguir, e dessa maneira perceber, as leis da nossa própria natureza. Isso deve ser abordado física, psicológica e espiritualmente.

Uma vez que o corpo físico contém — e é a base para — todas as outras dimensões da alma e do espírito, em certo sentido todo o treinamento é fundamentalmente físico. "Apenas o corpo espiritual, nascido da inspiração, penetra todas as cinco camadas, portanto, integra todos os órgãos e faculdades em um todo completo... Nosso corpo físico não é capaz de penetrar nenhum dos outros corpos, ainda que seja penetrado por todos os outros corpos e, portanto, torna-se o estágio natural de todas as ações e decisões espirituais."[1]

Nossa base física é estabelecida principalmente por meio da harmonia entre nossa alimentação e nosso ambiente. Como estamos no topo do reino animal, nossa alimentação deve ser principalmente de qualidade vegetal. Deveríamos evitar todos os aditivos artificiais e químicos não naturais a fim de estar em sintonia com a natureza e nosso ambiente natural.

O receber é a parte mais importante do desenvolvimento espiritual, e a melhor prática para tal é a meditação. Além do nosso treinamento de técnicas, também deveríamos incluir a meditação como parte integrante do nosso treinamento diário. A prática dos movimentos do Aikido une e harmoniza o espírito e o corpo. Nós deveríamos ser esclarecidos sobre a seriedade da nossa prática, mas sem nunca perder o entusiasmo, a alegria.

A prática correta do Aikido é principalmente uma prática de "como ser" em vez de "como fazer". A intenção fundamental do treinamento do Aikido é o desenvolvimento do potencial humano em todos os níveis, não meramente o domínio da técnica. Se nos tornarmos excessivamente orientados por metas, perderemos a essência por olharmos demais para o exterior. Quando o exterior e o interior são entendidos como únicos, não haverá mais preocupação quanto ao sucesso ou à falha. Por meio da pureza da prática, nosso julgamento passa pelos cinco níveis do *amatsu iwasaka* e crescemos em nossa realização profunda.

Entretanto, apenas o esforço não será suficiente nessa busca. Além disso, precisamos de grande sinceridade e sensibilidade. A verdadeira natureza dos seres humanos foi esquecida há muito tempo, e então nós nos debatemos como mendigos espirituais, dependendo de ensinamentos parciais e incompletos a respeito do passado. Nossa evolução física está basicamente completa, ainda que nosso crescimento espiritual tenha, a duras penas, somente se iniciado. A evolução espiritual dos seres humanos deve ser consciente e intencional.

Inochi, o caminho de um ser humano, requer o retorno à dimensão U, o chão do ser, e a revelação do conteúdo da nossa mente original. Usando-a como uma base estaremos aptos para progredir passo a passo pelas outras dimensões (OAE) e para nos aproximarmos da sabedoria definitiva da dimensão I, o impulso vital em si. "O impulso não é uma atividade da mente, mas do *self*."[2]

Assim, enquanto nosso julgamento e clareza evoluem, gradualmente somos liberados do nosso condicionamento. Gastamos menos tempo no passado e no futuro, e mais tempo no aqui e agora. Segundo as palavras de O-sensei: *Jogue fora os pensamentos limitantes e retorne ao verdadeiro vazio. Fique no meio do vazio maior. Esse é o segredo do caminho do guerreiro.*

Quando finalmente chegarmos à clareza da dimensão E, veremos que a satisfação sensual, emocional e mesmo ideológica ocorre apenas dentro do nosso próprio centro de consciência e que cada nível de consciência serve não apenas para a realização do seguinte, mas também para a manutenção de uma visão de vida equilibrada e saudável. Em vez de tentar livrar-se de nosso karma, condicionamentos ou desejos básicos, seria melhor se focássemos nossos esforços em desvendar nossas verdadeiras qualidades humanas.

Tendo a boa sorte de nascermos como seres humanos, é vergonhoso desperdiçarmos nosso tempo. Aquilo que impede o sucesso já está em estado de degeneração. A inabilidade em lidar com a mudança é uma marca do ego. Não consegue sobreviver em um ambiente de impermanência, nada além da real liberdade e alegria conseguem prosseguir sem adaptabilidade.

Neste momento de nossa história e evolução, a escolha de se comprometer ou não com a mais importante de todas as buscas não é mais uma opção. Não é mais uma atividade extracurricular. Nossos esforços agora, ou a falta deles, determinarão nosso próprio futuro e o de nossos descendentes.

Quando deixamos partir os impedimentos para qualquer tipo de progresso, incluindo o desenvolvimento espiritual, devemos começar a praticar a verdade da nossa vida. Os ensinamentos parciais e simbólicos do passado não irão mais conter o *momentum* destrutivo da nossa sociedade presente. Nossa sociedade atual é contida principalmente pela rigidez e pela força da lei.

O tempo de Buda terminou. É o tempo da manifestação do espírito divino. O espírito universal não mais oculto. A era da perfeição de: um espírito, quatro almas, três origens e oito energias, é agora. Em uma palavra: o grande ki yang do mundo espiritual está se tornando manifestado agora.

O julgamento humano, o discernimento, há muito deixou de participar das questões humanas. A justiça nunca pode ser produzida pela regra da maioria. Isso nada mais é que violência contra a minoria. Quando a ordem não puder mais ser mantida por meio da força, cairemos no caos.

Enquanto nos mantivermos apegados à visão dualística do *self* e do outro, estaremos destinados a experimentar o sofrimento e o desapontamento. Assim que ultrapassarmos a ilusão de um *self* separado, será possível apreciarmos nossa vida integralmente. Quando a liberdade é entendida como tendo apenas uma escolha — que é aquilo que deve ser feito — nós nos apegaremos a isso. Isso é verdadeiramente uma boa fortuna.

Felizmente, seguir o caminho como ser humano é também a maior alegria que podemos experimentar. O caminho do Aikido, conforme criado e praticado por O-sensei Morihei Ueshiba, é muito mais que uma arte marcial. Para realizá-lo é preciso contemplação, treinamento físico, sinceridade de propósitos e um grande apetite pela liberdade e felicidade.

O caminho do Aikido tem origem nos ensinamentos originais do Xintoísmo. É um Mahayana, ou macro, aproximação.* Diz respeito diretamente à melhoria da sociedade e das condições humanas. Esse caminho foi descrito pelo antigo imperador Amaterasu Oh Mi Kami como um caminho em oito camadas, um sentido em direção à criação de uma sociedade de saúde, paz e prosperidade.

O primeiro passo (Hi) é pesquisar o mundo natural e obter conhecimento. Para nos familiarizarmos com várias abordagens procurando entender a verdade da vida. Deveremos tentar entender o passado, o presente e o futuro por meio da verdade da história, da ciência moderna e de várias disciplinas espirituais.

Essa era também a atitude do fundador. *Um acordo entre a ciência moderna e as crenças do antigo Budo é o grande caminho, a nossa meta. Eu gostaria de perceber a grande essência do pensamento do Budo, esse espírito de acordo entre o velho e o novo.*

O segundo passo (Ti) é refinar nosso conhecimento pela contemplação até conseguir assimilá-lo como o trabalho do princípio um. O terceiro passo é apreender intuitivamente o *makoto*, a mente da sinceridade (Si), como nosso. Quando desnudarmos essa mente, ficará claro que os problemas do mundo são todos baseados em nossa própria visão falsa da realidade.

Ao nos tornarmos esclarecidos sobre a unidade fundamental das coisas, nossa direção também deveria tornar-se cristalina. Não há mais espaço sequer para o mais leve desvio do caminho. De acordo com as palavras do fundador: *O homem, como uma divisão do grande espírito universal, já deveria saber o que ele é e o que deve fazer.*

---

* O *Mahayana*, "Grande Veículo" ou "Grande Carruagem" (para carregar todos os seres ao nirvana) também é, e talvez mais correta e precisamente, conhecido como o *Bodhisattvayana*, o veículo do bodhisattva. (N. T.)

誠心

Estabelecer a mente da realidade (makoto)
Si

致知
Refinar o conhecimento e apreender os princípios unificadores
Mi

誠意
Estabelecer a intenção correta
Ni

格物
Pesquisar sobre tudo
Ki

修身
Treinar espiritualmente
Ti

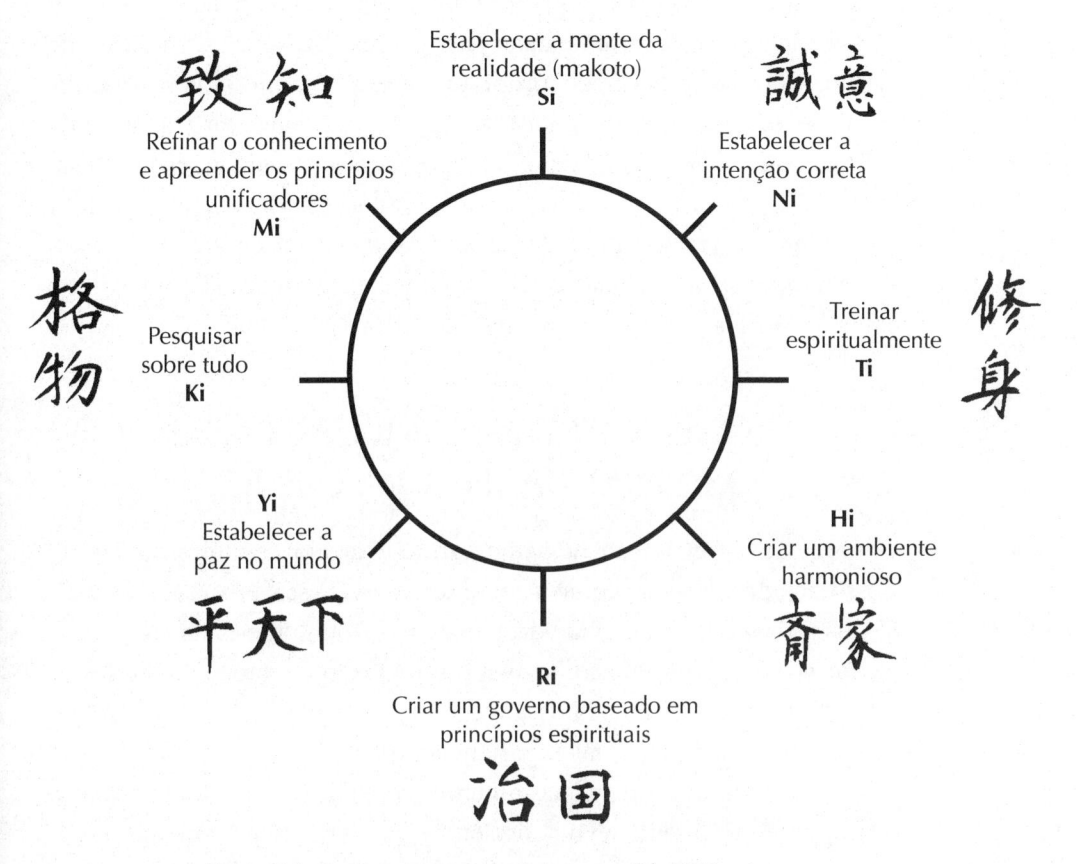

Yi
Estabelecer a paz no mundo

Hi
Criar um ambiente harmonioso

平天下

育家

Ri
Criar um governo baseado em princípios espirituais

治国

■ *Figura 5.1. As oito energias do Amaterasu Oh Mi Kami.*

Obtendo clareza de intenção (Ki), nós começamos o *shugyo*, o treinamento do corpo e do espírito (Mi). É necessário incorporar primeiro a verdade, para que depois ela possa ser adequadamente compartilhada com os outros. Isso não é um processo conceitual; deve ser baseado na realização por meio de experiência real.

Enquanto os níveis de autoproteção e de ilusão são retirados um a um, vai se tornando claro que não há inimigos, ninguém para nos proteger ou mesmo salvar. Nossos estados anteriores de agitação, medo e angústia são substituídos pela compaixão pelos outros e por um senso de paz interior. Isso deve ser percebido primeiro em nossa vida diária (Ri). Só então pode se tornar uma influência positiva na vida de outros (Yi).

Esse é o caminho do ser humano. Proteger e nutrir toda vida neste planeta (Ni), agora e para as próximas gerações. Não há nenhum pote de ouro no final do arco-íris — nenhuma grandiosidade, nenhuma recompensa, nada para procurar, e nada para ganhar. Descobrir o caminho do ser humano é perceber nossa própria natureza e manifestá-la no mundo.

O-sensei estava perfeitamente esclarecido ao expressar o sentido do treinamento do Aikido, então por que as pessoas hoje deveriam pensar de outra maneira? *A realização de nossa própria substância e potencial é o propósito da criação. A realização do amor divino, da consciência universal, é nossa responsabilidade para com o criador. O Aikido é o princípio e o caminho que une a humanidade com a consciência universal.*

O JULGAMENTO MECÂNICO: O REINO DA INCONSCIÊNCIA

O processo de evolução nos transformou de uma simples célula até nosso estado presente como seres humanos. Nesse processo, atravessamos toda a história da vida deste planeta. Do momento da concepção até nosso nascimento físico, revivemos novamente o processo inteiro. O passo final, a realização de nossa verdadeira natureza, requer que procuremos intencionalmente tal experiência uma vez mais.

No momento do nosso nascimento, começamos com a consciência da dimensão U, o reino da inconsciência. É o nível do julgamento mecânico ou automático. Independentemente de sua falta de autonomia, lida impecavelmente com o movimento da natureza e do cosmos. Isso porque ele manifesta o receptor perfeito. É o uke perfeito, portanto, apresenta a resposta perfeita para qualquer situação. Essa é a característica que define a mente iluminada, ainda que a inconsciência não pronuncie uma única palavra e ensine apenas a partir de exemplos.

A diferença entre a mente da inconsciência e a mente iluminada reside talvez apenas na autoconsciência. Uma analogia entre o recém-nascido comparado a um velho homem sábio. Embora eles compartilhem de muitas características, sua sabedoria e experiência são mundos à parte. Quando recém-nascidos, começamos com a consciência da dimensão U, embora no centro desse mundo escuro fique a dimensão I, a fonte de sabedoria e realização.

No reino da inconsciência, a sabedoria da dimensão I segue não realizada, ainda que seja essencial para a criação da Terra e especialmente do mundo mineral. As linhas retas do ki da dimensão I são especialmente fortes nos minerais da terra e em pedras preciosas tais como diamantes e cristais.

Nos seres humanos, o mundo mineral governa nosso sistema nervoso e regula a qualidade do nosso sangue. Nossa saúde mental depende largamente de traços minerais em nosso corpo. É, de fato, o ferro no nosso sangue que torna possível o juízo são. A falta de ferro leva à perda de memória e ao juízo distorcido.

No reino vegetal, encontramos um intenso ki de dimensão I nos grãos dos cereais subindo diretamente em direção aos céus. Quando ficam totalmente maduros, eles humildemente inclinam sua cabeça e oferecem-se como alimento básico para o desenvolvimento do ser humano. Aqui novamente vemos o perfeito ensinamento da inconsciência.

Além dos seres humanos, os outros seres vivos também contêm as cinco dimensões do ki da vida. As formas da natureza incorporam o ki da sabedoria universal para aqueles que têm olhos e ouvidos para ouvir e vê-los. A consciência inteira do *itsura*, os cinquenta sons, está presente, contudo, até que a forma física evolua suficientemente, não pode ser percebida. Se a vibração para a cor vermelha não estivesse presente em nosso cérebro físico, não seria possível vê-la em uma rosa.

Devido ao ki expansivo da dimensão A, o mundo vegetal tem durabilidade e força incríveis, combinadas com uma maravilhosa adaptabilidade. É vergonhoso, contudo, que os seres humanos frequentemente se frustrem com a adaptabilidade do reino vegetal. Os seres humanos, como o mundo vegetal, devem passar naturalmente pelos cinco estágios de desenvolvimento e atingir a maturidade na autorrealização. A consciência plena que nos criou nutre continuamente nossa vida com esse grande propósito.

Por que, então, é tão difícil para nós sermos bem-sucedidos nesse caminho? Porque, para tanto, temos de admitir o fim do ego, nosso senso de um *self* separado. O ego jamais irá render-se à sua própria extinção sem luta. Recusando-se a admitir nosso real e único inimigo, nós permitimos que o ego torne-se mais forte, e nosso condicionamento torna-se mais profundo dia a dia. Até que finalmente acabamos perdendo a oportunidade de realização.

Não há um caminho particular que inevitavelmente leve à realização. "Os métodos em si não transformam. É a dedicação e a sinceridade do indivíduo que contam para a possibilidade de realização. Todos os métodos são meramente atividades executadas enquanto se espera que a presença divina se faça conhecer por você; para torná-lo receptivo ao divino."[3]

Todos os caminhos são métodos projetados para se autodestruirem uma vez que tenham servido a seu propósito. O fator mais importante no Aikido, ou em qualquer outro caminho, é portanto *makoto*, ou sinceridade. Não seremos bem-sucedidos enquanto não estivermos esclarecidos sobre nossas razões para a prática e sérios a respeito de querer mudança.

OS TRÊS INSTINTOS: O MUNDO ANIMAL

Dentro dos reinos vegetal e mineral da natureza, a consciência é principalmente mecânica. A dimensão U cria os cinco sentidos que são funções apenas de julgamento mecânico. A dimensão A segue para WA, ou *self* individual, usa esses sentidos para manifestar as prioridades sensórias, escapando do que é desagradável e gravitando ao redor do que é prazeroso.

O reino das emoções, entretanto, em virtude de todos os propósitos práticos provavelmente tem início com o reino animal, ou, *coisas móveis*, como são chamadas em japonês. No reino animal, o ki da dimensão O ativa o pequeno cérebro, simultaneamente dando vida a ambos: o instinto e o movimento independente. Nossa nutrição ainda vem da terra, embora os intestinos, as raízes pelas quais a recebemos, fiquem agora dentro de nós.

O instinto é o estado primitivo da memória. É um enorme salto na evolução; é a base para a fundação da consciência humana. Cada nível de consciência torna-se a base para a que a segue. O julgamento mecânico da dimensão U dá vida ao reino sensório A. O conhecimento expansivo da dimensão A, por sua vez, dá continuidade ao instinto e à memória, a capacidade de concentração da dimensão O.

Resultando desse salto monumental, o reino animal manifesta a consciência do UAO como os primeiros três instintos — o desejo por comida, sexo e satisfação emocional. A comida e o sexo são estritamente físicos, contudo, o instinto de dar vida e cuidar, embora essencial para a continuação das espécies, também cria satisfação emocional, um cuidado por algo externo ao próprio *self*.

Antes de me dirigir para o quarto nível de consciência, pode ser útil retornar e ver esse processo do UAO no alvorecer da consciência humana. O primeiro passo fica no vazio do qual nasce a autoconsciência.

É deste lugar que tem início nosso autoconhecimento. O alvorecer desse conhecimento (A-Wa) é registrado na mitologia cristã como nosso "deixar o jardim do Éden".

O NASCIMENTO DAS ILHAS: O POTENCIAL DO JUÍZO MAIOR

Antes da religião formalizada, o nascimento e a evolução da consciência foram registrados simbolicamente nos contos mitológicos da criação. Como a sociedade material progrediu e as pessoas tornaram-se menos intuitivas, o sentido original dessas histórias foi perdido, e elas começaram a ser tomadas literalmente, e não como exemplos metafóricos da evolução humana. O Livro do Gênesis do Velho Testamento e o Kojiki japonês, ou registro de eventos ancestrais, são dois exemplos.

No Kojiki, a história da criação é explicada metaforicamente pelo nascimento de divindades, e subsequentemente por meio do nascimento das ilhas, o espaço onde essas divindades residem. As primeiras 17 divindades são precondições, ou *a priori*, aspectos da vibração mental. São descritos no Capítulo 1 como os níveis do amatsu iwasaka, a base da condição espiritual humana.

Como vimos no Capítulo 1, o estabelecimento das 17 divindades é a gradual estabilização do impulso e da energia vital, o eixo da espiral da criação. As duas últimas divindades a serem estabelecidas foram Izanagi e Izanami. Manifestando a força centrípeta dos ventos solares e a força centrífuga da Terra girando sobre seu eixo, a forma espiritual humana é criada. O campo do ki em que isso ocorre é nossa própria consciência. O útero do Su é referido no Kojiki como Onokoro Shima, a ilha da autocriação.*

Onokoro Shima: A Ilha da Autocriação

Como descrito no Capítulo 2, a circulação e a combinação das energias vertical (tate) e horizontal (yoko) criam a primeira forma espiritual. A expressão mitológica dessa combinação é ilustrada por duas divindades, Izanagi e Izanami, empunhando uma lança, *ame no nuhoko*, para baixo,

---

* Em japonês, algumas letras têm mais de uma pronúncia. A letra *k* soa como *g* quando aparece no meio de uma palavra, e *sh* torna-se *j* quando usada em uma frase. Entretanto, a palavra *onokoro* pode, às vezes, aparecer como *onogoro,* e a palavra *shima,* ou ilha, pode aparecer como *jima* em alguns contextos. (N. T.)

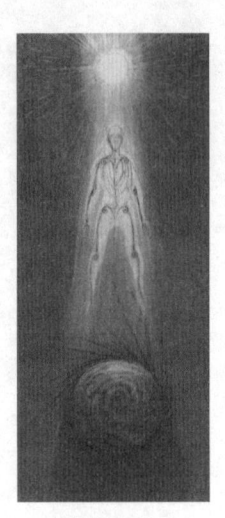

Figura 5.2. Onokoro Shima: a ilha da autocriação.

do Céu para as águas salinas do oceano. Esse oceano é a base do ser, e é nosso corpo físico. Em outras palavras, é o kototama do Su-U.

Nuhoko, a lança, simboliza a língua por meio da qual manifestamos as palavras. O kototama individual mostra o significado em detalhe. Nu é a materialização do No, o descendente da mente instintiva do kototama do Su. Ho é a totalidade do ki criativo, que começa o processo de criação dividindo o mundo em sujeito e objeto. Ko é a circulação e a contração do ki, a materialização do espírito. Em outras palavras, o impulso e a energia vital unificadora do corpo e mente cria a primeira faísca do instinto, ou *honno*.

Essa é a atividade que toma lugar na ilha chamada Onokoro Shima, a ilha do Su. *Shima*, ou ilha, é o arcabouço do nosso próprio coração e mente. É a nossa primeira habilidade para unir o sentimento e o som, para nos expressar. Isso também significa *shimeru*, ser embebido ou totalmente encharcado — até o ponto em que não há mais separação — com intimidade. Estamos tão imersos na realidade do nosso próprio espírito que somos totalmente ignorantes dele.

Ono é o *self*, e *koro*, uma vez mais, é o ki revolvendo e se materializando. A qualidade do Su é chamada de *kanro no hou*, o doce néctar do orvalho celestial. Esse é o ki espiritual que desce para nosso cérebro como consciência. É o ki da vida onde estamos totalmente embebidos ou imersos.

Resumindo, Onokoro Shima é o nosso próprio corpo e mente, o local de encontro do tempo, espaço e dimensão. Sem esses três fatores nada consegue se manifestar. É nossa própria percepção, ocorrendo aqui e agora, que faz o mundo aparecer. Quando as dimensões do espírito e os ritmos originais da natureza são combinados, o mundo relativo aparece. Imaginar o mundo físico existindo fora da consciência é perder sua natureza intrínseca.

O processo de manifestar consciência como realidade acontece em três estágios. O primeiro é chamado *ana*, denominação para Céu. Como explicado no Capítulo 1, são as 17 divindades *a priori* de amatsu iwasaka. Ana é o reino espiritual do sentimento anterior à palavra consciência. Quando essa consciência desce para o nosso cérebro como pensamento torna-se mana, o reino do pensamento.

A tradução literal de *mana*, ou *manna* como é pronunciada na Bíblia, é "a palavra verdadeira". O mana pode ser falado apenas por uma mente pura e iluminada. Ocorre quando não há a mínima diferença entre as palavras, sentimentos e ações. Nesse momento, a vibração das palavras

■ *Figura 5.3. Izanagi e Izanami arremessando uma lança ao oceano.*

faladas se articula perfeitamente com a realidade objetiva que elas descrevem. Quando um ser humano fala a palavra verdadeira, ele pode ter imenso poder e influência.

Depois de ana e mana vem o terceiro estágio da consciência. Chamado de *kana*, "o nome de Deus". Essa é a consciência criativa. É a manifestação do pensamento como forma, letras e palavras visuais. Do *Kototama Hissho: Nos tempos antigos as figuras e formas criadas pelo ki do fogo e da água foram entendidas como katakana, "os nomes dos deuses". Com o passar do tempo, a ideia do ki espiritual criando a forma da natureza foi esquecida. Para a nossa mentalidade moderna, tal ideia soa um disparate, contudo, essa é a filosofia do Extremo Oriente.*

No Xintoísmo, a ideia de criar as formas da natureza fora da intenção consciente é referida como *kami waza*, ou técnica divina. Essa frase foi algumas vezes usada pelo O-sensei para descrever técnicas do Aikido

■ *Ana*

Inochi:
O Aikido como
um Caminho
Espiritual

235

■ Mana

■ Kana

também. Ambas são uma tentativa de combinar perfeitamente o ki do nosso espírito e alma com o espírito do criador do universo.

Nossos pensamentos (mana) e sentimentos (ana) alteram a qualidade da nossa própria vida e a dos outros. Essa influência é aumentada quando esses pensamentos e palavras são trazidos ao mundo em formas como a palavra e a ação. Nosso karma individual e o karma do nosso mundo começam ambos com a atividade da nossa boca. É por meio da comida e das palavras, do físico e do espiritual, que a roda da manifestação gira. Esse karma inicia-se com o nascimento do Awaji no Ho no Sawake Shima, a segunda ilha.

Awaji no Ho no Sawake Shima: A Ilha da Autoconsciência

Awaji no Ho no Sawake Shima é a abertura do útero do Su. É a primeira atividade que toma lugar em Onokoro Shima. Na interseção da força do Céu e da Terra (I-Wi), o amadurecimento do ki segue como Ho, a respiração criativa do Céu. Como a fruta madura do grão do cereal. Como a ponta de uma lança, ele divide o útero do Su.

O ki do fogo do Ho desce para o chão ou base do ser (Su-U) e divide o mundo em O e Wo, ou sujeito e objeto. Como mencionado anteriormente, essa atividade é o reino da mente instintiva, contudo, é o nosso próprio julgamento mecânico (We) que decide o momento em que esse conhecimento terá início. Esse é o lugar onde a atividade da criação toma lugar dentro do nosso próprio hara, mas desconhecemos esse fato.

Sa significa "uma diferença sutil" ou "uma leve diferença", e *wake* significa "separar" ou "dividir". Em outras palavras, *sawake* é a sutil diferença, ou distinção, entre o que é visto como *self* e o outro. A mente instintiva da dimensão O não pode perceber claramente essa diferença.

Seguindo o kotodama do Ho, a respiração do Céu segue como He, Hu, Hi e Ha, cada qual expandindo para a direita e para a esquerda, dando vida às dimensões subjetiva e objetiva da consciência. Dessa maneira, a alma da palavra Ha, o poder do reconhecimento, dá à luz o A e o Wa, o senso do *self* e do outro. Em outras palavras, o A se vê, o reflexo da nossa própria mente, e interpreta como Wa, ou realidade objetiva.

O *ji* de Awaji significa *michi*, o caminho em direção à realização. A abertura do A-Wa, ou conhecimento, o início da nossa jornada como seres humanos. Começando com a dimensão U, o chão ou a base do ser, nós devemos atravessar as dimensões AOE e finalmente alcançar a

■ *Figura 5.4. Awaji no Ho no Sawake Shima.*

perfeição da sabedoria na dimensão I. Faltando isso, perdemos o contato com as forças da natureza e nossa vida fica incompleta.

Iyo no Futana Shima: A Ilha da Humanidade

Com o Awaji no Ho no Sawake Shima, nós vimos a separação do Céu e da Terra, o advento do conhecimento individual. Esse movimento expansivo, entretanto, não tem raiz e, portanto, não tem os meios para perceber a si próprio. Ficando entre o Céu e a Terra, reunificando-os, manifestamos nosso impulso vital, nossa essência humana. Essa é a atividade do Iyo no Futana Shima. *Iyo* significa "unir a respiração", e *futana* significa "dois nomes".

O Céu e a Terra, sujeito e objeto sendo originalmente os mesmos, são atraídos um para o outro e reunidos no espaço da ilha Iyo no Futana. Isso é também chamado de *ningen*, o espaço do ser humano. A polaridade do A e Wa é unificada pelo centro comum, o kototama do Ya. Como mencionado no Capítulo 1, isso é chamado "a abertura do olho do Céu", a natureza tornando-se ciente de si.

■ *Figura 5.5. Iyo, o espaço do ser humano.*

Desse modo, o poder unificador dos seres humanos revela-se na ilha de Iyo no Futana. A inalação do Yi nasce da atração do I e Wi, o impulso e energia vital. O impulso vital gera nossa energia de vida, ou força, a fim de se manifestar. Isso é o Wi, a energia centrípeta do centro do nosso hara. De acordo com o grau de força desse ki, produz-se o potencial para uma vida saudável e longa.

A atração entre o ki da água do U e do ki do fogo do Wu produz Yu, a harmonia perfeita do fogo e da água. O E e o We juntos produzem Ye, o julgamento perfeitamente equilibrado que unifica todas as coisas. O e Wo combinados produzem Yo, que estabiliza o mundo ficando entre a mente subjetiva e a objetiva.

Dessa maneira, vemos que a essência dos seres humanos é criada pelo Céu e a Terra, contudo, é a humanidade que unifica o ki do fogo e o da água, a atividade do mundo relativo em que vivemos. Esse é o destino dos seres humanos; a meta para a qual caminhamos; contudo, ela não pode ser atingida enquanto não estivermos totalmente cientes do nosso próprio potencial e, consequentemente, da nossa responsabilidade.

A clareza e a expressão do nosso julgamento dependem da nossa habilidade para controlar nossa tensão física e receber a energia do Céu e da Terra sem resistência. A forma e o sentimento da nossa técnica de Aikido são o barômetro de quão bem-sucedidos estamos sendo quanto a isso. Como indivíduos, nós não criamos nossa própria vida, contudo, recebemos a responsabilidade de decidir como administrá-la. Como manifestamos a energia que chega até nós é decisão nossa. Decisão que definitivamente norteia a qualidade de nossa vida.

Ficando entre o Céu e a Terra e unificando-os, embora desconhecendo nosso próprio significado, iniciamos nossa jornada solitária para casa. Como no reino animal, possuímos os três primeiros instintos que asseguram nossa sobrevivência e continuidade, e também, como outros animais, nesse estágio toda a nossa consciência existe apenas para satisfazer o desejo básico do mundo físico e emocional. Em outras palavras, vemos do ponto de vista do Wa Wi Wu We Wo.

INOCHI:
O CAMINHO DE UM SER HUMANO

O ser humano, aceitemos ou não, é apenas mais um produto da natureza. Algumas vezes nos imaginamos fora dela; contudo, na realidade, nunca poderíamos estar. Como para o resto da natureza, estejamos cientes ou não, um caminho é preparado para que cresçamos, e percorrê-lo é nossa definitiva realização. O caminho, que está inscrito em nosso espírito e em nosso DNA, é a realização da nossa própria natureza.

"Quando um peixe se move na água, por mais que se mova, não há o fim da água. Quando os pássaros voam pelo céu, por mais que voem, não há o fim do céu."[4] Da mesma maneira, nós também estamos nadando e voando no mar da palavra Consciência. Dotado da capacidade abstrata da palavra Consciência, nosso julgamento da dimensão E torna-se pensamento criativo. Nós não mais observamos simplesmente o mundo, mas também o criamos conscientemente.

Como resultado, a experiência do despertar é muito mais traumática e profunda para nós do que para o resto do reino animal. Quando o útero da consciência da dimensão U abre-se para A e Wa, a distinção entre o *self* e o *outro* tem implicações que se estendem muito além. A percepção do *self* e do *outro* torna-se uma ideia abstrata. Começamos a contemplar nossa própria vulnerabilidade e insegurança.

Quando vivenciamos o despertar pela primeira vez (A-Wa-Re), não conseguimos ver que é a nossa própria capacidade de julgamento que cria a separação do *self* e do *outro*, do sujeito e do objeto. No Novo Testamento, encontramos "e a luz brilha nas trevas; e as trevas não conseguirão apagá-la".[5] A luz inicial do reconhecimento (A) expande e é continuada por meio da capacidade de nossa memória (O). Infelizmente, vindo das limitações objetivas do Wa, nós ainda não conseguimos reconhecê-la como a luz da nossa própria consciência subjetiva.

O kototama do A, portanto, tem o significado de *ware*, ou *self* dividido. O ki da dimensão A nos dá o conhecimento e o sentimento espiritual, contudo, é também o início da dualidade, da ignorância e do sofrimento. Esse é o início do nosso caminho espiritual, embora no simbolismo religioso às vezes seja chamado de *akuma*, ou o espaço do mal ou do demônio.

A diferença entre a visão física baseada no ki da dimensão U e a baseada no ki da dimensão A foi explicada tecnicamente no Capítulo 4, contudo é útil, senão absolutamente necessário aqui, para explicar essas visões opostas de um ponto de vista espiritual e psicológico.

A perspectiva estritamente física do AIUEO é a ordem kanagi do desenvolvimento. A consciência física da dimensão U não pode entender ou mesmo ver o reino mais elevado do AI, que é pura sabedoria e compaixão. Nossa base física, portanto, torna-se o critério para toda nossa atividade. Desenvolvida na ordem do UEO, nossa experiência física é julgada pelo nosso intelecto e então lembrada como uma referência para nossos futuros julgamentos.

A perspectiva da dimensão U está presa ao mundo das aparências. Vendo o mundo como fundamentalmente físico, nem o sentimento espiritual da dimensão A nem a sabedoria da dimensão I podem ser entendidos. O advento do nosso conhecimento é ofuscado e obscurecido.

Com nosso julgamento (E) funcionando estritamente a serviço de nossa perspectiva física (U), nós procuramos discernir a realidade por meio do conhecimento. Nós comparamos e julgamos os valores de cada coisa, uma por uma, descartando o que é inútil e preservando o que parece promover nosso interesse. A memória é usada como a base para julgamentos futuros e é adaptada de modo consciente quando não combina confortavelmente com nossa ideia de como as coisas deveriam ser.

Dependendo do intelecto, nos empenhamos em justificar nossa visão de vida. Se percebemos o mundo material como a realidade básica, procuramos conhecimento para apoiar essa visão. Esse é o kanagi, o caminho da ciência. Se, por outro lado, vemos o mundo invisível como a base da realidade, procuramos conhecimento para apoiar *essa* visão. Essa é a ordem do AOUE, o estágio sugaso que cria uma abordagem religiosa para investigar.

A ordem sugaso é baseada na expansão contínua do ki da dimensão A. "A dimensão A não é limitada pelo tempo e espaço; move-se livremente. Por essa razão, o subjetivo *self* (A) separa do fenômeno espiritual do Wa, e o fenômeno universal é visto como a existência de Deus."[6]

A dimensão A é a fonte do nosso sentimento e inspiração espiritual, contudo, sua natureza infinitamente expansiva é inacessível. A mente humana rechaça a ideia do infinito, porém, a abordagem sugaso é incapaz de iluminar o entorno e olhar para dentro da fonte. Essa recusa em conhecer a responsabilidade da liberdade humana resulta em um tipo vago de espiritualidade, cujos conteúdos não podem ser verificados.

Vindo do sentimento da dimensão A, a visão estritamente material da perspectiva da dimensão U parece tola. A perspectiva da dimensão U, por outro lado, vê a visão de A como uma fantasia conveniente sem nenhuma base na realidade. Nenhum lado consegue ver que a separação é criada pela própria limitação da percepção, e ambos os lados, portanto, continuam dualísticos. "O senso do A como *eu sou*, agindo em um espaço ilimitado e atemporal sem dimensão, nunca pode ser reconciliado com a noção física do *self* da dimensão U."[7]

Como no restante do reino animal, a dimensão A manifesta nosso julgamento sensório — procurando prazer e tentando evitar a dor. Nossa dimensão O, retendo essa experiência, produz sensibilidades emocionais, inicialmente do tipo gosto ou não gosto. Isso também colabora para a retenção da experiência como conhecimento, portanto, para o julgamento intelectual.

A dimensão E nos dá o potencial para o pensamento criativo, embora tenhamos vindo desse lugar, ele é usado apenas para reforçar a perspectiva dualística tanto da dimensão U como da A. É ainda nosso julgamento da dimensão E que decide o método que usamos e a direção que damos para alcançar nossas metas, apesar de elas não resistirem ao teste da vida diária se não forem baseadas no que realmente existe (I).

Entretanto, os seres humanos não são limitados ao reino de cada sentido ou às limitações da especulação. Nascemos com a capacidade para perceber todas as cinco dimensões do nosso ser. A retenção da experiência torna-se a base dos conceitos abstratos, que, por sua vez, dá vida a um quarto instinto, o desejo de conhecer e entender. Apenas esse desejo persistente pode nos levar à verdade da unidade.

A despeito do caos e do sofrimento que nosso potencial abstrato traz para o mundo, ele ainda é a única ferramenta pela qual podemos trazer à tona nossa própria ilusão. Nosso julgamento cria a separação original — nossa saída do paraíso. A habilidade para refletir sobre nosso próprio processo de pensamento cria um grau de liberdade com o qual ainda não aprendemos a lidar sabiamente, ou mesmo com segurança. Nosso desejo pelo conhecimento tem nos levado a uma sociedade cientificamente avançada; ao mesmo tempo, nosso desenvolvimento espiritual tem sido quase que completamente obscurecido.

Essa é uma infeliz realidade. Muito poucos líderes nossos, se é que existe algum, fazem jus a suas altas posições com um julgamento ou discernimento mais elevado. Frequentemente, a motivação deles é a ganância por riqueza e poder. Alguém que não vê o resultado das ações além de sua própria vida dificilmente conseguirá guiar os outros em direção a uma sociedade pacífica.

Chegaremos a um ponto em que teremos que reconhecer que a fonte do problema é a nossa própria falha de percepção. A soma das partes nunca é o todo, e o intelecto, que é inerentemente dualístico, não consegue apreender a realidade. Ao contrário, quando o intelecto é o nosso ponto de referência mais alto, isso tende a nos isolar mais dos outros.

Seguir estritamente o caminho do materialismo, ou "a lei do mais forte", é ir por um caminho cego que leva a uma existência curta e relativamente sem sentido. Esse é o caminho do UEO, a ordem do kanagi. Ao procurar apreender a realidade considerando o espírito como uma entidade separada, permaneceremos em vão, sempre num dilema vago e sem resolução. Essa é a ordem sugaso do AOUE.

Essa espiritualidade do sugaso separa a si mesmo de todas as outras visões e também do lado físico da realidade. Isso elimina a fonte do real crescimento espiritual. Nunca conseguimos realmente apreender alguma coisa sem a experiência física. Ambos os lados são dualísticos, não conseguem descobrir a sabedoria da unidade.

No final há apenas o caminho da unidade — o caminho da sabedoria — o que leva a uma conduta de vida equilibrada e totalmente sã. Essa é a ordem futonorito AIEOU, baseada na perfeita sabedoria do IE. É a unidade do Céu (AI), do homem (IE) e da Terra (OU). Essa ordem também pode ser expressa como AEIOU.

Futonorito é a expressão da completa liberdade e responsabilidade — a mente iluminada. Do ponto de vista sugaso, a independência criativa do futonorito apresenta uma perspectiva temerosa e perigosa. Entretanto, para o homem livre proveniente do juízo do IE, a abordagem sugaso para a espiritualidade é vista como algo infantil. Os quadros das ordens do amatsu kanagi, amatsu sugaso e amatsu futonorito das páginas 48-50 deveriam ser usados para esclarecer esses aspectos psicológicos também.

VOLTANDO À ORIGEM

Até este ponto temos visto as quatro dimensões do AOUE a serviço do separatismo, uma visão de mundo do *self* e do *outro*, e a sobrevivência do mais adaptado. Ambas, a visão estritamente material do kanagi e a visão filosófico-religiosa do sugaso, são em última análise materialistas. Por essa razão, a visão sugaso acaba criando Deus à imagem do homem.

Esse dualismo significa a verdadeira ignorância, e em seu extremo transforma-se em uma arrogância totalmente inflada, a raiz da causa da violência e do sofrimento que atravessa nossa história humana. Quando abrimos os olhos para a realidade do monismo dinâmico, torna-se impossível continuar com esse tipo de atitude. Quando percebemos que todos os problemas do mundo são resultantes do nosso próprio julgamento equivocado, torna-se possível reverter essa direção.

Por termos nascido na forma humana, nossa verdadeira natureza não pode ser suprimida indefinidamente. Cada vez mais pessoas hoje estão chegando a ponto de um extremo descontentamento. Algo está faltando; algo está fundamentalmente errado, e o problema não está limitado a um ou outro indivíduo. Devemos ir além do intelecto e começar a ver não apenas a unidade fundamental de todas as coisas, mas também que todos os seres humanos compõem uma família, e temos mesmo uma origem única.

Quando nossa dependência mútua é entendida, ela nos dá um senso de moralidade mais prático e realista. A moralidade verdadeira é produto do julgamento mais elevado, não são ensinamentos remotos e restritivos. Quando nós realmente começamos a funcionar a partir dos níveis mais altos da capacidade da dimensão E, os níveis inferiores do julgamento são subjugados e controlados.

Não há necessidade, portanto, de eliminar nossa sensibilidade sensória ou emocional. A regra dourada "Faça aos outros o que gostaria que os outros fizessem a você", essa é toda a moralidade de que nós precisamos se amamos verdadeiramente nossos semelhantes. Há uma mentalidade infantil em tentar impor a moralidade por meio de regras, uma mentalidade que não consegue aceitar a responsabilidade pessoal. É um insulto e uma violência contra o julgamento humano.

Com o nascimento do julgamento social, começamos a entender a universalidade da experiência pessoal. Como criaturas de condicionamentos, compartilhamos a condição humana, e cada um de nós deve tratar disso diretamente. Nenhuma quantidade de conhecimento irá trazer paz a nossa mente. É o tempo, novamente, de retornarmos ao nosso local de nascimento espiritual, a ilha de Onokoro Shima, e esclarecer os conteúdos do ki de nossa própria vida.

Segundo as palavras do mestre de Aikido Zenzaburo Akazawa: "Com certeza, O-sensei era uma pessoa extraordinária. Entretanto, sem se empenhar em algum tipo de treinamento espiritual, ninguém pode esperar tornar-se como ele. As pessoas que treinam nos dias de hoje também unem suas mãos diante do Kamisama, mas poucos praticam o zazen. Assim, não podem esperar tornarem-se divinamente inspirados como O-sensei era."[8]

O provérbio zen "no início os rios e as árvores eram apenas rios e árvores" mostra o local do início. Nós começamos com o corpo, o mundo físico. Voltando a luz da nossa dimensão interna E e descendo profundamente até nosso próprio centro, nossa mente para de divagar e nós nos mesclamos ao kototama do Su. Esse grau de quietude não é encontrado no movimento; é obtido primeiro no silêncio da meditação.

Imagine o mundo sem você. Colocarmo-nos fora do cenário é um bom negócio, mais confortável do que você pode imaginar, resulta em um senso de esclarecimento muito maior. No nível mais fundamental de um espírito, quatro almas, somos todos basicamente os mesmos.

Há o lado óbvio de nossa existência — a pessoa pela qual chamamos pelo nosso primeiro nome e todas as características condicionadas e traços que identificamos com aquela pessoa. Vistos em termos de tate e yoko, é o yoko, o *self* que definimos em termos do espaço que ocupamos. É o lado do nosso *self* que divide uma coisa de outra e pesa nosso valor relativo com relação às coisas que nos circundam.

Tate, por outro lado, é o *self* temporal que vive dentro da nossa personalidade relativa, ainda que fique à parte dela. Esse é o *self* que existe apenas no momento presente do *nakaima*, o aqui/agora absoluto. É a percepção em si.

O primeiro objeto do *naikan*, ou meditação silenciosa, é ficar fora de nossas atividades mentais, da nossa mente diária que macaqueia, e observá-las imparcialmente. Gradualmente, a partir dessa perspectiva conseguimos perceber a natureza impessoal de nosso *self* aparente. Dentro da dimensão U, todas as outras dimensões da nossa alma e espírito são reveladas uma a uma até começarmos a descortinar a dimensão I, a essência do ser. Isso requer que o fogo do ego cesse e ocorra a descoberta de um tipo radical de fé na vida em si.

A meta definitiva do Aikido e de todas as outras disciplinas espirituais é a apreensão intuitiva real da fé, para mantê-la em seu próprio hara e viver a partir dela. Quando isso acontece, o mundo não parecerá mais uma ameaça, e seus desejos baseados no ego serão subjugados por suas aspirações de saúde, paz e prosperidade para com os outros.

Tomando uma frase do Tao-Te King, "Leve o vazio ao extremo, guarde a quietude cuidadosamente; como miríades de coisas agem como em um concerto, eu vigio o retorno".[9] Em outras palavras, permitindo que as coisas sejam o que elas são, habitamos no vazio do ki da dimensão U até que o ki yang da qualidade espiritual da dimensão A se revele. "Vigiar o retorno" não é uma atividade passiva; requer grande diligência e concentração focada.

O primeiro conhecimento importante é o conhecimento do corpo. Nosso próprio corpo, assim como o universo, é um corpo de ki, ou energia espiritual. Imersos no ki do Su-U-Mu, veremos a unidade que sempre esteve lá. Quanto mais continuarmos a separar nosso corpo físico do mundo do espírito, mais a natureza real da vida continuará a evadir-se de nós.

Enquanto perseverarmos em nossa concentração, a consciência do nosso corpo físico gradualmente se desvanecerá e os problemas desaparecerão. Continuando, no final nada se mantém, apenas o respiro do universo. O vazio do mundo material não é realmente vazio de todo. É o respiro — repleto de ki. "Vazio é o universo em si, a existência real, antes da aparência do fenômeno."[10] Entendendo o ki como realidade básica, a separação entre o *self* e o *outro* torna-se muito difícil de sustentar.

"O fato, uma vez considerado como um sonho vago ou ilusão sem sentido, revela-se como o fato real em si. Por quê?, porque devido à origem e à causa das coisas consideradas como sonhos e ilusão, agora elas tornam-se claras."[11] Nesse ponto diz-se que: *Os rios e as árvores não são mais rios e árvores.*

A luz do sentimento espiritual da dimensão A brilha sem interrupção e ilumina o mundo das aparências. "Eu agora não sou esse; esse agora sou eu."[12] Não há um *self* separado a quem proteger ou salvar. Nós estamos vivendo dentro do próprio útero da vida. Não há uma separação real, contudo há sempre ordem nos eventos reais.

É nossa própria mente que ilumina o mundo, contudo, os seres humanos são sempre ukes, os receptores da vida. Com essa percepção, a real qualidade do nosso ki da dimensão A se revela. Chega abundantemente como luz e calor. É a luz da verdade (Wa) e o transbordante calor da compaixão desprendida (A). É essa luz que, nas palavras do mestre zen Hakuin, "despedaça a mente discriminadora para revelar a essência despertada". Essa é a luz chamada de "o campo sem forma da generosidade", que é sem-fim e incondicional, doando o que nunca poderá ser retribuído. Isso não contém nenhuma negatividade. É *arigatai* harmonizar-se com todo esse ki incorporado, há um profundo sentimento de gratidão.

Nessa prática mantemos a mente do iniciante — o lugar de onde nós automaticamente buscamos nutrição e proteção. Sobre o tatame também, nossa ênfase não deveria ser colocada na força, e sim em nutrir um grande e magnânimo sentimento para com os outros. Alguém que incorpore a virtude do ki da dimensão A aceita as dificuldades da vida diária como uma oportunidade para o crescimento pessoal e o desenvolvimento, recebendo-as com gratidão.

Quando praticamos a compaixão em nossa vida diária, nutrimos a virtude espiritual da dimensão O. No Xintoísmo isso é chamado de

■ *Arigatai, "gratidão"*

natsukashisa, ou nostalgia. Não é pela falta de algo ou pela saudade do passado. É um *insight* para a atemporalidade do presente. Este exato momento é passado, presente e futuro e tudo que percebemos não é nada além da nossa própria natureza. Nada é omitido ou tido como garantido; o mundano em si é a própria manifestação do divino.

O significado de *natsukashisa* se aproxima da palavra japonesa *satori*, ou despertar espiritual. O kototama do Sa Tori pode ser interpretado como "remover a diferença", ou melhor, "lembrar a unidade original". Todas as coisas são vistas como igualmente sagradas, portanto, não há nada sagrado ou mesmo especial. É a lembrança de uma perfeição e espiritualidade que nunca foram perdidas, nem mesmo por um instante.

Na filosofia taoista, isso é retratado pela imagem de um homem velho e sábio que nunca deixou sua pequena vila embora entenda os mistérios do mundo. Ao percorrermos sempre os mesmos velhos caminhos durante toda a vida, intrinsecamente a eles nos mesclamos, nos harmonizamos, e neles nos transformamos. Nas belas-artes japonesas, isso é chamado de *wabi sabi*, a essência de uma relíquia atemporal manifestada aqui e agora.

Continuando a desenvolver nosso julgamento ou discernimento por meio do treinamento diário, da meditação e da introspecção, começamos a ver a inteligência e a elegância do projeto divino. Todos os antagonismos são vistos como complementares. Vemos que a beleza e a graça da natureza consistem em sua economia, simplicidade e eficácia. No Xintoísmo, isso é chamado de *uruwashisa*, que significa "graça" ou "elegância". É a qualidade espiritual do ki da dimensão E. É o kototama da mescla do Re com a dimensão I para tornar-se Rei.

Trazer esse sentimento para nosso próprio corpo e mente é ver o mundo pelos olhos do julgamento ideológico. É a prática da mente do sábio, ou bodhisattva. É aqui que o princípio da harmonia da natureza torna-se claro e prático. Essa clareza de juízo revela a maneira de converter a adversidade em benefício. Dirigindo-se diretamente ao coração dos outros e transformando a discórdia em harmonia — esse é o real significado do *irimi-tenkan*.

■ *Natsukashisa, "nostalgia"*

Inochi:
O Aikido como um Caminho Espiritual

É mudar da doença para a saúde, da dependência para a fé verdadeira e, por fim, da guerra para a paz, tudo sem a oposição de uns contra outros, sem empregar métodos de força. Quanto maior o desafio, maior deve ser a alegria de engajar-se. Isso requer o desenvolvimento profundo do ki yang, uma atitude completamente positiva.

É a capacidade de julgamento do ki da dimensão E que controla e mantém o equilíbrio dinâmico das oito energias, os eventos reais da vida diária. É apenas por meio desse julgamento constante que o equilíbrio adequado é possível. Quando as oito energias estão equilibradas, nos arraigamos no espaço do ser humano entre o Céu e a Terra, no kototama do I e Wi. O impulso vital é nossa raiz na sabedoria, e a energia vital é nossa raiz neste mundo físico.

Começando com a dimensão A, cada dimensão subsequente do ki é mais yang e intensa. Essa intensidade crescente é o desenvolvimento de uma percepção mais intuitiva e finamente sintonizada. Quando nossa dimensão E fica mais intensa, torna-se a energia da sutil diferenciação entre unidade e união. Nos ensinamentos zen, nosso julgamento intuitivo é "o cruzamento do rio quando a ponte quebrou" ou "descobrir o caminho à noite sem uma lanterna". No final, é a única coisa com a qual podemos contar.

Vindos da dimensão E, naturalmente nós procederemos em nossa vida diária como se ela fosse a mais alta forma de arte. Se vivermos nossa vida apenas como um meio de passar o tempo, é impossível atingir esse tipo de refinamento. Quando estivermos livres de amarras inúteis, a longo prazo cria-se um mundo melhor, nossa influência chega muito além de nossas intenções originais.

Enquanto nosso julgamento torna-se mais refinado, descemos profundamente para a experiência do momento presente; gastaremos menos tempo afligindo-nos com o passado e o futuro. Essa prática de ver a unidade de momento a momento é estudar o ki da dimensão I. Quando permanecemos no momento e usamos nosso julgamento para unificar todos os antagonismos, praticamos o julgamento perfeito do amatsu futonorito, a ordem natural da mente.

Amatsu futonorito começa com AI, sabedoria divina e compaixão. Nenhum deles pode existir separadamente. O amor puro deve ser completamente impessoal, e isso depende da sabedoria da dimensão I. Por outro lado, a sabedoria não teria como se expressar sem a compaixão. Quando ambos se estabilizam juntos, formam o ki da harmonia universal.

■ *Uruwashisa, "elegância"*

Quando nosso julgamento vem do AI, é expresso como IE, uma recepção perfeita e, portanto, uma resposta perfeita. No Budismo é "a unidade atingida". Sobre isso, o mestre zen Dogen disse: "As montanhas azuis não são nem sensíveis nem insensíveis. O *self* não é nem sensível nem insensível."[13] Isso não pode ser comparado precisamente com nada; é simplesmente existência.

O kototama do OU traz o resultado desse julgamento para a fruição. O-sensei referiu-se a essa perfeição do espírito humano como *mizu no tama ga oriru*, a alma da paz descendo para o mundo dos seres humanos. Mizu no tama descendo para este mundo, espalhando-se em oito direções pelos ventos da adversidade, e ainda dando vida às jovens sementes; certamente até mesmo os deuses devem se regozijar.

A virtude da dimensão I é chamada de *itsukushimi*, ou ternura, um tipo de sensibilidade requerida para o envolvimento absoluto. É o envolvimento no mundo de uma atividade desprendida. No zen isso é chamado de "perfeição da ação sábia", em que todas as coisas são feitas em harmonia com a realidade da natureza.

■ *Itsukushimi, "ternura"*

Tocar a nota perfeita na flauta, compor a sinfonia perfeita, ou mesmo ser preenchido pela verdade do universo não é suficiente. Nunca pode ser suficiente. Só quando as quatros virtudes se derramarem sem o *self* será suficiente. Só então cada momento pode ser expressão de alegria e satisfação.

Perceber o mais elevado julgamento é se harmonizar com o espírito puro do Omotaru no kami e Ayakashikone no kami, o ki do Hi e do Ni. Omotaru é para ser perfeito e completo assim como você é. É o doar constante, contudo sem nenhum sentimento de deficiência ou perda. Ayakashikone combina beleza com a qualidade gentil da perfeita sabedoria. O mestre zen Dogen usou a frase "iluminação sem vestígios".

Em outras palavras, não há nada aqui que possa ser falado em termos de obter ou entender alguma coisa. "No entanto, há uma gradual apresentação do caminho a nós mesmos, que permite que a verdadeira natureza de nossa alma e espírito nos preencha. Eu descanso e convido minha alma, eu encosto e descanso no meu conforto, observando uma folha de grama no verão."[14]

Esse é um estado além do estado do sábio ou santo. É chamado de *bonjin*, uma pessoa comum. Não há nem cheiro do sagrado ou mesmo um mínimo de perfeição. Bonjin, a pessoa comum, pode ser talvez descrita como um "homem livre". De acordo com as palavras de Sakurazawa Nyoichi: "É alguém que continuamente realiza um sonho sem fim."

A vida em si é sagrada, ainda que nenhuma parte dela, incluindo nós mesmos, seja algo especial. Quando verdadeiramente assimilamos isso, só com uma atitude humilde e descompromissada podemos perseverar em nosso treinamento. "A humildade vem na sua forma mais verdadeira quando alguém radicalmente entende que não há razão para ser orgulhoso."[15]

A palavra para iluminação na arte marcial é *gokui*, que pode ser definida como "fé radical". Não se trata do desejo de um mendigo amedron-

■ *Figura 5.6. A meditação profunda do bonjin (aquarela de Daniel do Amaral).*

tado; é uma confiança total neste preciso momento. Não é a crença em alguma coisa; é a crença em tudo. O tipo de fé que separa uma crença ou um grupo de pessoas de outro é cega e equivocada, e não pode levar em direção à satisfação individual ou a um mundo pacífico.

O objetivo deve ser o de incorporar absolutamente o ki yang do Omotaru no kami, apreciando infinitamente esta vida e dando alegria aos outros também. Nosso questionamento começa com nossa habilidade para fazer a pergunta: "Qual é a verdadeira realidade?".

Isso se resolve em uma palavra. A resposta é o ressoar de I-Ye-Su, o kototama do absolutamente positivo. Em português diríamos "Sim, está bem!" ou "É isso aí!".

APÊNDICE ▪ ITSURA

Os Cinquenta Sons do Kototama

Os segredos dos 32 sons-filho têm sido passados ao imperador japonês desde tempos ancestrais com o estudo do Kojiki, o equivalente japonês ao Antigo Testamento da Bíblia. Em conexão com esse ensinamento, existe, nos últimos cem anos aproximadamente, um punhado de estudiosos do kototama que têm tentado desemaranhar esse mistério ancestral.

No Budismo, os 32 sons-filho nasceram do *amatsu iwasaka* são chamados de "os 32 desejos de Amitabha, o futuro Buda". Diz-se que nenhum outro além de Buda, ou alguém plenamente realizado, deveria tentar explicá-los. Fazê-lo levaria ao risco de morte prematura. Os sons-filho explicados dessa maneira, entretanto, compreendem uma completa descrição de como eles criaram tanto a mente como o corpo.

Já que não sou um Buda, um plenamente realizado, tenho tentado abordar esse assunto de uma perspectiva muito menos extensiva. Dou apenas uma descrição geral desses sons, na tentativa de revelar sua função espiritual, e encorajar outros a prosseguir com sua própria prática espiritual sem a ilusão dualística de um *self* separado fora do domínio das leis da natureza.

De qualquer maneira, passar uma descrição dos 32 sons-filho é, na melhor das hipóteses, um esforço intelectual. Enquanto cada um dos sons não for percebido e incorporado pela experiência de um treinamento físico e espiritual real, não se pode considerar como verdadeiramente transformador. Eis aqui, para a contemplação dos próprios leitores, os cinquenta sons traduzidos.

A Linha do A —
O Ki da Água no Céu Vazio
(Sons-mãe, as dimensões do ki universal)

A — Expansão infinita; o primeiro kototama, que dá vida à essência do Su. Todos os outros kototama nasceram do A. Pode ser entendido como o ki do Céu. É Sakitama, a alma da prosperidade espiritual e compaixão.

I — O centro do centro; o ponto um, o desejo ou impulso vital. É o absoluto aqui e agora (*nakaima*). É a fonte suprema de vida, movimento e função. Pode ser visto como o ki do fogo, da água ou da terra, dependendo das circunstâncias. É o Kushitama, a misteriosa alma da iluminação. É a virtude de Ame no Minaka Nushi (Su).

U — O corpo universal; o universo tridimensional. É a conscientização dos cinco sentidos e a unidade absoluta do corpo e do espírito. É chamado de *Naohi*, a alma corretiva da qual os outros aspectos da consciência nascem e dependem.

E — O ki expansivo e circular; o poder do julgamento. Esse é o ki do fogo. Chamado de Aratama, a alma rude, embora seja a única ferramenta de refinamento pela qual a consciência da dimensão A pode ser atingida.

O — O ki da continuidade e da conclusão; o poder da memória. É o Nigitama, a alma do amor e harmonia. Ki-musubi, o ki unificador que leva ao início do movimento.

A Linha do Ta —
O Ki do Fogo na Água
(O poder yang empurrando para fora e criando a totalidade de cada dimensão)

Ta — O ki do fogo na água. O poder do contraste; encontrando os dois campos de energia eletromagnética (*atari*). Empurrando para fora as almas completas da palavra de ana para mana, a mente consciente. O quadrado contendo uma cruz.

Ti (chi) — O ki do fogo na água. O poder da sabedoria (*prajna*); a totalidade do ki da dimensão I. O sangue que purifica e sustenta o corpo. *Toku* = o poder de derreter a rigidez e solucionar os mistérios da vida. É chamado de "o ainda não nascido ki do Céu e da Terra". O espírito do lago.

Tu (tsu) — O ki da água no fogo. O circular: o poder da materialização. A atividade de mana aparecendo no cérebro.

Te — (Fogo-Água) O poder do intelecto criando (*shuho*) método, lei e ordem na natureza.

To — O ki do fogo na água. Toda a memória; clareza, transparência; poder ilimitado; iluminação (*satori*).

A Linha do Ki — O Ki do Fogo

Ka — O brilho reluzente do ki do fogo. Liberando energia, a mente começa a mover-se, ainda que a percepção esteja obscura. O símbolo é o *manji* e a cruz cursiva no círculo. Veja a p. 64.

Itsura: Os Cinquenta Sons de Kototama

Ki — A sombreada e oculta luz do ki do fogo. A base da energia da vida, da respiração, da intenção.

Ku — A luz do ki do fogo sombreada. O *background* espiritual do A-Wa. O vácuo ou vazio do céu; o trabalho do universo tridimensional. A manifestação das atividades do Ke.

Ke — A luz do ki do fogo sombreada. O julgamento baseado no sentimento. Recolhendo o mana para ser julgado pelo Me, a incorporação da capacidade da dimensão E.

Ko — A luz do ki do fogo sombreada. A criança universal; o mana completo; a vibração da onda de luz; a materialização do ki.

A Linha do Ma —
O Ki da Água no Fogo
(A incorporação do ki, o ki da circulação no entorno e circundando)

Ma — O ki da água no fogo. *Makoto*, o corpo puro do A. O intervalo perfeito; o espírito puro. A perfeita harmonia, o círculo.

Mi — O ki da água no fogo. *Mitsu* (*mizu*), a incorporação da essência das três camadas. O ki flexível, expandindo e contraindo-se livremente.

Mu — O ki da água no fogo. O corpo do A-Wa. *Sunyata*, a origem primeira; a consciência da unidade indiferenciada, onde nascem ambas, mente e matéria. Visto como vazio, é a existência; visto como a existência, é o vazio. Manifestando a atividade do Me como vibração da vida.

Me — O ki da água no fogo. Incorporação da capacidade de julgamento: o olho do julgamento. Seleciona o mana para ser expresso como *kana*. O início do esclarecimento.

Mo — O ki da água no fogo. Carrega a alma das palavras acima de cada uma delas, atando-as por retenção. *Ami*, a atividade de atar do Ta.

A Linha do Ha —
O Espírito Puro do Fogo
(A respiração criativa — ki — do universo)

Ha — O poder do reconhecimento. A vitalidade universal alcançando em todas as direções as extremidades do universo, onde reluz como Ki-Ki-Ki. O símbolo é a montanha e o quadrado com as oito direções.

Hi — O espírito puro do ki do fogo que circunda os céus. A origem tanto da inspiração como da expiração. O primeiro advento do desejo; ilumina brilhantemente, é o poder da iluminação. A essência da quarta dimensão.

Hu — A respiração da separação dividindo o sujeito e o objeto. A respiração (ki) que dá o som ao silencioso mana.

He — O ki do fogo como extensão da atividade do Ho. Manifestando a qualidade do gênio.

Ho — A origem espiritual resplandecendo. A maturidade do espírito puro dando vida à mente instintiva. Seu símbolo é o pico da montanha.

A Linha do Ra —
O Ki da Água da Materialização
(A água suja)

Ra — A expansão yang em espiral do espírito. Circundando o mana para o pensamento real. O ato final da criação como Taka Ama Hara.

Ri — Princípio; poder da razão pura. A espiral altamente condensada.

Ru (Ryu) — O suave e ininterrupto (Su) fluxo (Ru) da consciência. Voltando à origem. A figura 4.31 representa o símbolo do Ru.

Re — *Uruwashii*, beleza, graça, elegância. Consciência que flutua.

Ro — A espiral do ki yang que gira vagarosamente. O mana adentrando o cérebro como uma névoa da consciência que está emergindo.

A Linha do Na —
A Capacidade de Receber

Na — O ki fogo-água. Nascimento do *name*; o mana torna-se claro na mente. Esse é o esclarecimento constante dos pensamentos e das palavras. A clareza manifestada como uma questão da existência. *Nani*, o que é isso?

Ni — O ki fogo-água. *Itsukushimi*, benevolência, ternura. Carrega o Hi, o ki do espírito puro.

Nu — O ki fogo-água. A materialização do No; a resposta mecânica dos cinco sentidos aos estímulos externos. Carrega o espírito sem interpretação ou confusão.

Ne — O ki fogo-água. *Oto*, som, a raiz do intelecto. O som percebido é reduzido ao mana sem som no cérebro.

No — O ki da água. Estendo-se infinitamente e atando as coisas. Essa é a descida do Su como mente instintiva, transformando o mana em movimento e ação.

A Linha do Ya —
A Capacidade de Permanecer
No Centro e Unificar

Ya — Fogo-água. O despertar espiritual. Voltando a direção direto para o espírito divino.

Yi — Fogo na água. Nakaima, o aqui e agora absoluto. Unificação da vontade individual com a vontade do universo. Na respiração.

Yu — Fogo na água. Harmonia entre o fogo e a água. A respiração e o espírito juntos como na água que ferve.

Ye — Fogo na água. O julgamento perfeito refletindo a vontade do Céu; dando direção à atividade do Yu.

Itsura: Os Cinquenta Sons de Kototama

Yo — Fogo-água. O ninho (Su) dos cinquenta sons (Iwa). *Kaname*, o eixo entre o ki do fogo e da água. O ki yang extremo da nutrição de todas as coisas.

A Linha do Sa — O Ki da Água Crescendo
(O poder do movimento)

Sa — O ki da água crescendo. Abrindo, florescendo, avançando. A abertura do ouvido.

Si — O ki da água crescendo. *Mana*, governa a quarta dimensão. Nossa antena espiritual.

Su — O ki do fogo na água. Leva os cinco sentidos para um estado de paz; governa o kototama.

Se — O ki do fogo na água. *Tatewake*, o julgamento do sábio; o mundo aparente (*yoko*) julgado pela sabedoria do espírito (*tate*).

So — O ki fogo-água. *Sonen*, os ancestrais; *moto*, a origem.

A Linha do Wa — O Espírito da Água-Fogo
(Essa linha lida com a Terra. É a consciência objetiva complementando a consciência subjetiva da dimensão A)

Wa — O ki água-fogo. A água salgada criando a forma arredondada da harmonia. Nenhuma consciência sobre os cinquenta sons.

Wi — O ki água-fogo. O abastecimento da energia da vida. O poder magnético que move as marés e direciona a energia para o centro. O corpo espiritual do Ame no Minaka Nushi, o kototama do Su.

Wu — O ki água-fogo. A espiral do ki da água descendo como um redemoinho. Equilibra o ki flutuante do U; basicamente indistinguível de qualquer outro modo.

We — O ki água-fogo. O ki ventilando ao redor e circundando. Capacidade de julgamento.

Wo — O ki água-fogo. O pequeno *self*, o fim, a capacidade de memória.

NOTAS

CAPÍTULO 1 — AIKITAMA: O ESPÍRITO DA HARMONIA UNIVERSAL

1. Govinda, Lama Anagarika. *Foundations of Tibetan Mysticism* (York Beach, ME: Samuel Weiser, 1969), p. 58.
2. Monorhita, o 22º patriarca do Budismo Indiano.
3. *The Oxford Annotated Bible: The Holy Bible* (Nova York: Oxford Univ. Press, 1962), 4 (Mateus 5:13).
4. Govinda, Lama Anagarika. *Foundations of Tibetan Mysticism*, p. 26.
5. Kushi, Michio. *The Origin and Destiny of Man*, vol. 2 (Brookline, MA: East West Foundation, 1971), p. 57.
6. Govinda, Lama Anagarika. *Foundations of Tibetan Mysticism*, p. 26.
7. Ogasawara, Koji. Cartas inéditas.
8. Noh, Jae Jah. *Do You See What I See?* (Wheaton, IL: Quest Books, 1977), p. 121.
9. Ogasawara, Koji. *Kototama Hyakushin*, edição em inglês (Tóquio: Daisan Bunmei Kai, 1973), p. 7.
10. Mizutani, Kiyoshi org. *Dai Nippon Shinten* (Nagoya, Japão: n.p., 1907), p. 10. Esse volume está em japonês. Citação traduzida por William Gleason.
11. Ibid.
12. Govinda, Lama Anagarika. *Foundations of Tibetan Mysticism*, p. 179.
13. *The Oxford Annotated Bible: The Holy Bible*, 1 (Gênesis 1:3).
14. Ogasawara, Koji. *Kototama Hyakushin*, p. 12.
15. Wilhelm, Richard e Baynes, Cary F., trads. *The I-Ching or Book of Changes* (Princeton, NJ: Princeton Univ. Press, 1950), p. 272.
16. Wilhelm, Richard e Baynes, Cary F., trads. *The I-Ching or Book of Changes*, p. 270.
17. Tzu, Lao. *The Complete Works of Lao Tzu*, trad. Hua-Ching Ni (Los Angeles: Sevenstar Communications, 1979), p. 13.
18. *The Oxford Annotated Bible: The Holy Bible*, 1 (Gênesis 1:3).

CAPÍTULO 2 — SANGEN: O PRINCÍPIO ÚNICO DO MONISMO DINÂMICO

1. Tzu, Lao. *Tao Te Ching*, Trad. D. C. Lau (Middlesex, UK: Penguin Books, 1963), p. 49.
2. Kushi, Michio e Jack, Alex. *The Gospel of Peace* (Tóquio: Japan Publications, 1992), p. 67.

3. Hoshin, Anzan. *Mountains and Rivers: Zen Teachings on the San Sui Kyo of Dogen zenji* (Ottawa, Canadá: Great Matter Publications, 1991), p. 4.
4. Inaba, Minoru. *Researching Japanese Budo, Budojo Shiseikan Textbook N. 5* (Tóquio: Meiji Jingu Press, 2006), p. 66.
5. Sugino, Yoshio, citado por Stanley Pranin, org. *Aikido Masters* (Tóquio e Henderson, NV: Aiki News, 1993), p. 206.
6. Noh, *Do You See What I See?*, p. 13.

CAPÍTULO 3 — IKI: O SOPRO DE VIDA

1. Inaba, Minoru. *Researching Japanese Budo*, p. 49.

CAPÍTULO 4 — SHUGYO: O TREINAMENTO ESPIRITUAL DA TÉCNICA

1. Inaba, Minoru. *Researching Japanese Budo*, p. 49.
2. Lo, Benjamin P.; Inn, Martin; Foe, Susan e Amacker, Robert, orgs. *The Essence of T'ai Chi Ch'uan* (Berkeley, CA: North Atlantic Books, 1979), p. 19.
3. *Ibid.*, p. 21.
4. Ohsawa, Kisaburo. Dos registros pessoais do autor.
5. Noh, Jae Jah. *Do You See What I See?*, p. 151.
6. Lo; Inn; Foe e Amacker, *The Essence of T'ai Chi Ch'uan*, p. 53.
7. Veith, Ilza, trad. *The Yellow Emperor's Classical of Internal Medicine* (Berkeley: University of California Press, 2002), p. 19.
8. Fuller, R. Buckminster. (Citações de Michael Moncur, http://www.quotationspage.com/).
9. Inoue, Noriaki. Citado por Pranin em *Aikido Masters*, p. 33.

CAPÍTULO 5 — INOCHI: O AIKIDO COMO UM CAMINHO ESPIRITUAL

1. Govinda, Lama Anagarika. *Foundations of Tibetan Mysticism*, pp. 149-50.
2. Noh, *Do You See What I See?*, p. 65.
3. *Ibid.*, p. 56.
4. Zenji, Dogen. *Shobogenzo*, livro 3, trad. Thomas Cleary (Honolulu: University of Hawai'i Press, 1986), p. 29.
5. *The Holy Bible: King James Version* (Filadélfia: National Publishing Company, 1978), 1097 (São João 1:5).
6. Nakazono, Masahilo. *Guide to Inochi (Life) Medicine* (Santa Fé, NM: Kototama Institute, 1979), p. 59.
7. *Ibid.*, p. 60.
8. Akazawa, Zenzaburo. Citado por Pranin em *Aikido Masters*, p. 273.
9. Chang, Po-tuan. *Understanding Reality* (Honolulu: University of Hawai'i Press, 1987), p. 4.

Notas

10. Ogasawara, Koji. *Kototama Hyakushin*, p. 53.
11. *Ibid.*
12. Zhengjue, Hongzhi. *Cultivating the Empty Field: The Silent Illumination of Zen Master Hongzhi*, trad. e org. Taigen Daniel Leighton (San Francisco: North Point Press, 1991), p. 28.
13. Hoshin, Anzan. *Mountains and Rivers*, p. 4.
14. Whitman, Walt. *Leaves of Grass*, edição do 150º aniversário (Nova York: Oxford University Press, 2005), p. 1.
15. Noh, Jae Jah. *Do You See What I See?*, p. 136.

GLOSSÁRIO

agatsu = Derrotar, dominar-se.

ai-hanmi = Postura emparelhada, semelhante.

aikitama = O espírito da harmonia universal.

ai-uchi = Destruição mútua; ambos os lados atacam-se ao mesmo tempo; matar para viver.

ajikan = (Budismo) "Enxergar com os olhos da mente"; meditação da sílaba sagrada A.

Akahitomeso = Princesa mitológica da linhagem do imperador da era de Fukiaezu.

akuma = O espaço do mal, o demônio.

Ama terasu oh mi kami = Deusa do Sol.

amatsu = Que está contido no céu; ana, a consciência original.

amatsu futonorito = Kototama de ordem AIEOU; a mais alta ordem da consciência.

amatsu iwasaka = As dezessete divindades primordiais; em cinco níveis; o conteúdo do Céu, ou ana.

amatsu kanagi = A visão da Terra; kototama de ordem AIUEO.

amatsu sugaso = A visão do Céu; kototama de ordem AOUEI.

ame (ama) = Céu; o reino da consciência.

ame no hashi date = A ponte permanente do Céu.

Ame no Minaka Nushi = O kototama do Su; o espírito criador no centro do Céu.

ame no nuhoko = A lança divina de Izanagi no kami e Izanami no kami.

ame no uki hashi = A ponte flutuante do Céu; kototama iniciado com A e U como o Céu e a Terra, e terminado com I e Wi como os receptores finais do ki; a cruz do tate e yoko, ou algumas vezes do tate e nuki.

ana = Os nomes celestiais. *Veja* amatsu iwasaka.

Aratama = O ki do E e Rei; o kototama do E e Re; o espírito do fogo; a alma rude.

arigatai = Sentimento de gratidão.

arigatasa = Gratidão.

atemi = Um ataque ou golpe.

aum (om) = A sílaba sagrada que abrange todas as vibrações espirituais.

Awaji no Ho no Sawake Shima = A consciência da dimensão U onde se encontra a autoconsciência (A-Wa); a ilha da autoconsciência.

Ayakashikone = A raiz (Ne) da sabedoria, reverência e graça (kashiko) manifestada na forma (aya).

Ayakashikone no kami = Divindade do ki da terra; o kototama do Ni.

banyu aigo = Amor e cuidado para com toda a natureza e todas as coisas vivas.
bataashi = Batendo os pés.
Boddhisattva-yana = O veículo da consciência da dimensão E.
bonjin = Uma pessoa simples e de coração puro.
Budo = O caminho marcial do Japão, abreviação de "Bushido, o caminho do cavalheirismo".
bunrei = O espírito individual como divisão do espírito universal.
bunryoku = Um componente da força total da natureza.

chakra = Centro de energia no corpo relacionado a um desenvolvimento de consciência mais elevado.
chi kung = Um método de coordenação do movimento com a respiração elaborado para fortalecer o ki.
chinkon kisshin = Conduzir os cinco sentidos para um estado de relaxamento e paz, retornando ao kototama do Su.
chin na = A palavra chinesa para gyakute.
chi no kokyu = A respiração da Terra.
chuden = Ensinamentos de nível intermediário.

de-ai = O passo inicial para defrontar-se com o ataque do parceiro.
dharma = A lei universal; a ordem do universo.
Dharmakaya = O chão, ou a base do ser.
dojo = O lugar onde o michi, ou o caminho da vida, é praticado.

dotai = O tronco do corpo, do diafragma até as pernas.

Fsu Hi = Imperador mitológico chinês que foi o primeiro a interpretar a filosofia do yin e yang.
Fuji = Nome de uma montanha no Japão; kototama para "o não duo".
Funakogi = "Remar o barco", exercício para a prática da energia do contraste (por exemplo, equilíbrio das oito energias).
fune = barco.
Furutama = Prática de misogi para centrar e levar o ki para baixo, para o hara.
futomani = O kototama.
futonorito = A ordem mais elevada dos cinquenta sons (itsura) do kototama: AIEOU.

gedan = Uma postura defensiva.
geza = O lugar mais baixo; inferno, o reino da consciência da dimensão U.
gi = Matéria.
gnnyaa = O kototama usado para expressar o primeiro choro de um bebê.
godan = O quinto grau no ranking dos faixas preta.
gokui = O nível mais alto da consciência da dimensão I; a fé radical; a iluminação sem vestígios.
goryoku = A combinação de todas as forças da natureza.
go shiki jin = Os cinco ramos originais da raça humana.

Glossário

gui (kui) = Unir os dois elementos do ki espiritual.

gyaku hanmi = Postura reversa, invertida.

gyakute = Termo do jiu-jítsu que significa "torcer a junta" (chin na).

hachidan = O oitavo grau no ranking dos faixas preta.

hachiriki = As oito energias; as oito consoantes do kototama; os níveis de materialização e desenvolvimento humano.

hakaru = Pesar algo ou determinar seu valor.

handblade = O lado do dedo mínimo (o ki do fogo) da mão (*tegatana*).

hanmi = Postura triangular.

hanmi handachi = Uma pessoa de pé e outra sentada em seiza.

hara = Origem, a fonte do ki e do sangue em nosso corpo; nosso centro físico e psíquico.

hashi = O ki horizontal do fogo; *ha*, "oito", e *shi*, "palavras".

hataraki = Função, ou força motriz do hara.

hi = Espírito; luz; fogo.

higan = A outra margem, ou iluminação.

hikari = Luz; o fluir do espírito; a vibração da onda de luz invisível.

himitsu (himizu) = Segredo; mistério; o ki do fogo e da água.

hinayana = No Budismo, é a iluminação da dimensão A (*pratyeka-yana*).

hi no ki = O ki do fogo.

hi no te = A mão do fogo.

hiraki = Abertura; expansão.

hitari (hidari) = O lado esquerdo.

Hitori gami = Uma entidade que ocupa a totalidade do universo e é onipresente; divindade individual.

hochi (chi, shi) = A primeira partícula do ki espiritual.

honno = Mente instintiva.

hou = Lei; método; dharma.

ichinen = Uma faísca ou *flash* momentâneo de percepção que ocorre no nakaima.

ichirei = Naohi, o espírito universal e nosso próprio espírito pessoal; o espírito da autocorreção.

iki = Respiração, sopro; vida; o ki da água (I) e o ki do fogo (Ki).

iki wo kumu = Coletar o sopro de vida (ki).

Ikkajo = Antiga e primeira das categorias de técnicas do Aikido.

Ikkyo = O primeiro ensinamento e técnica do Aikido.

ikugui no kami = O kototama do Mi; o kototama do Rei; a beleza e elegância que leva a dimensão E para a dimensão I.

Imperador Amarelo = Imperador mitológico da China ancestral.

inochi = Vida; o caminho dos seres humanos; o caminho em direção ao ki da dimensão I.

inori = Rezar; mesclar as vibrações superiores e inferiores.

irimi = Entrar.

Irimi nage = Entrar e arremessar; uma das três técnicas principais do Aikido.

irimi-tenkan = Entrar e girar; o princípio da espiral do Aikido.

Ise Jingu = O principal santuário Xintoísta do Japão, onde Ama terasu oh mikami, a deusa do Sol fica.

ishi no ue ni sannen = "Três anos sentado sobre a pedra", uma expressão zen que descreve a atitude apropriada para os primeiros três anos de treinamento.

Isuzu no Kawa = O rio dos cinquenta sinos no Santuário Ise.

itsukushimi = Ternura; afeição.

itsura = Os cinquenta sons do kototama tocados em sua ordem natural.

iwasu = *Iwa* são os cinquenta sons, *Su* é o ninho dos cinquenta sons.

iwatsuchi = O som chegando aos ouvidos (*tsuchi* = o cérebro).

Iyo no Futana Shima = *Iyo* (unificar a respiração) e *futana* (dois nomes); onde o Céu e a Terra se unem.

Izanagi no kami e Izanami no kami = Recebendo o ki do A e do U, eles se tornam I-Wi, a estabilização e o complemento do ame no uki hashi, a ponte flutuante do Céu; os lados subjetivo e objetivo da consciência.

jiyu jizai = A liberdade absoluta pela autorrealização.

jodan hasso = Na postura para espadas é a posição alta.

joia mani = Símbolo do mana; o kototama.

joriki = O poder da concentração.

judan = O décimo grau no ranking dos faixas preta.

jutai = Técnicas baseadas na flexibilidade.

jutsu = Técnica.

kaeshi waza = Técnica reversa.

kaiten = Circular.

Kaiten nage = Técnica circular.

kakomu = Um quadrado; limite margeando o universo.

kama = Um tipo de panela.

kami = O ki do fogo (Ka) e da água (Mi).

kamigakari = Se unir ou ser possuído por uma divindade.

Kami musubi no kami = O kototama do Wa; o ki da água circundando o ki do fogo como no karami.

kamisama = Deus ou divindade.

kami waza = A perfeição da harmonia da natureza; técnica divina.

kamyo = A era dos deuses.

kana = Letras japonesas; os nomes dos deuses, que se manifestam como mana ou almas das palavras.

kanagi = O kototama de ordem AIUEO governando a visão física ou material da existência.

kanji = Ideograma.

Kannagara no michi = É o nome antigo do Xintoísmo; literalmente é o fluir da consciência divina.

Kannon sama = O boddhisattva Avalokitesvara; a deusa da misericórdia.

kanro no hou = O doce néctar do orvalho celestial (consciência).

kara = Vazio.

karada = Corpo.

karami = Ventilar, assim como o ki do fogo e da água sopram em torno um do outro.

katana = Espada (*tachi*).

katate tori = Ataque realizado com uma mão.

kata tori = Prender o ombro.

katsu hayabi = O despertar espiritual instantâneo e completo.

keiko = É a palavra para aula; (lit.) estudar a mente dos antigos.

Keikyo = Antiga forma de Cristianismo na China; a luz divina.

kesa giri = "Cortar a vestimenta"; um tipo de corte de espada.

ki = A força da vida.

ki-ai = Um grito que algumas vezes acompanha movimentos marciais a fim de aumentar a potência e a eficácia.

ki-atari = Conexão do ki sem deixar nenhuma brecha entre o uke e o nage.

kihon waza = Técnica básica.

ki-musubi = Harmonização do seu ki com o de seu parceiro em movimento.

kiriage / kiri age = Corte feito para cima.

kiro oroshi = Corte feito para baixo.

kiru = Cortar.

kitai = As técnicas da mente sobre a matéria; corpo espiritual.

Kojiki = O livro dos acontecimentos ancestrais, um livro japonês semelhante ao Velho Testamento da Bíblia Cristã.

kokyu — Respiração; respirar; expansão e contração.

Kokyu ho = Exercício que desenvolve o kokyu ryoku, a potencialidade do kokyu.

Kokyu nage = Lance apenas com base no movimento do kokyu.

Kokyu ryoku = A potencialidade do kokyu.

Kokyu undo = Exercício para o movimento apropriado no kokyu ho.

kori = Partícula de ki ou energia.

kotai = Método de prática para fortalecer os músculos, os ossos e os tendões; é um sólido treinamento para o corpo.

Kote gaeshi (Kote hineri) = (Lit.) Girar o punho para trás em direção ao braço.

kotoha (kotoba) = Palavras; linguagem.

kototama = A alma da palavra; o espírito das palavras; mana; a joia mani, simbolizada pelo terço dos religiosos utilizado no Cristianismo, Budismo e Xintoísmo.

kotowari = O princípio da palavra; a razão pura.

kubi shime = Forma de segurar para sufocamento.

kudan = O nono grau no ranking dos faixas preta.

Kuni toko tachi no kami = Divindade que representa o kototama do A.

Kushitama = A alma misteriosa; o kototama do I e G; o ki da dimensão I.

kuzushi = Desequilibrar o parceiro.

ma-ai = Distância apropriada.

Mahayana = O grande veículo; no Budismo, o caminho para a salvação de todos os seres sensíveis ou cientes.

makoto = Sinceridade, verdade, realidade.

mana, manna = As almas das palavras na mente subconsciente.

manji = O antigo caractere para a força motriz do universo; em sânscrito, suástica.

masakatsu = Vencer diretamente, corretamente e com integridade.

matomari = Concluir as coisas.

matsuri = União do Céu e da Terra; um festival xintoísta.

men tsuki = Golpe na face.

michi = O caminho para a autorrealização.

michiru = Cheio, abundante.

miizu = Autoridade divina do Céu.

miki (migi) = O lado direito; o ki da água (mizu no ki).

minaka = O centro dentro do centro; o centro exato.

misogi = Rituais de purificação espiritual.

mitsu = Essência, o número 3.

mizu = Água.

mizu no ki = O ki da água.

mizu no tama ga oriru = O espírito da água que desce.

mizu no te = A mão da água.

mono ni narimashita = Tornar-se pleno.

morote tori = Segurar, prender com as duas mãos.

motogaeri = Voltar à origem.

mudra = Forma e posicionamento de mãos para dirigir o ki e criar um estado mental particular.

mugamae = Postura livre.

mune tsuki = Golpe na altura do meio do torso.

musubi = Grande unidade da matéria e o ki espiritual.

nage = Um arremesso; a pessoa que arremessa.

naikan = (Lit.) Olhar para dentro; meditação silenciosa.

nakaima = O aqui e agora absoluto; eixo do tempo e espaço.

nanadan = O sétimo grau no ranking dos faixas preta.

naname = Diagonal; a resultante entre o tate e yoko.

naohi (naobi) = Nosso espírito direto e corretivo; a essência do espírito individual e universal.

natsukashisa = Nostalgia.

Nestoriana = Uma expressão indiana para uma antiga prática do Cristianismo.

Ni = Absorver o poder da terra.

nidan = O segundo grau no ranking dos faixas preta.

Nigitama = A alma da harmonia.

Nikyo = A segunda técnica.

ninau = Carregar (um fardo).

ningen = Ser humano; o espaço de um ser humano.

no kami = Traduzido como "de deus".

norito (inori) = Orar.

nuki = Cruzar a linha, tecer; a trama.

oho = Dai, ou grandiosidade.

Ohotonobe no kami = O kototama para o Ri. Também o kototama do Gi.

Ohotonoji no kami = O kototama do Si. Também o kototama do I.

okuden = Ensinamentos avançados e secretos.

omoi/omou = Peso; pensamento.

Glossário

Omotaru no kami = O kototama do Hi.
omote = Face frontal; yang; oposição direta; todas as coisas reveladas.
Onokoro shima (Onogoro Jima) = A ilha da autocriação; a consciência original da humanidade.
osae = Segurar ou forçar para baixo; dominar.
osameru = Concluir as coisas.

prana (prajna) = Sabedoria; respiração; ki.
pratyeka-yana = A dimensão A; no Budismo, o segundo estágio da iluminação, o hinayana.

rei = Propriedade; exemplo; espírito.
Reiki ho = É o nome original do Kokyu ho; uma prática para o desenvolvimento do poder do ki.
reishu, shinju, taizoku = O princípio do espírito guiando, da mente seguindo e o corpo unido.
reitai ittai = Unificação do espírito e do corpo.
renshu = Prática repetitiva.
ryokudan = O sexto grau no ranking dos faixas preta.
ryote tori = Segurar, prender os dois braços do seu parceiro.
ryutai = Técnica fluida; técnicas práticas do Aikido.

Sakitama (Sachitama) = A alma da prosperidade; o kototama do A.
sampeki = O dragão que vem do leste.
sandan = O terceiro grau no ranking dos faixas pretas.
sangen = As três origens; o princípio do aiki, ou da harmonia universal.
sankaku ho = O método triangular.
Sankyo = A terceira técnica.
satori = Iluminação; remover a diferença. *Sa* significa "diferença" e *tori* significa "descartar" ou "remover".
sattvas = Os cinco veículos do Budismo.
Sattva-yana = O veículo do corpo; a consciência da dimensão U.
suástica = Símbolo ancestral para força motriz. Também chamado de manji.
sawake = Leve diferença ou separação; uma ligeira abertura.
seishi kami ichimai = "A diferença entre a vida e a morte é tão fina como uma folha de papel."
seishin = Caráter individual ou aspecto mental.
seiza = Modo formal de sentar sobre os joelhos.
sensen no te = Mover-se primeiro, assim que a intenção de seu parceiro se coloca para o ataque.
sente = Tomando a iniciativa.
sente no nai budo = Arte marcial que não ataca primeiro.
Shiho nage = Arremesso em quatro direções.
shikaku = Quadrado; (lit.) quatro cantos; competência; qualificação.
shikon = As quatro almas.
shima (jima) = Ilha; invólucro da mente.
shimeru = Cercar; deixar imerso.
shin = Fé.
Shingon Mikkyo = Seita budista esotérica; ensinamento secreto da verdadeira palavra.

Glossário

shinju = *Veja* reishu.
shin kokyu = Profunda respiração espiritual.
shinreikai = O divino mundo espiritual; ana; amatsu iwasaka.
shinshin toitsu = Unificação do corpo, da mente e ki.
shizentai = A postura natural, mugamae.
shizuka (shisuka) = Quietude.
shizumeru = Aprofundar; chegar a um estado de paz.
Shobu = Arte marcial para o desenvolvimento da sabedoria.
shodan = O primeiro grau no ranking dos faixas preta.
shomen uchi = Os braços elevados atacam para a frente, de cima para baixo, na direção do meio da testa; corte para baixo.
shugyo = Treinamento espiritual.
sonen = Nível de consciência abaixo do subconsciente; de onde se originam os pensamentos e sentimentos; os ancestrais.
souzou = Criar; contemplar.
sravaka-yana = O primeiro estágio da iluminação; ir além da ideia de uma alma pessoal ou *self*.
subayaka = Leve e rápido; movimento veloz.
suberu = O princípio da espiral da ordem e controle universal; a maneira de governar sem força.
sugaso = Kototama de ordem AOUEI.
Suhijini no kami = O kototama do Yi; o kototama do Su.
sujimichi = Um padrão de pensamento; lógica; um caminho espiritual; michi.

suki = O ponto fraco ou abertura onde é possível atacar.
sumo = Esporte nacional japonês de luta.
sunyata = O espelho claro da mente perfeita.
suriashi = Deslizar os pés suavemente sobre o tatame enquanto se move rapidamente para a frente, com o dedão alinhado com a linha da tíbia.
suwari waza = Técnicas executadas ajoelhado.

Ta = O poder do contraste (*tata no chikara*).
tai-atari = Contato do corpo todo; colisão direta de forças.
taikyoku = O absoluto.
tai-sabaki = Movimento do corpo como uma expressão do julgamento.
Taka Ama Hara = O alto plano celestial.
Takami musubi no kami = O kototama do A.
takemusu = Processo de criação por meio da harmonização dos fatores yin e yang.
tama = A esfera perfeita; espírito; alma.
tamashihi = Nossa alma individual.
tanagokoro = Palma da mão; o coração; ou hara na mão.
tanden = Outra denominação para hara.
tanden no ichi = O ponto um; o centro do hara.
tareru = Pendurar.
taru = Ser suficiente.
tate = Vertical; de pé; a linha principal na trama.
ten = Céu.

Glossário

tenchi nage = Soltar; arremesso Céu-Terra; um kokyu nage em que o ki é direcionado para cima e para baixo ao mesmo tempo.

ten-jin-chi = Céu, homem, Terra como os três componentes da realidade.

ten no kokyu = Respiração do Céu.

Ti = A fagulha de vida original.

toku = A capacidade de desfazer a rigidez e resolver os mistérios da vida.

tono = O senhor, quem comanda.

To-su = Atravessar.

Toyokumu no kami = O kototama do O.

tsuchi no ki = O ki da terra; o ki do centro.

tsuki = Arremesso ou golpe direto.

tsunagu = Atar (o ki).

Tsunugui no kami = O kototama do Ki. Também representando o kototama do E como abertura da visão espiritual.

Uhijine no kami = O kototama do Ti; o kototama do U.

uke = Quem recebe a técnica.

ukemi = A arte da queda; a arte de receber.

uki = O ki flutuante do universo.

uku = Flutuar.

umi = O oceano de onde a vida física teve início neste planeta.

umu = A energia do nascimento.

undo = Exercício.

ura = O lado posterior; yin, movimento evasivo; entrar atrás do seu parceiro.

uruwashisa = Beleza; graça; elegância; as qualidades de um Boddhisattva.

ushiro = O lado posterior; um ataque pelo lado de trás.

utsushiyo = O mundo manifesto como um reflexo do ki do mundo.

vazio = No budismo, é a falta do ser individual ou separado.

wabi sabi = A essência da ancestralidade atemporal manifestada aqui e agora.

wake = Separar ou dividir.

ware = Dividido.

ware soku uchu = Dito por Morihei Ueshiba, traduzido como "O universo e eu somos os mesmos".

Ya = O início da autoconsciência; abrir os olhos do Céu.

yana = Veículo.

Yata no Kagami = O espelho sagrado de Ise Jingu, o principal santuário do Japão.

yoko = Lateral; horizontal.

yokomen uchi = Ataque na lateral da cabeça.

yondan = Terceiro grau no ranking dos faixas preta.

Yonkyo = O quarto ensinamento.

zanshin = Concentração contínua, constante; serenidade.

BIBLIOGRAFIA

Deguchi, Onisaburo. *Michi no Shiori*. Tóquio: O-moto Kyo, 1948 (em japonês).

_____. *Reikai Monogatari*. Tóquio: Tentei Publications, Showa 33, 1992 (em japonês).

Dogen zenji. *Shobogenzo*. Traduzido por Thomas Cleary. Honolulu: Univ. of Hawai'i Press, 1986.

Govinda, Lama Anagarika. *Foundations of Tibetan Mysticism*. York Beach, ME: Samuel Weiser, 1969.

The Holy Bible: King James Version. Filadélfia: National Publishing Company, 1978.

Hongzhi. *Cultivating the Empty Field: The Silent Illumination of Zen Master Hongzhi*. Traduzido e editado por Taigen Daniel Leighton. San Francisco, CA: North Point Press, 1991. Reimpressão em brochura, Boston, Rutland, VT, e Tóquio: Tuttle Press, 2000.

Hoshin, Anzan. *Mountains and Rivers: Zen Teachings on the San Sui Kyo of Dogen zenji*, 2ª ed. rev. Ottawa, Canadá: Great Matter Publications, White Wind Zen Community, 1991.

Inaba, Minoru. *Researching Japanese Budo, Budojo Shiseikan Textbook N. 5*. Tóquio: Meiji Jingu Press, 2006.

Kushi, Michio. *The Origin and Destiny of Man*, vol. 2. Brookline, MA: East West Foundation, 1971.

Kushi, Michio e Jack, Alex. *The Gospel of Peace*. Tóquio: Japan Publications, 1992.

Tzu, Lao. *Tao Te Ching*. Traduzido por D. C. Lau. Londres: Penguin Classics, 1964.

Tzu, Lao. *The Complete Works of Lao Tzu*. Traduzido por Hua-Ching Ni. Los Angeles: Sevenstar Communications, 1979.

Lo, Benjamin P.; Inn, Martin; Foe, Susan e Amacker, Robert, orgs. *The Essence of T'ai Chi Ch'uan*. Berkeley, CA: North Atlantic Books, 1979.

Mizutani, Kiyoshi, org. *Dai Nippon Shinten*. Nagoya, Japão: n.p., 1979 (em japonês).

Nakazono, Masahilo. *Guide to Inochi (Life) Medicine*. Santa Fe, NM: Kototama Institute, 1979.

_____. *The Kototama Principle*, Santa Fé, NM: The Kototama Institute, 1984.

Noh, Jae Jah. *Do You See What I See?* Wheaton, IL: Quest Books, 1977.

Ogasawara, Koji. *Kototama Hyakushin*, edição em inglês. Tóquio: Daisan Bunmei Kai, 1973.

_____. *Kototama Hyakushin*, edição em japonês. Tóquio: Daisan Bunmei Kai, 1973.

The Oxford Annotated Bible: The Holy Bible. Nova York: Oxford Univ. Press, 1962.

Pranin, Stanley, org. *Aikido Masters*. Tóquio e Henderson, NV: Aiki News Publishing, 1993.

Saito, Morihiro. *Traditional Aikido*. 5 vols. Tóquio: Minato Research & Publishing Co. Ltd., 1974 (em japonês e inglês).

Ming, Shi com Siao Weija. *Mind over Matter*. Traduzido por Thomas Cleary. Berkeley, CA: Frog Books, 1994.

Ueshiba, Morihei. *Takemusu Aiki*. Tóquio: Byakko Society, Showa 51, 1976 (em japonês).

Veith, Ilza, trad. *The Yellow Emperor's Classic of Internal Medicine*. Berkeley: University of California Press, 2002.

Whitman Walt. *Leaves of Grass*, edição de 150º aniversário. Nova York: Oxford University Press, 2005.

Wilhelm, Richard e Baynes, Cary F. trads. *The I-Ching or Book of Changes*. Princeton, NJ: Princeton Univ. Press, 1950.

Yamaguchi, Shido. *Kototama Hissho*. Tóquio: Shohan Hakko, 1992 (em japonês).

Próximos Lançamentos

Editora Pensamento
SÃO PAULO

Para receber informações sobre os lançamentos da
Editora Pensamento, basta cadastrar-se
no site: www.editorapensamento.com.br

Para enviar seus comentários sobre este livro,
visite o site www.editorapensamento.com.br ou
mande um e-mail para atendimento@editorapensamento.com.br